乒乓球运动

主编　吴　健　翟星辰

郑州大学出版社

图书在版编目(CIP)数据

乒乓球运动 / 吴健, 翟星辰主编. — 郑州 : 郑州大学出版社, 2022. 9
ISBN 978-7-5645-8888-5

Ⅰ. ①乒… Ⅱ. ①吴…②翟… Ⅲ. ①乒乓球运动 Ⅳ. ①G846

中国版本图书馆 CIP 数据核字(2022)第 122128 号

乒乓球运动
PINGPANGQIU YUNDONG

策划编辑	吴 昕 王卫疆	封面设计	苏永生
责任编辑	部 毅	版式设计	苏永生
责任校对	胥丽光	责任监制	李瑞卿

出版发行	郑州大学出版社	地 址	郑州市大学路 40 号(450052)
出 版 人	孙保营	网 址	http://www.zzup.cn
经 销	全国新华书店	发行电话	0371-66966070
印 刷	广东虎彩云印刷有限公司		
开 本	787 mm×1 092 mm 1 / 16		
印 张	16.25	字 数	320 千字
版 次	2022 年 9 月第 1 版	印 次	2022 年 9 月第 1 次印刷

书 号	ISBN 978-7-5645-8888-5	定 价	49.00 元

编委名单

主　编　吴　健　翟星辰

副主编　胡睿哲　牛涛涛　郭尔妮

编　委　（按姓氏笔画排序）

王丽霞　孙彤彤　抄隆瑶

李　霖　杨一帆　张馨如

周思彤　郑钰果　殷苏源

高　嵩　廖仲珂

内容提要

PINGPANGQIU YUNDONG

本教材以探索、研究体育教学规律与运动训练规律为目的，以了解和解决体育教育和运动过程中因实践需要而导出的重大理论问题和运动技术难题为内容，以实践应用性为指导。结合乒乓球项目的实际情况，把乒乓球运动研究方向的技战术、教学与训练放到一个相当重要的位置，通过相关理论知识的全面学习，掌握一定的科学研究能力，熟练应用于未来的乒乓球教学训练工作以及乒乓球社会活动的指导工作中，培养高质量的高校体育师资、教练、科研及管理人员，以期达到优化体育教育训练学科乒乓球项目专业结构的课程目的。

本书按照“十四五”体育发展规划教材的编写要求，借鉴“任务驱动模式”，把学习目标分解为若干个任务，在增加师生之间互动的基础上解决问题、完成任务，从而获得知识的学习。全书共分为8章，在学科交叉视域下，涵盖了乒乓球运动的发展、理论、实践、教学、训练、竞赛、科研等，基本上反映了乒乓球运动较完整的学科体系和教学内容。

本书既可作为普通高等学校体育专业乒乓球项目培养教材和高水平运动队训练课教材，也可作为从事乒乓球教学、训练人员和广大乒乓球爱好者的参考用书。

前言

乒乓球运动早在20世纪70年代就享有“国球”的美誉，人们喜爱乒乓球运动，不仅能起到强身健体、丰富生活、增添乐趣的作用，还振奋了民族精神，尤其是著名的“乒乓外交”震撼了世界。乒乓球比赛充满着控制与反控制、适应与反适应，技战术变化多样，既能凝练拼搏精神和意志品质，又能培养良好的心理素质。本书的编撰涵盖了乒乓球运动理论、技术、战术、教学、训练、比赛、科研，乒乓文化与健身等多方面的内容，基本上反映了乒乓球运动较完整的学科体系和教学内容。

本书依据《国家中长期教育改革和发展规划纲要》，按照“十四五”规划教材的编写要求，以“健康第一”为指导思想，坚持“以人为本，终身体育”的教育理念，按照现阶段我国研究生培养模式，遵循高层次人才成长规律和社会需要，为研究生构建知识、能力、素质结构，坚持将培养目标与社会需求相契合，以培养符合我国体育学硕士研究生发展要求的高层次应用复合型人才为培养目标。

教材内容规范合理、简单实用、易教易学、图文并茂，注重时代性、创新性、多样性、实践性和可选择性，旨在通过乒乓球相关理论知识的全面学习，掌握一定的科学研究能力，熟练应用于未来的乒乓球教学训练工作以及乒乓球社会活动的指导工作中，为国家培养高质量的高校体育师资、教练、科研及管理人员。在内容编排上注重健身性与文化性、选择性与时效性、科学性与可接受性、民族性与世界性、共性与个性相结合的原则，充分反映和体现国务院颁布的《全民健身计划（2021—2025年）》的内容和要求，旨在为乒乓球学习者提供素质教育和开展乒乓球活动提供有益指导。

本书由吴健、翟星辰担任主编，胡睿哲、牛涛涛、郭尔妮担任副主编，参加编写的有王丽霞、孙彤彤、抄隆瑶、李霖、杨一帆、张馨如、周思彤、郑钰果、殷苏源、高嵩、廖仲珂，本书在编撰过程中得到了中国大学生乒乓球协会、河南省乒乓球协会、河南省学生体育总会、河南省学校体育教学指导委员会、河南省相关高校的领导、专家、学者等诸多同人的大力支持和帮助，参与图片拍摄的有纪雯雯、廖仲珂、翟星辰、张宝，在此一并表示衷心感谢！

由于时间仓促，书中若有不妥之处，恳请读者不吝指正。

编者

2022 年 3 月于郑州大学

目录

PINGPANGQIU YUNDONG

第一章 乒乓球运动概论

【学习目标】

使学生了解乒乓球运动的起源，世界和中国乒乓球运动的发展，了解乒乓球球拍的种类和性能、乒乓球运动的击球技术和步法技术、乒乓球运动的常用术语等基本理论。

【学习任务】

1. 了解乒乓球运动的起源。
2. 了解乒乓球运动的发展。
3. 了解乒乓球运动的基本理论。

【学习地图】

乒乓球运动的起源→世界乒乓球运动的发展→中国乒乓球运动的发展→乒乓球球拍的种类和性能→乒乓球运动的击球技术→乒乓球运动的步法技术→乒乓球运动的常用术语。

第一节　乒乓球运动的起源与发展

一、世界乒乓球运动

（一）乒乓球运动的起源

关于乒乓球运动的起源，根据国际乒乓球联合会（International Table Tennis Federation）（图 1-1）1976 年的资料，并参阅日本、南斯拉夫等国家的有关文献，乒乓球运动大约在 19 世纪后半叶始于英格兰。当时，英国有一些大学生，在室内以餐桌做球台，用书或以两把高背椅子挂上一根线当作球网，采取软木或橡胶做成的球，以羔皮纸贴成的长柄椭圆形空心球拍，在台子上将球打来打去，这种室内游戏叫作“戈西马”（Goossime）或“弗利姆-弗拉姆”（Flim-Flam）。记分方法有 10 分、20 分、50 分和 100 分为一局，球台和球网无统一规定，发球也无严格限制，以后逐渐成了一种家庭娱乐活动。

图 1-1 国际乒乓球联合会会徽

1890 年左右，英格兰著名越野跑运动员詹姆斯·吉布（James Gibb）从美国带回赛璐珞球，由于当时普遍使用的羔皮纸球拍，击球和球碰球台后发出“乒乓”（Ping-Pang）的声音，人们便模拟其声音而叫作“乒乓球”，其后，也称之为“桌子上的网球”，英文叫“Table Tennis”。直到 20 世纪 20 年代，举行了多次乒乓球邀请赛，才逐渐引起人们的重视，但活动范围主要是在知识分子、学生和职员中间传播。

（二）乒乓球拍的演变

最初的球拍，是两面贴羔皮纸的空心球拍（图 1-2），其后改用木板拍。1902 年英国人库特（Gude）发明了胶皮颗粒拍。1950 年奥地利人发明了海绵拍，1952 年日本选手首次使用海绵拍，参加了第 19 届世界乒乓球锦标赛，并取得优异成绩。此后，引发了一场关于能否使用海绵拍的国际范围的争论，这场争论持续了多年，而在此期间又出现了正胶海绵拍和反胶海绵拍。1959 年国际乒联才做出了球拍规格化的决定（方案是中国提出的）。以后又出现了长胶、中长胶粒球拍、防弧球拍、生胶球拍、两面不同性能球拍、两面不同颜色球拍等，现在又出现了歪把球拍和扣握式球拍，等等。

图 1-2 两面贴羔皮纸的空心球拍

（三）乒乓球运动世界三大赛事

1. 世界乒乓球锦标赛

1926 年 12 月 6—12 日在英国伦敦举行了第 1 届世界乒乓球锦标赛（World Table Tennis Championships），共有 9 个队的 64 名男女运动员参加比赛，并成立了国际乒联机构，通过了《国际乒联章程》和《乒乓球比赛规则》，选出了国际乒联第一任主席——英国人蒙塔古。第2届世界乒乓球锦标赛于1928年1月在瑞典的斯德哥尔摩举行，此后规定每年举行1届。1940—1946年，因第二次世界大战中断比赛，到1957年改为每两年举行1届。到2015年4月已举办了53届。现在乒乓球运动在世界体坛中享有很高的声誉，1988年被正式列入奥运会比赛项目。

世界乒乓球锦标赛奖项设置：男子团体赛冠军（斯韦思林杯）、女子团体赛冠军（马赛尔·考比伦杯）、男子单打比赛冠军（圣·勃莱德杯）、女子单打比赛冠军（吉·盖斯特杯）、男子双打比赛冠军（伊朗杯）、女子双打比赛冠军（波普杯）、男女混合双打比赛冠军（兹·赫杜塞克杯）。以上7个项目的奖杯都是流动的，各项冠军获得者可保存该项奖杯到下届世界乒乓球锦标赛开始前，并在奖杯上刻上国名或运动员名字，然后，交给下届世乒赛组委会。唯有男、女单打冠军，如果连续3次获得勃莱德杯或连续4次获得盖斯特杯，则由国际乒联制作一个小于原奖杯一半的复制品，由获得者永久保存。

2. 世界杯乒乓球赛

世界杯乒乓球赛（World Cup Table Tennis match），是以前国际乒联主席埃文斯先生的名字命名的“埃文斯杯”。从1980年5月由香港乒乓球总会举办的第1届男子单打世界杯赛开始，此后每年举行1届，到2021年10月已举办了41届。开始只设男子单打比赛，由国际乒联排名世界前16名的高手参加比赛。1990年5月增设了男、女团体比赛，同年11月又增设了男、女双打的比赛。1996年9月才增设女子单打比赛，到2021年共举办过23届，中国队夺得了其中22届冠军。男子单打世界杯赛共41届，共计产生41块金牌，中国选手夺得26块。

3. 奥运会乒乓球赛

乒乓球项目进入奥运会是从1988年在韩国汉城（现名首尔）举办的第24届奥运会开始的，共有男子单打、男子双打、女子单打、女子双打4项被正式列入奥林匹克运动会比赛项目。2008年北京奥运会将男、女双打比赛换成男、女团体比赛，到2021年已经举办过9届奥运会乒乓球比赛（Olympic Games Table Tennis match），共计产生37枚金牌，中国选手共夺得32块金牌。

（四）世界乒乓球运动技术的发展

从第一届世界乒乓球锦标赛至今已有96年的历史，它经历了以下几个重大技术发展阶段。

第一阶段（1926—1951年）：胶皮拍时期，是欧洲乒乓球运动员的全盛期。以稳健的削球打法为主。这一时期产生的金牌总数117枚，而欧洲选手就获得109枚，占93%。当时比赛主要靠稳健的削球取胜，因此，曾出现“马拉松”式的乏味比赛。如:男子团体打了31小时,一场单打7.5小时,取得1分用了2小时。鉴于上述情况,国际乒联决定修改规则,增宽球台,降低球网,限定比赛时间。防止消极打法,鼓励积极进攻,加快比赛进程。

第二阶段(1952—1959年):海绵拍时期,优势从欧洲转到亚洲。日本的长抽进攻型打法称霸乒坛。1952年日本首次参加在孟买举行的第19届世乒赛,首先使用海绵拍,采用长抽进攻型打法,冲破欧洲保持20多年的削球打法,一举夺得女子团体、男子单打、男子双打、女子双打4项冠军,撼动了乒坛。第25届世界乒乓球锦标赛男子单打冠军由中国选手容国团获得,这是我国运动员第1次获得世界冠军。由于海绵拍的出现,将乒乓球技术的发展推向了一个新的高峰。

第三阶段(1960—1969年):球拍规格化,中国直拍近台快攻打法崛起,称雄世界乒坛,优势保持在亚洲。第25届世乒赛容国团为我国夺得有史以来第一个男子单打世界冠军,标志着中国独特的直拍近台快攻打法的崛起。1961—1965年连续3届(26、27、28届)夺得男子团体、男子单打世界冠军,在金牌总数21枚中,中国夺得11枚,占总数的52%。中国队既闯过了欧洲的削球关,又战胜了日本长抽加秘密武器"弧圈球"打法,震撼了世界乒坛。第29、30届由于中国的国情没有参加,大部分冠军被日本运动员夺走,苏联队获得第30届女团、女双冠军,瑞典队获得男双冠军,这表明欧洲开始回升,而亚洲仍然领先。

第四阶段(1971—1979年):随着欧洲的复兴,进入欧亚对抗时期。欧洲乒乓球选手从失败和挫折中总结了经验教训,探索、学习并发展了日本的弧圈球技术,吸取了中国的近台快攻打法,放弃了原有的削攻打法,创造了以弧圈球为主结合快攻和以快攻为主结合弧圈球二种新打法。瑞典19岁的本格森在第31届世乒赛中,连胜中国和日本队强手,一跃成为男子单打世界冠军;匈牙利的约尼尔和克兰帕尔夺走了男子双打冠军。上述"弧快"和"快弧"两种打法的特点是:旋转较强,速度较快,能拉能打,低拉高打,正反手都能拉弧圈球,回球威胁性较大。他们把旋转和速度紧密地结合起来,把乒乓球技术又推到了一个新的水平。在这阶段,我国的近台快攻打法也有了创新和发展。如:创造发明了正反手高抛发球,创新了正手快拉小弧圈、正手快带弧圈球,发展了推挡技术中的加力推、减力挡和推挤弧圈球等技术。在第36届世乒赛中,中国队夺得全部7个项目的冠军,同时,5个单项的决赛全是中国队员,开创了世乒赛所有冠军被一个国家囊括的历史。

第五阶段(1981—1999年):欧亚男队势均力敌,竞争更加激烈,亚洲女队称雄乒坛。在这时期,欧洲的弧圈球和快攻结合弧圈球打法,主要技术方面有明显的大幅度提高。如:拉、冲、扣结合自如,同时,汲取了中国队的发球、发球抢攻和接发球前三板的优势,冲破了亚洲前三板的技术优势,研究出了对付中国横拍两面不同性能攻削结合打法的有效战术。因此,中国男队在第40、41、42

届世乒赛中痛失男子团体冠军,均被瑞典队夺走。第43届世乒赛在中国天津举行,中国队打了一次漂亮的翻身仗,一举夺得全部7个项目的冠军。

第六阶段(2000年至今):国际乒联改革频繁,欧亚对抗更加激烈,中国领跑世界乒坛。2000年10月1日起,乒乓球比赛使用直径40毫米、重量2.7克的大球,以取代38毫米小球。自2014年7月1日起,包括国际乒联公开赛及总决赛在内的重大国际比赛都要使用新材料乒乓球。除了材质上的不同,新塑料球与旧球的最大区别就是标注直径的改变。国际乒联规定,新球的直径标准由原来的39.50至40.50毫米上调到40.00至40.60毫米,乒乓球由此进入了40+时代。乒乓球运动的改革还有以"11分制"取代"21分制""无遮挡发球""使用无机胶水"等。

自2000—2015年,中国队在各类世界大赛中占据明显优势。除2000年瑞典队获得第45届世乒赛男团冠军、2010年新加坡队获得第50届世乒赛女团冠军之外,中国队获得了世乒赛全部16项男女团体冠军中的14项;单项冠军只有第47届世乒赛男单冠军被奥地利的施拉格夺走,第52届的混双冠军被朝鲜的金赫峰、金仲胜夺走外,其余各项冠军全部被中国队获得。中国队在奥运会乒乓球比赛中也占据绝对优势地位,除2004年第28届奥运会男单冠军被韩国柳承敏获得之外,中国队获得了11项单项冠军和4项男女团体冠军,中国队在进入21世纪之后以绝对优势领跑世界乒坛。

纵观世界乒乓球运动的发展历程,简单概括地结论是:每一个阶段的发展,都离不开器材、球柏和规则的改革,离不开技术的创新及其水平的提高,离不开各种打法的建立,特别是进攻和防守、旋转和速度之间的互相斗争和互相促进,促使乒乓球技术得以不断地发展。目前,乒乓球已经发展到一个更高级的阶段,这就是攻中要有防,防中要有攻,速度中要有一定的旋转,旋转中要有一定的速度。当今世界乒乓球技术总的发展趋势是朝着"更加积极主动、技术全面、特长突出、战术多样化、无明显漏洞"的方向发展,也就是以自己的特长压倒对方,而不给对方抓到自己缺点的机会,这样才能适应当前技术形势的发展。在国际乒坛上谁能以独特的新技术、特点来准备和迎接未来的技术势头,谁就将是胜利者,就能获得最好的成绩而登上乒乓王座。

二、中国乒乓球运动

(一)乒乓球运动进中国

1904年,上海一家文具店老板王道平去日本采购物品时,观看了乒乓球表演并买了10套器材带回上海。为了招揽顾客,王道平就在店中摆上并亲自做打球表演和介绍日本打乒乓球的情况,此举吸引了越来越多人的关注。乒乓球运动在上海学生中时兴起来，随之流行于广州、北京、天津等城市。但当时参加的人员较少，参加者均是地位较高的上流社会人士。

(二)新中国成立前的乒乓球运动

1918 年，上海最早成立了全市乒乓球联合会。后来，一些球队纷纷建立。1923 年，全国乒乓球联合会在上海成立。这是中国乒乓球的发展初期，此后组成的中国队在 1925 年与日本选手在上海进行了第一次对抗赛，并以 9∶2 获胜。1927 年，中国队曾接受日本邀请进行了访问比赛，4 胜 2 负的战绩也曾激发了民众的练习热情。1935 年，中华全国乒乓球协进会在上海成立。但当时的乒乓球运动仅限于在几个大城市的上层社会中开展，技术水平和组织能力都较低，虽在 1935 年也举行过全国乒乓球比赛，但参赛队伍仅 8 个。由于组织无序，最后的排名也成了乒坛历史上的一个笑谈。当时的国际乒联主席蒙塔古先生曾致电中国，表示欢迎中国加入国际乒联并邀请参加第九届世界乒乓球锦标赛，但终因经费困难未果。

(三)新中国成立以来的乒乓球运动

1949 年 10 月 1 日，新中国成立。党和政府非常关心全国体育工作的开展。乒乓球运动也在当地政府的支持下蓬勃发展起来。1952 年 10 月，在北京举行了第一次全国乒乓球比赛，有 6 个行政区和铁路系统的男、女共 62 名运动员参加，首任国际乒联主席蒙塔古应邀出席了大会。当年，中华全国体育总会乒乓球部加入了国际乒联。自 1953 年起，中国正式走进国际乒坛。从 1953—1957 年 4 年间，中国队的技术水平已经逐步被世界认识，比赛成绩也上升到世界强队行列。在 1959 年第 25 届世乒赛上，中国选手容国团获得了我国乒乓球史上的第一个世界冠军，大长了中国人民的士气，得到了周恩来总理的高度评价。

1961 年(第 26 届)、1963 年(第 27 届)、1965(第 28 届)中国选手连续三届获得世乒赛的团体、单打冠军，尤其是第 28 届，我国选手获得 5 项冠军，成为世界乒坛的新霸主。乒乓球在中国的“国球”称号就是这时由国际舆论而来，当时媒体称中国是“世界头号乒乓球国家”。中国的乒乓球技术不仅推动了世界乒乓球的发展，在国内也同时掀起了全民打乒乓的高潮。全国大地一片“乒乓热”，学校里到处可见垒起的砖头乒乓球台，下课后学生蜂拥而至，争相打几下。万人争打乒乓球的局面一时间在祖国的大江南北形成，由此也奠定了我国乒乓球运动的群众基础。

纵观新中国乒乓球的发展史，自 20 世纪 50 年代末容国团夺得第一个世界冠军开始至 2015 年，中国队在世界锦标赛中共获得了 19 个男子团体冠军、19 个女子团体冠军、18 个男子单打冠军、21 个女子单打冠军、16 个男子双打冠军、20 个女子双打冠军和 18 个混合双打冠军；其中 2015 年苏州世乒赛，中国的许昕与韩国的梁夏银跨国配对获得混双冠军。在奥运会乒乓球比赛中共获得2个男子团体冠军、2个女子团体冠军、4个男子单打冠军、全部7个女子单打冠军、全部5个男子双打冠军和4个女子双打冠军;在乒乓球世界杯赛中共获得8个男子团体冠军、9个女子团体冠军、21个男子单打冠军、全部19个女子单打冠军。中国乒乓球队之所以能保持多年来的长盛不衰,主要是他们贯彻了严格的科学训练的原则,坚持百花齐放、以我为主的打法,正确处理了继承与发展、学习与创新的关系。更为重要的是中国乒乓球队是一支充满着民族奋起精神的队伍,他们有胸怀祖国、放眼世界、志在高峰、为国争光的远大理想和志向。因此,在夺取世界冠军的征途上,表现出坚韧不拔的革命精神和愿为"人梯"、服从全局、甘当世界冠军"铺路石"的崇高思想境界,他们为使乒乓球的事业兴旺发达、后继有人,坚持和发扬了"传、帮、带"的优良传统,使我国的乒乓球事业一代接一代,代代出英才,这便是我国乒乓球队多年来长盛不衰的重要原因。

(四)中国乒乓球队走向世界的历程

1. 求索期(1953—1957年)

1953年,中国首次派队参加了在布加勒斯特举行的第20届世乒赛。当时报名参赛的男子团体队伍有14个,女子团体队伍有10个,结果中国男队被评为一级第十名,女队被评为二级第三名。

中国乒乓球队初涉世界乒坛,没有被当时的高水平运动员吓倒,也不盲从,而是坚持洋为中用、推陈出新,坚持在自己技术长处的基础上,吸收其他技术选手的技术特长。欧洲选手削球多,我国当时应对能力较差,为此,当时有意识地培养了一批横拍削球选手。

第21届、22届世乒赛我国未派出选手参加。1956年,第23届世乒赛上,中国男队被评为一级第六名,女队被评为一级第十一名。这次参赛使中国队认识到光靠快和狠还不行,要想取得最后的胜利,还要提高准确性、加强基本功的训练。

1957年,中国又派队参加了第24届世乒赛,男、女队均进入决赛。赛后,男队被评为一级第四名,女队为一级第三名。男队员王传耀和女队员孙梅英分别被评为世界男子、女子第七名优秀选手。

2. 争光期(1959—1965年)

在1959年,第25届世乒赛上,第一次参加世乒赛的中国选手容国团过五关斩六将,连闯八关,夺取了中国乒乓球运动史上的第一个世界冠军。听到中国乒乓球队的喜讯后中央领导同志非常高兴,毛泽东主席亲自接见了容国团及其队友们,并观看了乒乓球表演。周恩来总理也高度评价了容国团的胜利。

在这一届世乒赛上,中国队已显示了相当的整体实力,男、女团体获第三名,邱钟惠、孙梅英获女子单打、女子双打第三名,王传耀、孙梅英获混双第三名,男子单打也有4人进入了前八名。

1961年的第26届世乒赛是第一次在中国举办的世界乒乓球锦标赛，全国上下非常重视，组织运动员进行集中训练，集体研究对付弧圈球的办法。为了有的放矢地进行练习，几位老队员主动放弃自己的打法，模仿日本的弧圈球，让主力运动员尽快了解和掌握应对措施。这种集体主义精神对主力队员是莫大的鼓舞。第26届世乒赛终获圆满成功，中国队获得了3项冠军（男团、男单和女单），4项亚军（女团、男双、女双和混双）和8个第三名。这一胜利极大地鼓舞了全国人民，也极大地推动了我国乒乓球运动的发展，“乒乓球热”由此掀起。

1963年第27届世乒赛上，中国队获得了3项冠军、2项亚军和7个第三名，由此确立了中国直拍近台快攻打法在世界上的先进地位，也领导了世界乒乓球技术的新潮流。本次比赛，中国的两名削球选手（张燮林和王志良）夺取了男双世界冠军，也让世界为之一振，中国主力队员的打法多样化，更显示了中国男队的实力优势。

中国男队两捧“斯韦思林杯”后，女队再也坐不住了，特别是第27届世乒赛上，凡沾女子边的都没有中国队的份儿。为了帮助女队端正态度、放下包袱，徐寅生同志专门给女队讲了自己打球的体会，充满辩证法的讲话使女队大受鼓舞，这篇讲话也受到了毛主席的称赞。赛前，贺龙副总理亲自来到中国乒乓球队驻地，鼓舞女队向男队学习。领导的关心、队友的支持帮助女队在第28届世乒赛上打了一个漂亮的翻身仗，夺取了世乒赛女团冠军，首次获得“考比伦杯”。

中国队在第28届世乒赛上，获得了5项冠军、4项亚军和7个第三名，在世界上引起了震动。这一阶段，是我国乒乓球运动的昌盛时期，近台快攻削球防守型打法均处于世界领先地位，体现了我国乒乓球选手打法的百家争鸣、相互促进。

3.拼搏期（1971—1987年）

第29届、30届世乒赛中国由于历史原因未能参加，在中断与世界往来的4年时间里，欧洲选手吸纳了中国的近台快攻技术，在原来弧圈球的基础上，创立了近台快攻加弧圈球的新技术，使其打法有了长足的进步。

面对现实，中国乒乓球界上下拧成一股绳，共同为中国乒乓球运动的发展展开了讨论，并最终达成共识：坚持自己原来“快、准、狠、变”的指导思想，增加了一个“转”字，即洋为中用，学习和掌握弧圈球，将其技术融入中国的快攻打法之中，并提出直拍用反胶打快攻的设想。之后，很快就涌现了如郗恩庭、郭跃华、齐宝香、曹燕华等用直拍反胶取得可喜成绩的优秀运动员。

20世纪70年代共举办了5届世乒赛，设金牌35枚，中国队获16.5枚（其中男团3枚、男单1枚、女团3枚、女单3枚、女双2.5枚、混双3枚），占金牌总数的47.14%。1973年第32届世乒赛，瑞典男队将冠军从中国队手中夺走。中国女队在第31、32届世乒赛上遗憾地令团体冠军两次旁落。在1979年第35届世乒赛上，中国女队取得全部冠军，就连与男队员合作的混双也获得冠军，但是男队在所有项目上均告失败。这次中国男队的全线失利，引起了中国乒乓届的震动。

此后中国男队发愤图强，胜不骄、败不馁，重视技术创新，组成了一支年纪轻、人员新、打法新、敢拼搏的队伍。在20世纪80年代的第一次世乒赛中，女队仍获全胜，男队也打了一个漂亮仗，创造了一个同时获得7项冠军和5个单项亚军的新纪录，这在世乒赛史上是前所未有的。在以后的3次世乒赛中，中国队均获6项冠军。4届比赛（第36～39届）共设金牌28枚，中国队夺得25枚，占金牌总数的89.29%。每枚金牌的取得都历尽艰苦，来之不易，中国队在世界乒坛的地位已显而易见了。

在第31～39届世乒赛中，共设金牌39枚，中国队获得41.5枚，占金牌总数的65.87%。这一时期，中国队夺得了7次男团冠军、7次女团冠军、7次夺得女单冠军和混双冠军、5次男单冠军、3次男双冠军、5.5次女双冠军（与朝鲜运动员合作一次，冠军次数记0.5）。

4. 徘徊期（1988—1994年）

1988年汉城奥运会，乒乓球第一次被列为奥运会正式比赛项目，中国选手在4个项目中，男子双打获得金牌，女子单打获得金、银、铜牌。然而在长期的胜利中，对一些隐藏的失败却没有引起足够的重视。在20世纪80年代最后一次世乒赛上，中国女队战果辉煌，获得了女团、女单、女双的全部冠军，而男队却一无所获。

在1991年第41届世乒赛上，中国女队获得女单、女双、混双冠军，女子团体以2∶3败给朝鲜队，屈居亚军；在第42届世乒赛上，中国队痛失女单冠军，而男队除第42届世乒赛夺得一个男双冠军外，男子团体和男子单打在第40～42届世乒赛期间竟未获得一项冠军。尤其是在第41届世乒赛上，中国男子团体仅获第七名，中国乒乓球队男队一时跌入低谷，女队也遭遇困扰。

尽管在1992年第25届奥运会上中国队夺取了4个比赛项目的3枚金牌（邓亚萍获女单冠军，王涛、吕林获男双冠军，邓亚萍、乔红获女双冠军），但中国队已连续三届在世乒赛上与团体和单打冠军无缘。享有“双保险”之称的邓亚萍与乔红也遭遇海外乒团的阻挠，这是14年来女队在世乒赛中首次未进决赛，这些现象引起了中国乒乓球界的高度关注和重视。中国乒协分别举办了全国乒乓球奥运重点省市的男队主教练和业余体校教练员研讨班，分析形势、确定方向、言深意切、切中时弊，并确定了训练的原则和方向，这对中国乒乓球运动的发展起到了重要作用。

5. 腾飞期（1995年至今）

1995年，第43届世乒赛在我国天津举行，中国队经过6年的磨砺，在思想和技术上都有长足的进步和提高。最终，在这届世乒赛上，中国队以囊括全部7

项金牌的成绩回报了祖国人民的期待和关心。孔令辉荣登最高领奖台，成为男子单打冠军；邓亚萍又将女单桂冠戴回自己头上；男子双打、女子双打和混合双打金牌也全部由中国选手夺得。自此，中国乒乓球男队走出困境，女队也摆脱了困扰，中国乒乓球队迎来了战绩上的又一个高峰。

在1996年第26届奥运会乒乓球比赛中，4枚金牌全部被中国队获得。

在第44届、45届世乒赛上，中国队均获6项冠军。

第27届悉尼奥运会，中国队第二次全部包揽4枚奥运金牌。

第46届世乒赛，中国队第三次获得了7项冠军。

第47届世乒赛，中国队夺得了7项冠军中的6项。

第28届雅典奥运会，中国队获得3枚金牌（女单张怡宁，男双马琳、陈玘，女双王楠、张怡宁），韩国队"精神领袖"柳承敏取得男单冠军。

第48届世乒赛单项比赛于2005年4月30日—5月6日在中国上海拉开帷幕。在自己的国土上比赛，我国运动员更加斗志昂扬。经过7天的奋战，我国运动员取得了5个单项的全部金牌。本次比赛也使我国在世乒赛上的金牌总数突破100枚。

第49届克罗地亚萨格勒布世乒赛，中国队再次包揽5个项目的冠军。

第29届北京奥运会，中国队包揽了4项比赛的冠军（男单马琳，女单张怡宁，男团冠军，女团冠军）。

第50届日本横滨世乒赛，中国乒乓球队又一次展现超群实力，第四次囊括5个项目的金银牌，第七次包揽5枚金牌（男单王皓，女单张怡宁，男双王皓、陈玘，女双郭跃、李晓霞，混双李平、曹臻）。整届比赛好似一次中国队的专场表演，出神入化的球技让观众们无不惊叹叫绝。中国乒乓球队真正成为当今世界乒坛的领军霸主。

第51届世乒赛，中国队第五次囊括了5个项目的金牌（男单张继科，女单丁宁，男双马龙、许昕，女双郭跃、李晓霞，混双张超、曹臻）和男团、女团冠军。

第30届伦敦奥运会，中国队再次包揽了4项比赛的冠军（男单张继科，女单李晓霞，男团冠军，女团冠军）。

第52届世乒赛，中国队获得3个项目的冠军（男单张继科，女单李晓霞，女双郭跃、李晓霞）。

第53届世乒赛，中国队取得了全部5个项目的冠军（男单马龙，女单丁宁，男双张继科、许昕，女双刘诗雯、朱雨玲，混双许昕、梁夏银[韩国]）。其中混双跨国组合是这一届世乒赛的亮点，这一枚金牌也补齐了第34届世乒赛中的另外一半金牌。

第31届里约热内卢奥运会，中国队再次包揽了4项比赛的冠军（男单马龙，女单丁宁，男团冠军，女团冠军）。

第54届世乒赛，中国队取得了4个项目的冠军（男单马龙，女单丁宁，男双许昕、樊振东,女双刘诗雯、丁宁)。

第 32 届东京奥运会,中国队包揽了 4 项项目的冠军(男单马龙,女单陈梦,男团冠军,女团冠军)。

60 多年来,中国乒乓球队经历了风风雨雨和艰难曲折,虽然前进的道路并不平坦,但每一步的脚印都是坚实的,是铿锵有力的,凝聚了一代又一代国家领导人的关心和嘱托,背负着祖国人民的支持和殷切希望,渗透着教练员和工作人员的辛勤劳动,更包含了广大运动员的心血和汗水。自中国乒乓球选手自 1959 年第 25 届世乒赛荣国团夺得第一个世界冠军,到 2021 年第 32 届东京奥运会,共获得金牌 260 枚(第 34 届世乒赛女双冠军为中国的杨莹和朝鲜的朴英玉,因此中国得 0.5 枚,第 53 届世乒赛混双冠军为中国的许昕和韩国的梁夏银,补齐了第 34 届世乒赛中的 0.5 枚),其中,奥运金牌 32 枚,世乒赛金牌 137 枚,世界杯金牌 91 枚。

(五)中国大学生乒乓球运动

1. 中国大学生乒乓球协会

这是中国大学生体育协会领导下的一个单项运动协会,是全国高等学校普及与提高乒乓球运动的群众性体育组织,成立于 1990 年,现有会员单位 80 余所,主席、会址单位设在华东理工大学。该协会是指导我国大学生乒乓球运动发展的重要组织机构,承担增强我国广大青少年学生体质、促进其健康成长的重要任务,肩负在高校范围内促进乒乓球运动的普及与提高、传承和弘扬乒乓文化、培养德智体全面发展合格人才的历史使命。

(1)目标和宗旨:传播乒乓文化、汇聚四海友谊。团结全国各高校会员单位,孜孜以求于乒乓球文化在高校内的传播,在教体结合的道路上不断探索,为促进大学生乒乓球运动的发展,为进一步振兴我国乒乓球运动和体育事业而积极努力。

(2)基本任务:认真贯彻执行党的教育方针,联络全国大学生乒乓球运动队、乒乓球协会和乒乓球爱好者,团结协作,努力学习,积极工作,以多种形式有计划地组织乒乓球教练员、裁判员,研讨和提高乒乓球技术、战术理论和业务水平。

2. 全国大学生乒乓球锦标赛

这是国内最高级别、代表国内最高水平的高校大学生乒乓球单项赛事,目前已成功举办了 26 届。赛事规模从 1990 年的仅有数十人,到 2021 年共计 70 余所大学的 1000 多名大学生乒乓球选手参加角逐,其影响力不断扩大。赛事足迹已遍布祖国大江南北,受到了全国各地大学师生的热烈欢迎。通过赛事的组织开展,极大地促进了全国各地高校间的沟通与合作,加强了各地文化的交流与互动,提高了各地区高校在乒乓球运动的训练、竞技、赛事组织等方面的水平,进而推动了全国乒乓球运动的推广普及与发展提高。

3. 全国高校"校长杯"乒乓球比赛

"兢兢业业做校长，轻轻松松打乒乓"已经成为大家劳逸结合、珍惜健康、不断进取的真实写照。"校长杯"为来自全国各地高校的校级领导们提供了交流与展示的平台，校长们在参与锻炼、放松身心、体验乒乓魅力的同时，也率先垂范地践行了"全民健身"的号召，目前已举办了16届。此举得到了教育部和国家体育总局的积极肯定，受到全国各高校及社会各界的重视和关注，产生了良好的社会反响。举办高校"校长杯"乒乓球比赛，有效地增强了各高校负责同志的体育意识，加强了校级沟通，交流经验体会，促进团结友谊，对于推进全国亿万学生阳光体育运动和全民健身活动的开展意义十分深远。

第二节　乒乓球运动的基本理论

在乒乓球运动的发展过程中，形成的有关乒乓球运动技术运用与提高技术水平的系统化的认识构成了乒乓球运动的基本理论体系。乒乓球运动的基本理论主要包括乒乓球球拍的种类与性能，击球技术、步法技术，以及乒乓球常用术语。

一、乒乓球球拍的种类和性能

(一)胶皮拍

(1)普通胶皮拍(图1-3)：在球拍底拍上贴有一层胶皮，胶皮上有一粒粒圆柱形体小颗粒，颗粒密度每平方厘米不得少于10颗，也不得超过30颗。

图1-3　普通胶皮拍

性能：用胶皮拍打球时，胶粒与球摩擦，能使球产生一定旋转。球拍弹力均匀，击球稳，容易掌握。缺点是击球速度较慢。

(2)长胶胶皮拍：颗粒高度为1.6毫米以上，胶质柔软的颗粒胶叫作"长胶"。用长胶打球产生的旋转变化比普通胶皮要大得多。

性能：长胶主要依靠来球的强旋转或冲力大来增加回球的旋转度。用削球回击对方拉过来的弧圈球或重板扣杀的球时，回球则更加旋转。如果来球旋转弱或冲力小，则回过去的球旋转也弱。用长胶发过去的球，球不很转。用长胶削回对方搓或轻拉过来的球也不很转。在近台挡过去的球，如果对方球是下旋，则回球呈现上旋；如果对方来球是上旋，则回球呈下旋；来球不转，回球也不转。

（二）正胶海绵拍

（1）正胶海绵拍（图 1-4）：在木板与胶皮之间夹一层海绵，海绵连同胶皮总厚度不得超过 4 毫米。

性能：反弹力较强，回球速度也较快，能形成一定的旋转，但不能造成很强烈的旋转球。

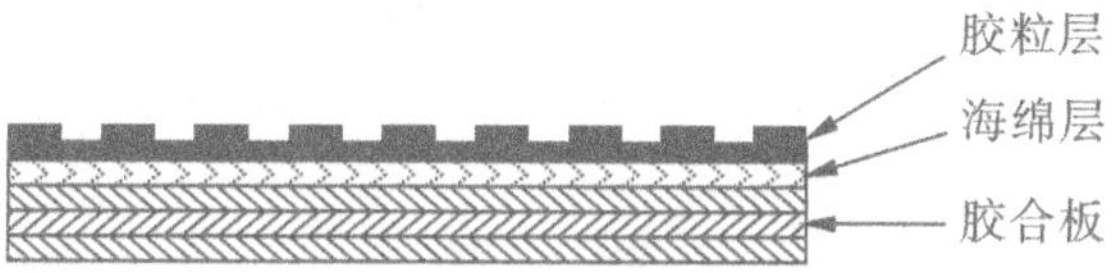

图 1-4 正胶海绵拍

（2）生胶海绵拍：这种球拍是以一种生胶皮正贴在薄海绵上，其颗粒比一般的颗粒要大一些，胶皮和胶粒较硬。

性能：反弹力强，回球速度快。生胶拍面对球摩擦力较小，与正胶海绵拍比较，球在拍面上停留的时间短，击球快而旋转较弱，击出的球略下沉。本身制造旋转的能力较差。击球时更多地依靠运动员自己发力。

（三）反胶海绵拍

（1）反胶海绵拍（图 1-5）：这种球拍是将胶皮上有胶粒的一面反贴在海绵上，平整的一面向外。

性能：胶皮表面平整，有较大的黏性，对球的摩擦系数很大。如果附在硬型海绵上能击出强烈的旋转球。但由于胶粒向内，同海绵之间留有一定的空隙，反弹力稍差，回球速度较慢。

图 1-5 反胶海绵拍

（2）防弧海绵拍：这种球拍是在一种结构松、弹性差的海绵上反贴一点黏性小并有些发涩的胶皮。

性能:海绵特别软、弹性差,可以减弱旋转的作用,便于控制对方的弧圈球。但这种球拍也减弱了回球的旋转强度和速度。

(四)球拍选择

由于球拍的种类不同,性能不一样,各有优缺点。因此,应根据自己的打法、特点和发展方向,选择比较适合自己的球拍。一种是快攻型打法多使用普通正贴胶皮海绵拍和生胶海绵拍;另一种是弧圈型打法多使用反贴海绵拍;第三种是削攻型打法多使用两面不同性能的球拍(即一面是反贴海绵,另一面是长胶或防弧)。选择球拍时应从底板、胶皮、海绵三个方面进行综合考虑。

1. 底板

底板最好具备能控制球和不震手两个条件。一般来说,打攻球的多数喜欢选用木质稍硬、弹性略好的底板。打削球的,多喜欢选用木质稍软而弹力略小的底板。

2. 胶皮

以攻为主打法的运动员,目前,大都喜欢采用颗粒较大而行距较疏的胶皮,其长度在0.8~1毫米。这种胶皮反弹力较大,有利于提高击球的速度。以削球为主打法的运动员,大都喜欢采用颗粒较小而行距稍密的胶皮。在打削中反攻时,虽控制球不如普通胶皮稳健,但削弧圈球及接对方重扣球时较好,削出转与不转球差别大,增加对方回球困难。

3. 海绵

海绵的软硬与击球的弹力大小有密切关系。目前,按海绵的软硬程度可区分最硬型、次硬型、次软型和最软型四种。

(1)最硬型:这种海绵反弹力大、出球快。它和反贴胶皮合在一起特别有利于加大球的旋转。因此,打弧圈球的选手多喜欢采用。但这种海绵控制球能力较差。

(2)次硬型:由于这种海绵硬中略带软性,特别有利于发挥反手推挡和正手攻球技术,故左推右攻打法选手喜欢采用。

(3)次软型:由于这种海绵软中略带硬性,它不仅有利于反手推挡及正手攻球,而且还适用于反手攻球。故擅长左推右攻,两面攻,以及削中反攻打法的选手喜欢采用。

(4)最软型:由于这种海绵反弹力比前两种小,而且特别容易控制球。因此善于发挥本身力量去攻球的两面攻选手和有些打削中反攻的选手多喜欢采用。

（五）选择底板与海绵胶皮的综合搭配

应根据自己的技术打法、特点需要，进行优化组合选择底板与海绵胶皮综合搭配，使整体球拍能适合自己，更能得心应手。

1. 进攻型运动员

为了保证近台攻击的力量，一般均选择重量略重（90 克以上）、板体较厚（6.5 毫米以上），比较坚挺的七层底板。但直拍两面攻者重量相对要轻些的底板。如果加强攻球的速度，通常选择黏性特点中等、颗粒较短的反胶。如是注重控制球可挑选厚度中等（1.8～2.0 毫米）硬度适中（40～44 度）的海绵与之优化组合搭配。

2. 弧圈进攻型运动员

为了保证连续击球时的灵活快速与良好控制。通常选择重量较轻（90 克以下）、板体（横拍薄、直拍厚）弹性较好的五层底板。注重旋转，通常可选择表面黏性较好，颗粒略长的反胶。注重速度可选择较厚（2.1～2.2 毫米）并且较硬（45～48 度）的海绵与之优化组合搭配。

3. 攻、削结合打法的运动员

由于要求全面地掌握技术，既能攻又能防守，通常选择重量较轻（90 克以下）板面较大，吃球较深。但有一定弹性的底板。如果是注重旋转变化通常选择表面黏性较好、颗粒略长的反胶，为了保证其削球的良好控制，经常挑选厚度适中（1.5～2.0 毫米），并且软、硬适中（40 度左右）的海绵与之优化组合搭配。

另外，削球运动员为了加强变化，球拍一面使用反胶，另一面使用长胶、生胶或正胶。这些颗粒向外的胶皮通常选择很薄的海绵（1.0 毫米以下）与之搭配。也有个别削球运动员一面使用反胶，另一面使用防弧胶皮（是一种表面不黏，弹性很差的反胶）为了进一步降低反弹性，一般选择厚度（1.5～2.0 毫米）性能特别柔软的海绵。

4. 近台快攻运动员使用正胶或生胶

由于正胶和生胶表面摩擦系数较低，为了在快速进攻的同时保持对球的良好控制，运动员通常选择球感好、弹性适中且板体较厚（6.5 毫米以上）的底板，搭配海绵需要略厚些（2.1～2.2 毫米）以提高速度。要想提高控制能力，应选择略薄一些海绵（1.8～2.0 毫米）。

一般来说，正胶海绵拍适于快攻为主的各种打法。反胶海绵拍适于以旋转为主的各种打法。胶皮拍适于削中反攻的打法（表 1-1）。

表 1-1　各种类型海绵胶皮的性能

球拍类别	控球能力	速度	旋转	适合的打法
胶皮拍	上	中	下	削中反攻
正胶海绵拍	下	上	中	快攻为主的打法
反胶海绵拍	下	中	上	以旋转为主的各种打法

二、击球的技术

(一)击球的基本环节

运动员每一次打球都有一个击球的过程,这个完整的过程就是每次击球的基本环节,它包括准备、判断、移动脚步、击球、还原五个环节。要求运动员应具有高度的快速、反应、判断能力和掌握熟练自如的运动技巧,根据临场具体来球情况,正确运用各种击球方法。

1. 准备

运动员每击一板球前都要有所准备。它包含两个方面:一个是身体方面的准备,包括站位,身体姿势等;另一个是心理方面的准备,眼睛紧盯对方,盯着球,全神贯注。

2. 判断

当对方准备击球时,判断就开始,主要是判断来球的方向,旋转的性能强弱,力量的大小,速度快慢等。观察对方击球时,球拍触球的瞬间动作大小,挥拍的方向,速度快慢,撞击、摩擦程度等,必须做到注意力高度集中,在这里经验是非常重要的。

(1)判断来球方向

1)根据对方球拍触球时的方向判断来球的路线。如:对方在右角触球时拍面正对本方的右角,来球一般是右方斜线球。在右方触球时拍面正对本方左角,来球一般是直线球。

2)根据球通过球网时的位置来判断。如:在球台右角触球,球从球网中间越过,一般是斜线球;在右方触球,球从球网的左边越过,一般来球是直线球。

(2)判断来球的旋转性能强弱

1)根据对方引拍的方向判断旋转性能。一般来讲,回球呈下旋,要向上引拍;回球呈上旋,向下引拍;回球呈右侧旋,向左引拍;回球呈左侧旋,向右引拍。

2)根据对方触球撞击摩擦情况,判断来球旋转强弱。对方触球时摩擦多、撞击少,则旋转较强;若撞击多,摩擦少,则旋转较弱。

3)根据对方触球的声音和球拍性能,一般不同类型的球拍击球的声音都有不同的特点。根据不同的声音,可以判断出来球的旋转强弱及性质。

(3)判断来球力量大小,速度快慢。一般来讲,动作幅度大,挥拍速度快,力量则大,速度也快;反之,力量则小,速度也慢。

3. 移动

选位移动脚步,是根据来球飞行方向和力量、落点、迅速移动脚步,目的是为了取得合适的击球位置,以利于技术水平的发挥。移动脚步的时间,在判断准确来球的方向,球落到本区台面以前时间。当球在本区台面反弹起时,就已做好击球动作的准备。要特别注意移步的起动时间,不能过早、过晚。

4. 击球

击球动作一般包括选位,引拍,向前挥拍,球拍触球,身体协调和击球后动作还原。

(1)选位:是在判断来球方向、落点和旋转性质后,迅速移动脚步选好合理的击球位置,调整身体重心,做好击球的准备。

(2)引拍:是指向前挥拍之前的准备动作,目的是为击球时发力做准备。

(3)向前挥拍:是指引拍后向前挥拍,到击中来球这段过程。这一过程幅度的大小和快慢直接关系到击球的力量、速度和旋转的强弱。

(4)球拍触球:是指球拍与球接触的一刹那。在这一刹那间应注意处理好两个问题:击球部位和击球拍形问题。它不仅决定击球方向和落点,它还决定使球产生各种不同旋转性能的重要作用。它的运用熟练程度如何,直接影响着击球的准确性。

1)击球部位,是指球拍触球的位置。可分为上部、上中部、中上部、中部、中下部、下中部、下部 7 个部分。

2)击球拍形,是指拍形角度和拍面方向。拍形角度是指拍面与台面及其延长线形成的角度。可分为前倾、稍前倾、垂直、稍后仰、后仰 5 种拍形状。拍面方向是指击球者面向球网站立,拍面所朝的方向。

(5)身体协调:是指击球时不持拍手臂以及身体移动,重心移动等动作与挥拍击球动作的配合。

(6)击球后动作:是指球拍触球后球拍还要有一段随势前移的动作。这段动作同样是为有效地保证击球的准确性服务的。在击球的过程中,任何动作不可缺少。

5. 还原

还原是指将球击出后,放松回复到原来位置。球击出后,随着击球动作的结束,要迅速使技术动作、身体、步法等还原成基本姿势。这些还原有利于下板球更有效地还击。

以上的基本环节，贯穿于每一次击球的过程中，准确的判断是击球的依据，快速的步法移动是击球的保证，合理的击球技术是击球的关键，迅速还原是击好每个球的前提条件。因此，要充分理解这些基本环节，并且能指导运用于实践。

（二）击球的动作结构

乒乓球击球的技术动作是多种多样的。尽管方法要领各有不同，但在击球动作的结构方面，却有共同的规律。我们在分析击球动作结构时，把它分为三个不同的阶段：即击球前的准备动作、击球动作和结束动作。

1. 击球前的准备动作阶段

包括站位和引拍两部分。根据对方来球的落点、旋转性质选择最有利于自己击球的站位姿势，能击出自己理想的效果球。如正手攻球，应该位置合适，站位两脚与肩同宽或稍宽，左脚在前，右脚稍向后站，两膝微屈，重心支撑点在右脚上，身体略向右转。站位姿势的好坏，直接影响整个击球动作。如果正手攻球时，双脚平站，甚至右脚在前，就很难攻出力量大的球。其次是引拍，它同样对击球动作有很大影响。如正手攻球的引拍动作，应该是前臂横摆，球拍与台面垂直或略前倾，手腕自然放松。若是抬肘式的引拍动作，正手攻球时就很难发挥前臂、身体等作用，不但发不了力，而且还打不好旋转球，直接影响着击出球的效果。

2. 击球动作阶段

即挥拍向前打球的动作阶段。它包括整个动作的发力方向，参加工作的肌肉部位、发力顺序、发力方法、触球部位和击球的时间等。一般来讲，手臂的动作是主要的。但随着乒乓球技术的发展，腰以及整个身体的协调配合将越来越显得重要。我们还是以正手攻球为例，击球动作阶段应是：右脚稍用力蹬地，腰髋部略向左转动带动手臂向前挥动，前臂发力为主，向前、向上、向左，又撞又摩擦。触球瞬间，手腕控制好拍面角度，辅助手臂发力，前臂略有内旋动作。

3. 结束动作阶段

由于惯性的作用，虽然球已脱手飞出，但球拍还会再运行一段才会渐渐终止。此刻，手臂和整个身体应立即放松，并迅速还原，以准备下次击球。这里所强调的关键是准备下次击球。

以上分别讲了三个动作阶段的不同特点和要求。其实，它们本是一个统一的整体，各个阶段之间是密切相关和互相影响的。因此，把其中任何一个动作阶段孤立起来看，都是错误的。

（三）击球技术五要素

乒乓球技术有准确性和威胁性两大基本原则。准确性就是自己击球不失误;威胁性就是合法击过去的球要给对方造成威胁,或让对方失误。准确性和威胁性是对立统一的关系,这两者是不能孤立存在的。欲提高准确性,击球必须要有合理的弧线;欲提高威胁性,就必须要将旋转、力量、速度、弧线和落点同时结合在一次击球中。下面就乒乓球技术中的五大要素进行详细介绍。

1. 击球弧线

(1)击球弧线的组成

1)第一弧线(亦称出手弧线),是指球被球拍击出后,到落到对方台面为止的飞行路线。它由弧高、打出距离、弧线弯曲度和弧线方向四部分组成。

2)第二弧线(亦称球弹起弧线),是指球从对方台面弹起,直至碰到其他物体如球拍、地面等为止的这段飞行路线。它由弧高、弹出距离、弯曲度和方向四部分组成(其方向包括左右前后,皆以击球员为准)。

3)发球出手弧线,是指自发球者将球抛起,被发球者球拍击出后,到落在本方台面为止的这段弧线。发球的弹起弧线应分两部分,第一弹起弧线——球从发球方的台面弹起,至落在接发球方的台面为止的飞行弧线。第二弹起弧线——球从接发球方的台面弹起至碰到其他物体(如球拍、地面等)为止的飞行弧线(图 1-6)。

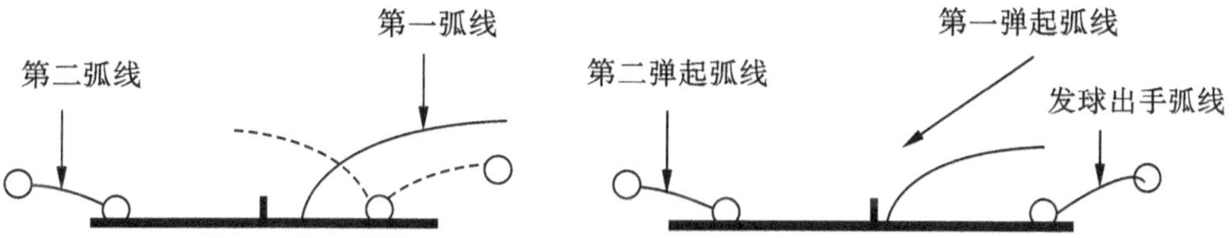

图 1-6　击球弧线与发球弧线

(2)提高弧线质量的方法

1)掌握球的出手角度,制造球的飞行弧线。球的出手角度,是指球被击离球拍时与水平面所形成的角度。球在出手速度一定的情况下,当出手角度小于45°时,角度越大,则弧线曲度越大,打出距离越长;当出手角度大于45°时,角度越大,则弧线曲度越大,打出距离越短(图 1-7)。

在出手角度一定的情况下,出手速度越快,则打出距离越长(图 1-8)。

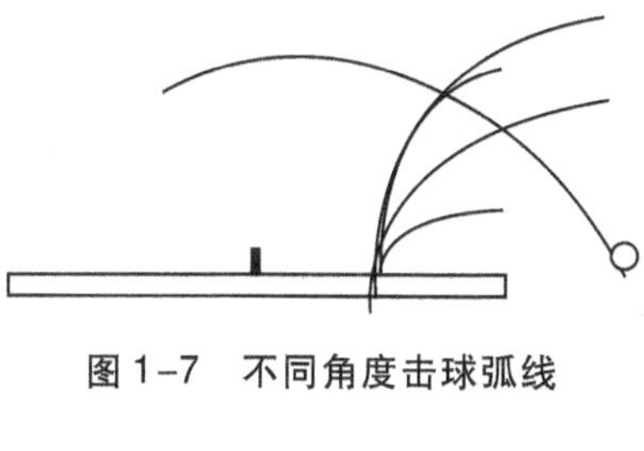

图 1-7　不同角度击球弧线

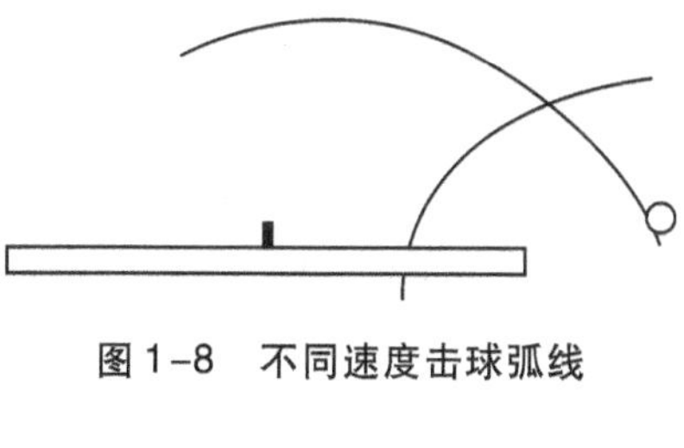

图 1-8　不同速度击球弧线

在实践中出手角度主要取决于击球时的拍形角度，击球部位，发力方向和大小，以及对方来球的旋转性能和强度。出手速度主要取决于击球的力量。

2）掌握不同击球点和不同击球时间击球弧线。

①不同击球点击球弧线（图 1–9）。还击近网高球时，弧线曲度要小，打出距离要短。还击远网高球时，弧线曲度稍小，打出距离要长。还击近网低球时，弧线曲度要大，打出距离要短。还击远网低球时，弧线曲度稍大，打出距离要长。

②不同击球时间击球弧线（图 1–10）。上升期击球时，弧线曲度稍小，打出距离稍短。高点期击球时，弧线曲度不能过大，打出距离不能过长。下降期击球时，弧线曲度略大，打出距离略长。

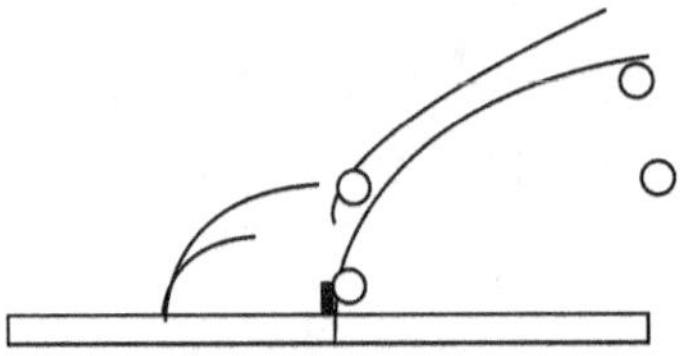
图 1–9　不同击球点击球弧线

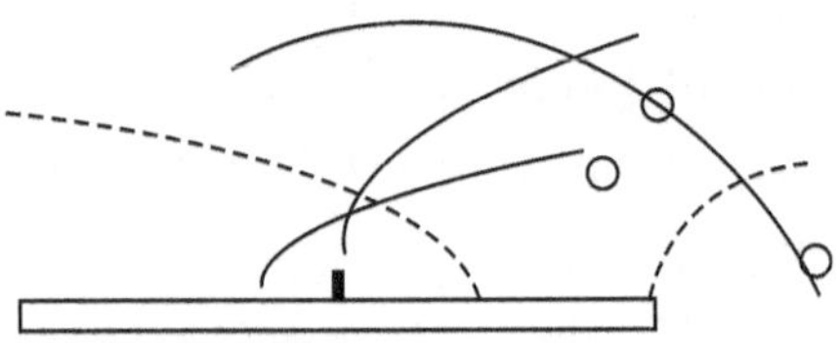
图 1–10　不同击球时间击球弧线

③合理的弧线起止点的长短，主要是保证打出去的球既不因弧线太短而不过网，又不因弧线过长而从端线出界。合理的弧线高度，主要是保证打出去的球，既不因弧线过低而下网，又不因弧线过高而被对方扣杀。合理的弧线方向主要是保证打出去的球不会从边线出界。

④还击不同旋转来球。还击上旋球时，来球旋转越强，越要注意减小弧线曲度，缩短打出距离，避免回球过高或回球出界。还击下旋球时，来球旋转越强，越要注意增大弧线曲度，加长打出距离，避免回球下网。还击左、右侧旋球时，来球旋转越强，越要注意相应地向右、左调整拍形方向，避免回球从右、左侧边线出界。

2. 击球速度

乒乓球发展的基本规律，是速度与旋转之间的对抗。速度在击球技术质量中占有十分重要的地位。“快”是乒乓球运动的主要制胜因素之一，也是争取主动、创造抢攻、扣杀机会，以及使对方措手不及而直接得分的重要手段。

（1）击球速度的基本概念。击球速度，是指从对方来球落到我方台面开始，到弹起被我方球拍回击后，又落到对方台面上。这样的距离所用的时间，是由两个时间来决定的。

1）击球所需时间。即从来球至我方台面开始，到弹起被我方球拍所击为止的这段时间。这段时间与回球速度有关。

2）球在空中飞行时间。即从球被我方球拍击离开始，至落到对方台面为止的这段时间，而这段时间与球在空中的飞行速度有关（图 1-11）。

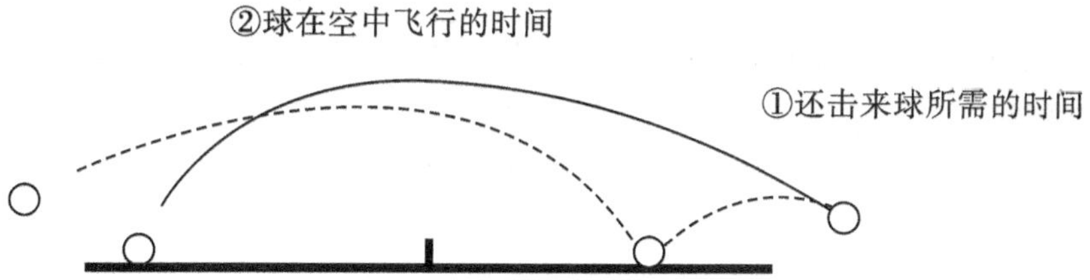

图 1-11　球在空中飞行时间

（2）提高击球速度的方法。提高击球速度从理论上讲，就是缩短来球第二弧线时间与击球后第一弧线在空中飞行的时间。

1）站位近台。尽量提早击球时间。

2）击球时，应充分发挥前臂、手腕和手指的作用，借力与发力相结合。

3）击球动作多向前用力，以降低球在空中飞行弧线的高度，缩短第一弧线的飞行时间。

4）适当减小动作幅度，引拍动作要小、快、有力。触球瞬间发力集中——发挥出最大的爆发力。击球后迅速制动，迅速还原，整个动作干脆有力。

5）提高反应速度和步法的移动速度，使之与击球速度密切配合。

6）全面提高击球技术质量，熟练地掌握和运用各种击球技术，充分发挥出自己的速度优势。

3. 击球旋转

乒乓球旋转和速度之间的对抗，是推动现代乒乓球技术发展的内在动力。研究乒乓球旋转的目的，是为了更好地提高击球技术质量以利于打好和回击好各种旋转球，并使之不断得到改进和发展。另一个目的是有助于探讨乒乓球的新技术和新打法。

（1）乒乓球产生旋转的原因

击球瞬间，如果挥拍方向（即摆速 F 的方向）正好指向球心，则球拍只能给球以撞击力 E，球飞出后不旋转（图 1-12，注：这里是假定来球也不旋转）。如果挥拍方向 F 不指向球心，则球拍除给球以撞击力 E 外，还给球以摩擦力 F，使球产生旋转（图 1-13 中 F 是球拍给予球的撞击力 E 和摩擦力 F 的合力）。

（2）增加击球旋转的方法

1）击球时，使力的作用线远离球心，使力臂得到增大，以增加摩擦力。

2）击球时，加大挥拍击球的力量，要充分发挥腿、腰、髋、上臂、前臂和手腕的协调配合用力。同时要最大限度地加快挥拍速度，用力攻应是摩擦球，而不是撞击球。

3）选用黏性较好的球拍。如反胶，以利于增大发球、拉球或削球的摩擦力。

4）用球顶端的适当部位触球，可以增加球拍摩擦球的距离，有利于增强球的旋转。

5）采用向内凹的弧形挥拍路线，增加球拍摩擦球的时间，容易增大球的旋转。

6）借来球旋转。顺其对方来球旋转击球，挥拍摆速要快，使球拍的击球瞬间速度，超过拍触球时球本身旋转的线速度，就可增加回球的旋转强度。

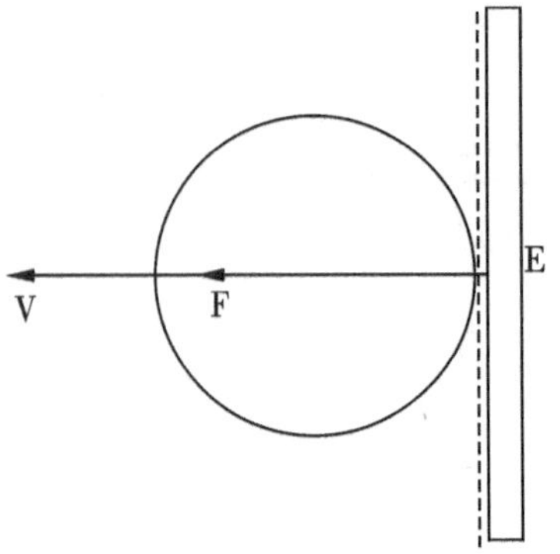

图1-12 不使球旋转的击球方法

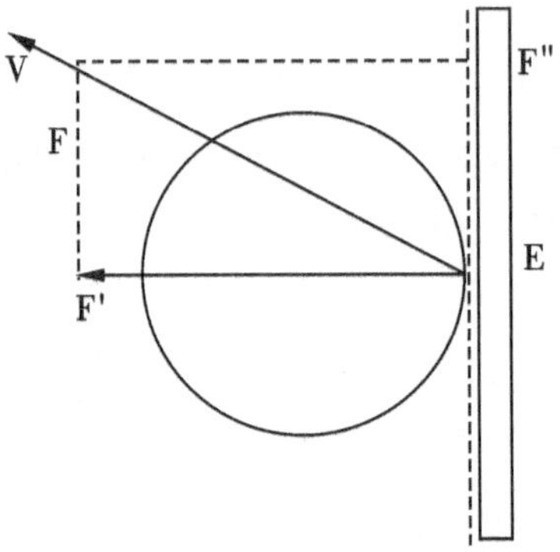

图1-13 使球旋转的击球方法

（3）回击旋转球的方法

1）了解乒乓球旋转的规律，判清对方来球的旋转性质及强弱，了解和熟悉各种不同性能球拍的击球特点，这是对付旋转球的前提。

2）正确地判断来球的旋转性质。是根据对方击球时，球拍触球瞬间的摩擦用力方向。如：对方球拍在瞬间是向上或向前上方用力摩擦球，此球属上旋球；反之，则是下旋球。若对方球拍在触球瞬间的摩擦方向，为由右向左，此球是左侧旋；反之，则是右侧旋球。概括为一句话是：球拍触球瞬间往什么方向用力摩擦球，就是什么旋转性质球。

3）用调节拍面方向和拍面角度的方法，来对付旋转球。如攻上旋球，拍面应前倾，向前发力多点。在攻打下旋球时，拍面前倾比打上旋球小或垂直，向上发力多点。用推挡回接对方发至反手位的左侧上旋球时，拍面方向偏左一些，拍面角度前倾，向前发力多点。

4）用力量对付旋转。由于力量大的击球，超过了来球的力量，削弱了对方来球的旋转作用。主动发力击球，比较不易“吃”转；反之，越不敢打，越容易“吃”转。

5）用速度对付旋转。要使整个打球过程的节奏快，出手快，球本身飞行的速度快。迫使对方忙于招架，在匆忙中回击，影响其回球旋转的质量，可使自己赢得时间，争取了主动。

6）以转制转，以不转制转。一般可以采取以下几种方法。

①顺着旋转击球。采用这种方法击球，可以借用来球的旋转力，提高回球的旋转强度。如拉球、对削球，若使用黏性较小的球拍效果会更好。

②逆着旋转击球。运用这种方法击球，主要是靠自己发力，并要注意调整拍形和发力方向。如对攻、对拉、对搓等。

③采用避转法击球。任何一种旋转球，都是越靠近旋转轴的部位，其旋转越弱，越远离旋转轴的部位，其旋转越强烈。根据这一特点，在必要的情况下，可用改变击球部位来避开强转区击球，减少“吃”转。例如，用推侧旋的方法来回击弧圈球，可以少“吃”转，就是这个道理。如用攻球回击侧旋球，用侧身滑板突击下旋球等。

④采用借转法击球。可采用黏性较低的拍面击球。如防弧圈胶皮。回击过去的球，一般都部分地保留了来球原旋转力，有可能使对方自己“吃”自己的转。因来球容易在这种拍面上打滑，可以减少“吃”转。

⑤用倒板法击球。运用两面不同性能球拍倒板击球，既可减少“吃”转，又可将旋转变化。

4. 击球力量

击球力量也是乒乓球运动的主要制胜因素之一。对于弧圈球或削球运动员，力量的发挥主要是为了加大球的旋转强度。对近台快攻运动员来说，力量的发挥主要是为了使球获得更快的飞行速度。

提高击球力量，一是要加大触球瞬间的挥拍速度；二是提高人体肌肉爆发力；三是动作结构合理，技巧性好。具体方法，应注意以下8个方面。

(1)注意脚、腿、髋、腰、臂、腕和手指力量的协调配合，在击球瞬间应有一种爆发力。

(2)整个动作的用力方向，应尽量统一向前，要避免有相反方向的分力。

(3)合理的击球时间。一般为高点期，击球点位置，以利于身体各部肌肉集中发挥出最大力量。

(4)适当加大动作半径，适当增加引拍距离。

(5)击球发力前，用力肌肉应适当拉长，并放松。

(6)遵循正确的发力顺序。脚、腿带动躯干，躯干带动大臂、大臂带动前臂，前臂带动手腕。以利于发挥各关节支点的加速作用。

(7)一次击球后，应迅速放松，注意动作的还原(或重心的调整)，以利于下板击球的发力。

(8)重视身体专项训练，提高力量素质，并使之与技术密切结合。

5. 击球落点

运动员以合法的手段，将球击到对方台面的那点(即着台点)叫落点，又称“回球的落点”。当对方也以合法的手段，将球击回到自己方台面弹起的那一点，叫“来球落点”。

(1)击球落点的运用

1)扩大对方移动的范围。落点离对方站位越远,对方移动的范围就越大,能为自己进攻创造更多的机会。

2)增大对方让位的难度。如攻追身球,落点越接近对方身体,对方让位就越难。

3)增加对方击球的技术难度,如近网球。

4)回击对方的薄弱点,如对方反手弱,就压反手。中路差就逼中路。

5)配合假动作,声东击西。如回球落点与对方所判断方向及步法移动方向相反,效果最好。

(2)提高控制落点和变化落点能力的方法

1)初学者可多作对墙击球练习。要求将球击到规定的范围内,直至打中某一目标。

2)提高腕关节灵活性。经常进行变化拍形角度和拍面方向的练习。

3)按规定的击球路线及路线变化进行练习。如一点打多点,多点打一点,逢斜变直,逢直变斜等练习。

4)采用多球练习方法。要求运动员将不同落点、不同旋转性质、不同速度和力量的来球回击到某一球台区域内或命中某一目标。

5)在常规的训练和比赛中,有意识地对击球的落点提出要求。

三、步法技术

步法是指乒乓球运动员为选择合适的击球位置所采用的步法移动方法。乒乓球运动技术包括手法和步法,二者密切联系,缺一不可。随着乒乓球技术水平的不断提高,步法将越来越显示出它的重要性。它是及时准确地使用与衔接各项技术动作的枢纽,亦是执行各项战术的有力保证。所以,从初学乒乓球技术开始,就应该重视步法的训练。

(一)基本步法的种类

1. 单步

以一脚为轴,另一脚向前、后、左、右不同方向移动,重心随之跟上。具有移步简单、灵活、重心平稳的特点。它适用于来球速度慢,离身体不远的小范围内击球。如接近网短球,离身体不远的削球、搓球等。另外,还有为了移动脚更好地起动,为轴的脚往往先在原地有一调整重心的单步动作(图 1-14)。

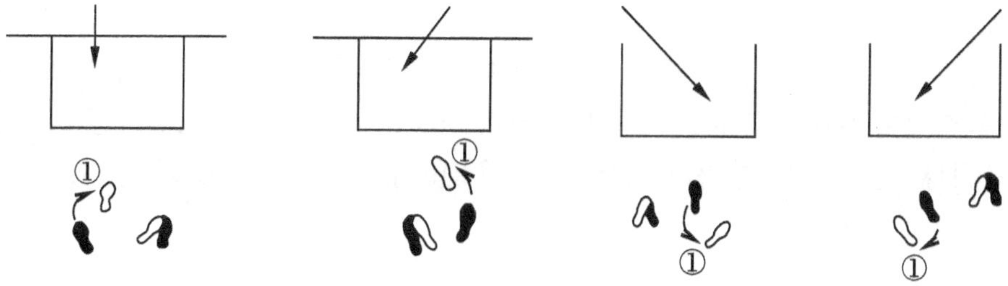

图 1-14　单步

2. 并步

先以来球异方向的脚向同方向的脚并一步，然后同方向的脚再向来球的方向迈一步。重心随之交换。其特点是：身体不腾空，重心起伏小，很稳定。一般为攻球和削球选手在左右移动时常采用。如快攻或弧圈球打法在攻削时运用，中等范围的正、反手削球时运用（图 1-15）。

3. 换步（即跟步）

先以来球同方向的脚向来球方向跨出一步，另一只脚跟着移动一步，重心随之交换。其特点是基本上同并步。一般运用于稍远的来球。它还运用于侧身攻球（图 1-16）。

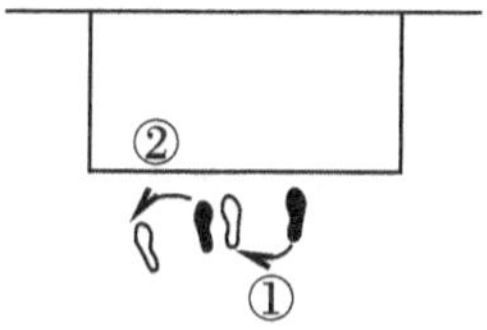

图 1-15　并步

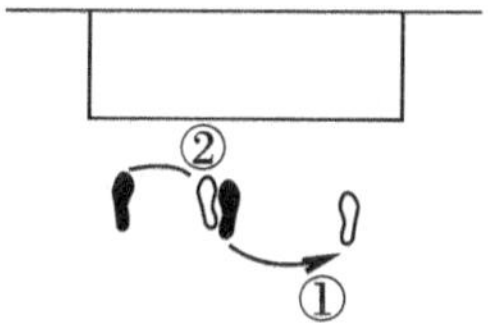

图 1-16　换步（即跟步）

4. 跨步

以一脚蹬地，另一只脚向来球方向腾空跨出一大步，身体重心随即移到摆动脚上，另一只脚跟着移动。其特点是速度快、幅度范围比单、并、换步移动大。进攻型选手多用于扑打正手球，削球选手多用于对方突然的攻击（图 1-17）。

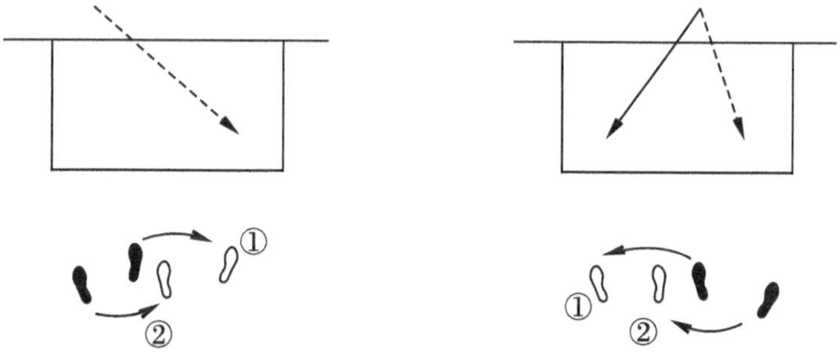

图 1-17　跨步

5. 跳步

以来球异方向的脚用力蹬地为主，使两脚同时或几乎同时离地向来球的方向跳动,蹬地用力大的脚先落地,另一脚紧跟落地。它可向前、后、左、右、原地等跳动。其特点是:快速、灵活。移动的幅度比单、并、换步大,有短暂的腾空时间。靠膝关节和踝关节的缓冲来减少重心的起伏。快攻打法用跳步侧身进攻较多,弧圈球打法在中台左右移动或侧身移动时常用。搓球、削球时用跳步调整站位较多(图1-18)。

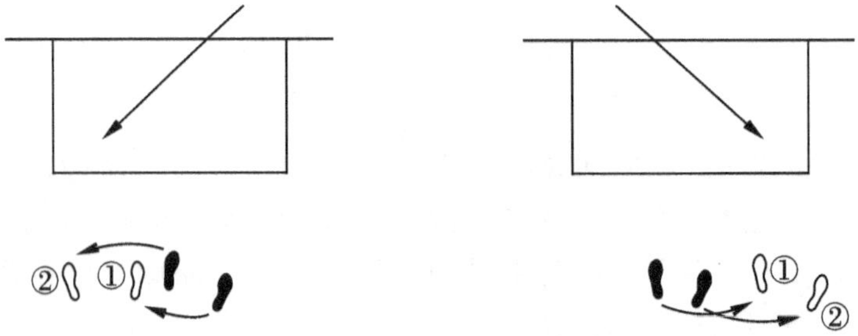

图1-18　跳步

6. 侧身步

在主动中来球逼近左边身体的情况下,并决定正手进攻时,多采用侧身步移动。移动时应根据来球速度、位置和个人习惯的不同,可分为单步、换步、跳步三种侧身方法。

(1)单步侧身:在来球落于身体中间偏右位置时,采用右脚迅速向来球右后方移动一步。反之可移左脚。其特点是:移位速度快、幅度小(图1-19)。

(2)换步侧身:在来球较慢逼近身体左边时采用。左脚向左前方或左方跨出一步,然后右脚向左后方移一步,重心落在右脚。在移位过程中注意收腹转体让出击球位置。其特点是:移动速度比单步侧身稍慢,幅度比单步侧身大(图1-20)。

(3)跳步侧身:在来球速度较快时采用。右脚蹬地,使身体重心迅速通过左脚,然后两脚几乎同时离地向左侧方向跳动,右脚先落地。紧接左脚着地,身体重心落在右脚上。其特点是:移动速度快,幅度可小可大,有利于发挥正手猛烈的扣杀。快攻、弧圈球打法多采用这种步法(图1-21)。

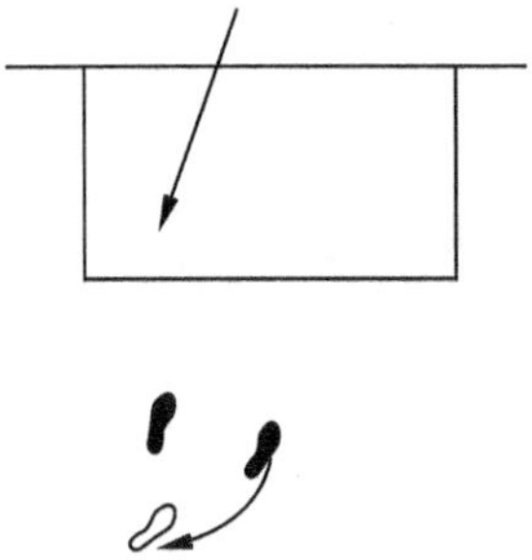

图1-19　单步侧身

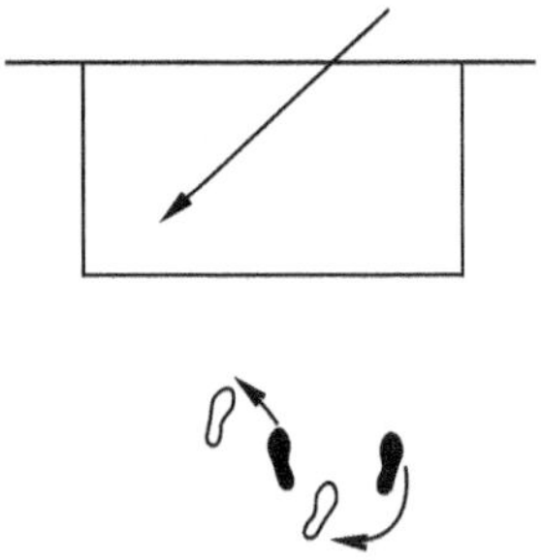

图1-20　换步侧身

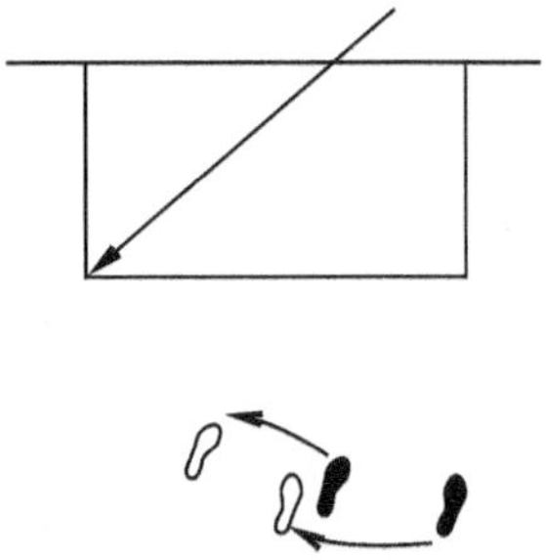

图1-21　跳步侧身

7. 交叉步

它的移动方法可分为单步交叉和跳步交叉两种。

(1)单步交叉:先以靠近来球方向的脚作为支撑脚,远离来球方向的脚,向来球方向移动,并超过另一脚,然后另一脚随即向来球方向再迈一步。

(2)跳步交叉:双脚跳起后,异方向脚向同方向脚交叉并先着地,另一脚随即着地。其特点是:移动幅度比上述步法的移动幅度都大,主要用于来球离身体较远。如:快攻或弧圈球打法在侧身进攻后扑右空当一般采用跳步交叉。防守削两边大角度来球时常用单步交叉步法(图 1-22)。

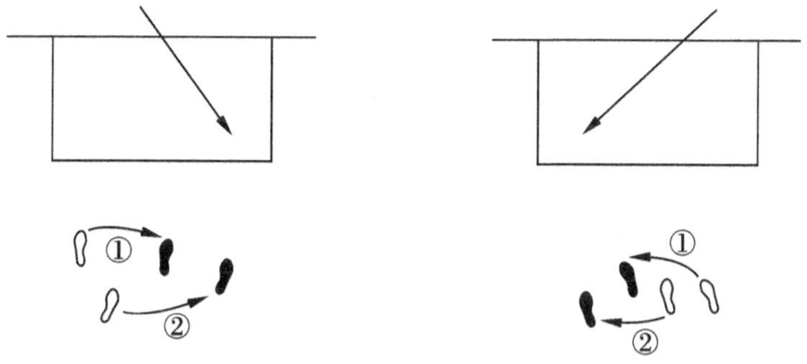

图 1-22　交叉步

8. 小碎步

它是在原位高频率的小垫步或是在小范围的小跑动。可用于原地的重心调整,小范围的取位移动,击球后的还原,不同步法间的衔接,回击中路追身球的取位移动,以及离台很远进行大范围步法移动前的预动。

小碎步是一个很重要的步法。一般步法好的运动员,都很善于运用小碎步。因此,在训练实践中,教练员应强调与身体重心的密切配合。

9. 冲步

一般是削球打法对付突然来球运用较多,主要适用于还击长短球。它的移动方法可分为前冲步和后退步两种。

(1)前冲步:它是以小碎步结合跨步或换步移动的。先以高频率的小碎步起动,然后用跨步或换步向前快速移动。其特点是:移动复杂,幅度大。主要用于削球者,在接对方大力扣杀后,位置离台较远,对方突然放近网短球时运用此种步法扑救短球(图 1-23)。

(2)后退步:它是用跳步或换步向后方突然移动。其特点是:突然起动,移动迅速。主要用于削球者站位离台比较近,在接对方突然击来的力量大、速度快的追身急球时运用(图 1-24)。

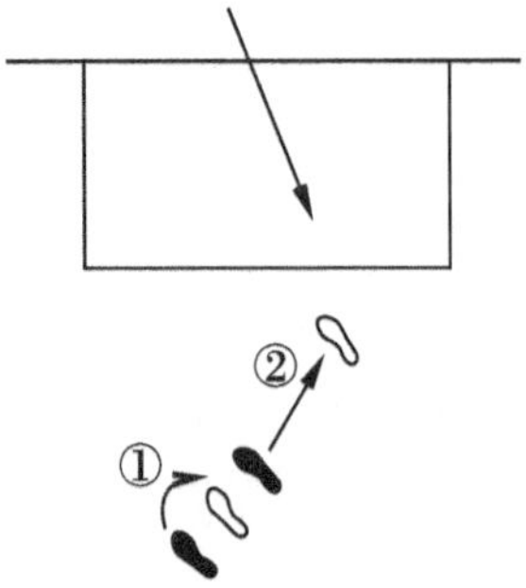

图 1-23　前冲步

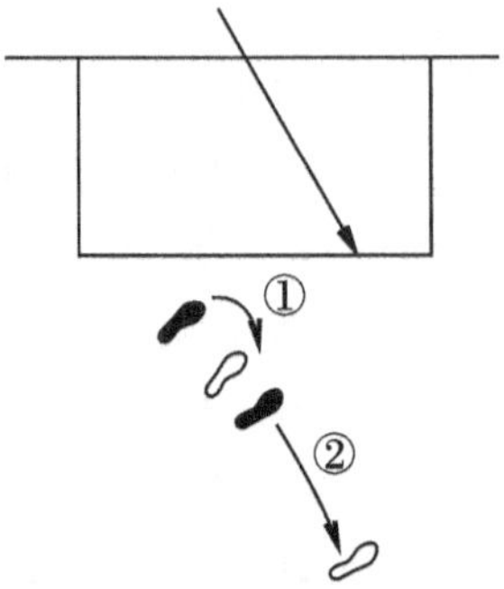

图 1-24　后退步

（二）步法训练的方法

练习步法时，应根据训练原则进行安排。由易到难，由慢到快，由简到繁，由浅到深，循序渐进，逐步完成。先学习单个步法，基本步法学完之后，应结合各人的打法和特点，组成套路学习。如左推右攻打法的左、右移动，推挡结合正手打回头移动，推挡结合侧身移动，推挡侧身攻后扑右空当等。具体的训练方法步骤如下。

（1）单个步法移动练习。要求学会，达到协调正确移动。

（2）徒手模仿动作练习。先从脚步重心支撑点转移到移动练习起，再结合执拍挥臂动作，腰部动作练习。使之逐步形成协调正确的动力定型，达到一定的熟练程度。

（3）结合球台划出区域（从 1/2 球台到 2/3 球台，最后到全台）作单个徒手模仿技术动作练习步法移动。如：运用并步或换步、跳步练正手移动攻球。

（4）进行有规律的徒手模仿动作套路移动练习。规定区域、规定步法、规定击出球落点线路，固定移动路线等。如：简单的套路，运用并步或换步练习左推右攻、两面攻、左推右拉、两面拉、正反手两面削球等。再如：综合复杂的套路，运用单步反手推挡后，运用换步或跳步侧身攻后，运用交叉步扑右空当后，运用跳步或跨步转回反手推挡，第二次接循环练习。使之形成有规律循环式的移动，可以要求达到一定的熟练程度。若要求速度时，可以采取比赛形式。教师也可根据学生具体水平另行编排套路练习。

（5）进行无规律的徒手模仿动作套路移动练习。应在有规律练习的基础上进行编排。方法是：只固定区域和击球点、不固定步法和移动路线，教练员可在对面发信号，如：教练手拿球向左，右方出信号，运动员看信号移动击球。使之逐步形成无规律的步法移动练习。

（6）进行二人以上步法移动比赛。时间可定为 1 分钟或 2 分钟，次数可作 3 次为一组。内容：单个步法和套路步法移动。

(7)想象的徒手模仿动作步法移动练习。运动员自己设想以熟练个人打法所常用的主要步法练习。如主动进攻、主动转被动、被动转主动，双方相持等。

(8)利用多球步法练习。在训练中要求运动员尽量跑到位置。开始时，教练员供球的速度可以慢一些，应随着运动员步法移动能力的提高，逐渐加大难度。

(9)在基本技术教学训练时。要严格的结合步法移动要求，先练固定点，后练不定点。如一点对一点，二点对一点，二点对二点等。主要是提高步法的灵活性、适用性，以及和手臂、腰髋、腿部动作配合的协调正确性，从而达到健身锻炼的目的。

(10)在战术教学训练时，也要密切结合步法训练，如发球抢攻、接发球、侧身攻后扑后空当等。

(11)教练员要有目的地在训练中，重点解决主要步法问题。在训练安排上，要有针对性地安排步法训练内容。

(12)步法训练要和专项身体训练结合起来，以增强下肢起动速度和力量。

(三)步法训练中应注意的问题

1. 步法训练与身体素质训练

步法不等于身体素质，身体素质也不等于步法。但是，步法是以身体素质为基础的专项素质的体现。因此，提高步法，就必须抓好身体素质的训练。尤其是要抓好专项素质的训练。训练时，应当结合步法移动的动作结构和用力方式(即力学结构)，采用相近的训练手段，使素质向步法上迁移。

2. 步法训练与手法训练

手法的合理使用是以步法为基本前提的，只有通过步法来抢占到有利的位置，才能保证击球动作的正常发挥。相反，有好的步法而不具备良好的击球技术，同样也不能取得好的成绩。因此乒乓球的手法和步法是取得良好成绩的两个必备条件，它们之间相互依存，相互衔接，缺一不可。

3. 步法诸因素的一致性

构成步法的因素较多，但主要的有平衡性、协调性和灵活性。平衡性使身体保持合理的击球姿势，协调性充分发挥身体各部在击球过程中的作用，灵活性则保证身体重心处在相对的位置上，它们之间密不可分，从步法移动完成击球动作的专项特征上分析，灵活性处于核心的地位。

四、乒乓球常用术语

(一)球台术语

(1)端线：球台两端长 152.5 厘米，宽 2 厘米的白线，称为端线。

(2)边线：球台两侧长 274 厘米，宽 2 厘米的白线，称为边线。

(3)中线:球台中央与边线平行的3毫米宽的白线,称为中线。

(4)左右半台:中线将球台分为两个半台,又称1/2台,左右方位是对击球者本身而言(图1-25)。

(5)1/3或2/3台:是指击球范围占球台的1/3或2/3,左侧为左1/3或2/3台。右侧为右1/3或2/3台(图1-26)。

(6)全台:是指击球时不限区域或不限落点,击球范围占整个球台。

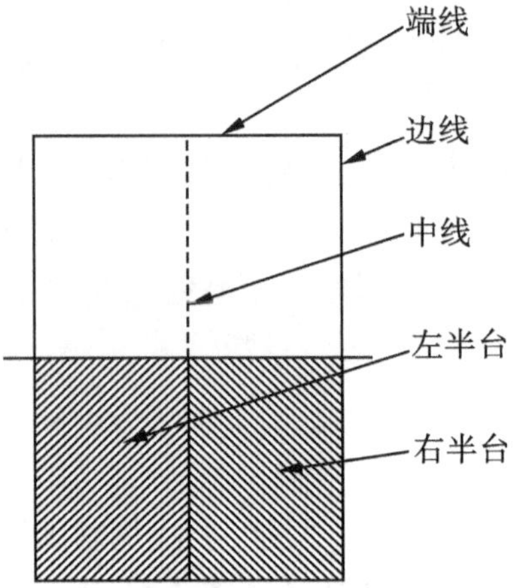

图1-25　左右半台

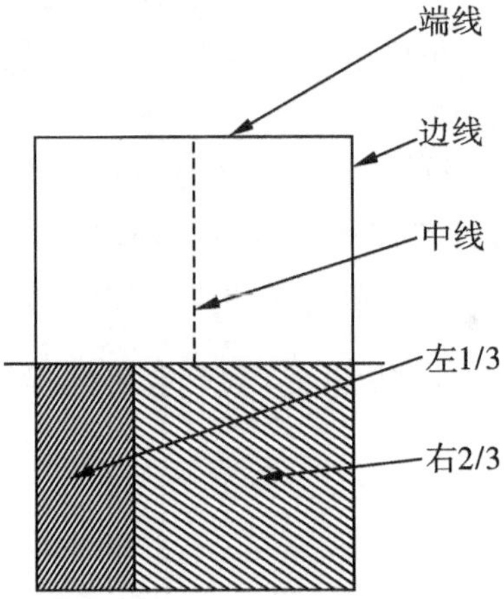

图1-26　1/3或2/3台

(二)站位与击球

1. 站位(图1-27)

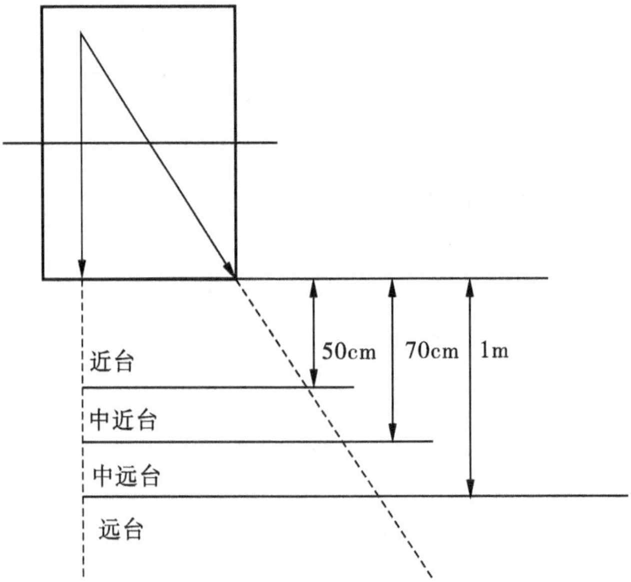

图1-27　站位示意

(1)近台:指站位距离球台端线 30~50 厘米范围以内。

(2)中近台:指站位距离球台端线 50~70 厘米以内的范围。

(3)中远台:指站位距离球台端线 70~100 厘米以内的范围。

(4)远台:指站位距离球台端线 1 米以外的范围。

2. 击球

(1)近台击球:在 30~50 厘米范围内击球。

(2)中近台击球:介于近台与中台范围内击球。

(3)远台击球:距离球台端线 1 米以外范围击球。

(三)击球线路

击球线路指击球点与落点之间的投影线。详细的可分为九条线路(图 1-28),简单的可分为五条路线(图 1-29)。

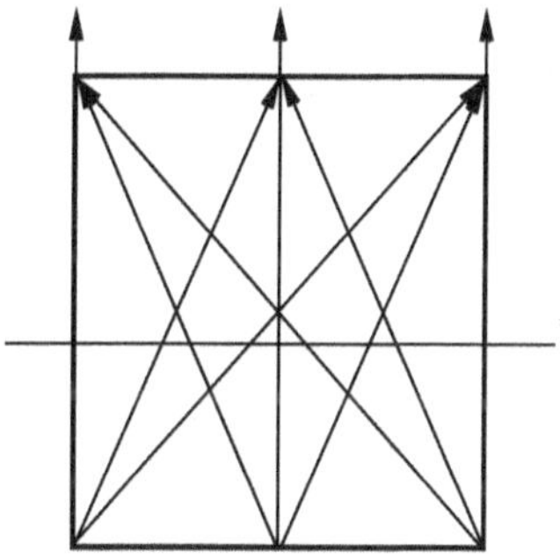

图 1-28　九条线示意

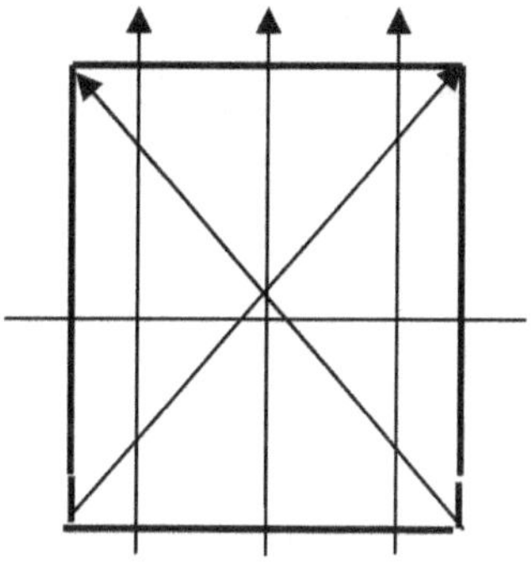

图 1-29　五条线示意

(四)击球时间

击球时间是指所击的来球从台面弹起至回落的那段时间。具体可分为 5 个时期(图 1-30)。

(1)上升前期:指球从台面反弹刚上升的阶段。

(2)上升后期:指球从上升前期到接最高点期的阶段。

(3)高点期:指球从上升后期到达最高点期的这一阶段。

(4)下降前期:指球从高点期开始下降的最初阶段。

(5)下降后期:指球从下降前期到下降接受地面之前这一阶段。

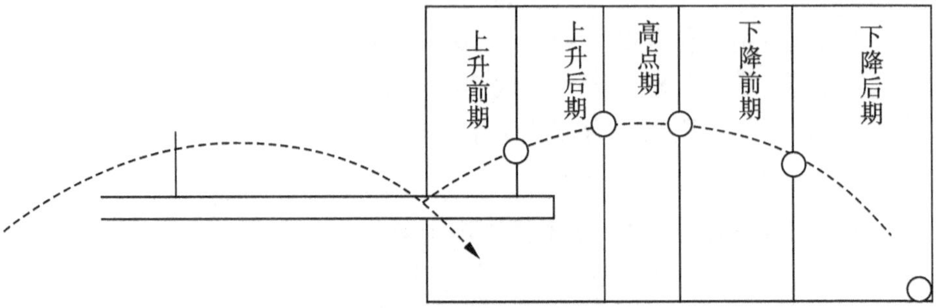

图 1-30　击球时间

(五)击球部位

击球部位是指击球时球拍触在球的什么位置上。击球部位的划分,以击球员为准,先将一个球分为 4 个面。前面:很少击球,只有在偶然遇到对方打过来的回头球时,击球者随球跑过网,才会击到此面;后面:最常见的击球面;左侧面:如侧身正手发高抛抖动式发球时,多触球在此面;右侧面:如正手发奔球时,多触球在此面。以上的每一面,可按时钟的一半刻度划分为 7 个部分(图 1-31)。

(1)上顶部:拍触在球的"12"点处附近。

(2)上中部:拍触在球的"1"点处附近。

(3)中上部:拍触在球的"2"点处附近。

(4)中　部:拍触在球的"3"点处附近。

(5)中下部:拍触在球的"4"点处附近。

(6)下中部:拍触在球的"5"点处附近。

(7)下底部:拍触在球的"6"点处附近。

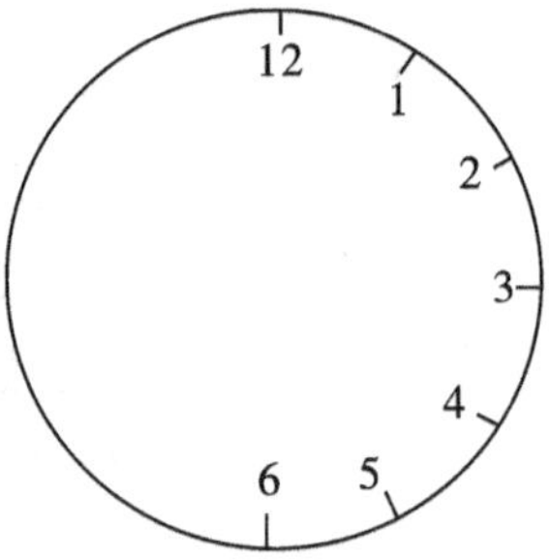

图 1-31　击球部位

随着乒乓球运动的不断发展,对技术的要求亦越来越高,越来越细。因此,与其相应的术语亦应有所发展。如过去教盖弧圈球技术时,要求触球部位为中上部偏上(因为过去划分击球部位时,只有下部、中下部、中部、中上部和上部 5 个部位),而现在盖弧圈球的触球部位我们就可以改为上中部或上部。这样的划分更准确,有利于描述动作。

(六)击球点

击球点是指击球时,球拍与球接触的那一点所属空间的位置。这是对击球者所处的相对位置而言,它包括三个因素。

(1)击球时球处于身体的前后位置。

(2)击球时球和身体的远近距离。

(3)击球时球的高低位置。因此,击球点是和击球者、球台以及击球时间紧密地联系在一起的。

(七)拍形

拍形包括拍面角度和拍面方向两个方面(图1-32)。

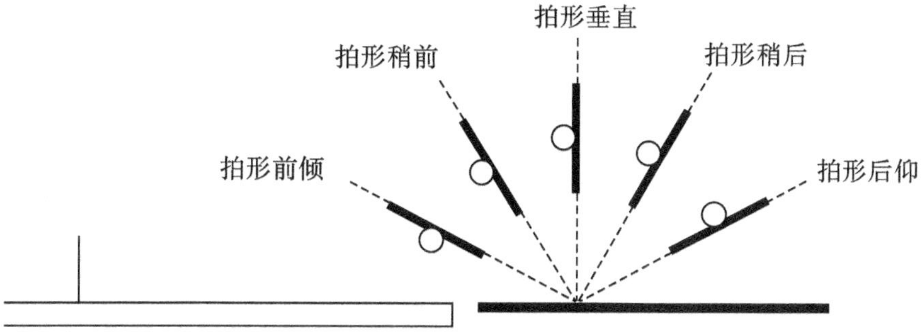

图1-32　拍形

拍形角度是指拍面和台面所形成的角度。角度小于90°时,称为前倾,角度大于90°时,称为后仰。

(1)拍面向下:球拍击球接近球在“12”点的部位。

(2)拍面角度前倾:球拍触球接近在“1”点的部位击球。

(3)拍面角度稍前倾:球拍触球接近在“2”点的部位击球。

(4)拍面角度垂直:球拍触球在“3”点的部位击球。

(5)拍面角度稍后仰:球拍触球接近“4”点的部位击球。

(6)拍面角度后仰:球拍触球接近“5”点的部位击球。

(7)拍面向上:球拍触球接近在“6”点的部位击球。

拍面方向是指击球者击球时拍面所朝的方向,拍面向左时,击球的右侧。拍面向右时,击球的左侧。拍面向前时,击球的后方。一般情况下,球拍击球正后方的情况实际上并不多。在多数情况下,不是偏左,就是偏右。因此,要依靠调节拍面方向来掌握击球动作。

(八)触拍部位

触拍部位是指运动员用拍面的什么部位击球。

一个球拍,可分为柄和拍身两部分。拍身又可分为拍面和拍身边缘。整个拍面可分为左区拍面、右区拍面和近区、中区、远区拍面(图1-33)。

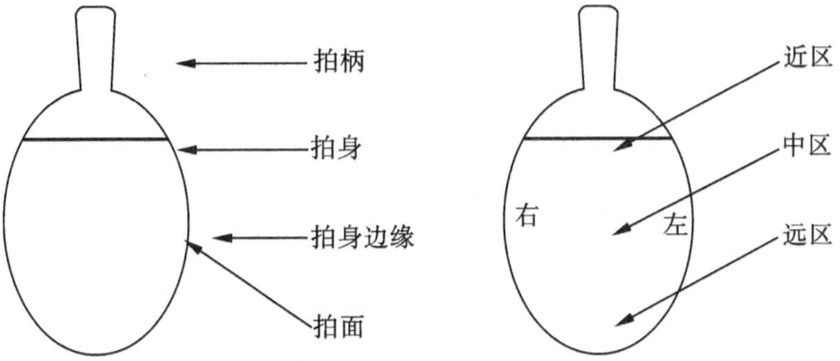

图 1-33　触拍部位

(九)球的落点

球的落点包括短球、长球、离身球和追身球。

(1)短球:又称近网球。是指球落在台面近网区附近(指距球网 40 厘米以内的区域),球反弹起后第二落点不超过球台端线的球。

(2)长球:又称底线球。是指球落在对方台面底线区或自己端线附近(距端线 30 厘米以内的区域)。

(3)离身球:指将球击到远离对方身体的位置。

(4)追身球:将球击在对方的身体中间位置。

(十)乒乓球技术五要素

乒乓球技术五要素包括:旋转、速度、力量、弧线、落点。

(1)旋转是击球的关键。旋转在现代乒乓球比赛中扮演着越来越重要的角色。提高旋转不仅能加强击球的威胁性,而且还可以增加击球的稳定性。乒乓球的旋转主要有以下四种:上旋、下旋、侧旋和不转。

(2)速度是击球的核心。它是发展乒乓球运动的第一要素。它的内涵很深很广,它不仅是指击球时球的运行速度,还包括击球时间、击球的突然性、步法移动以及变化应变的速度等。

(3)力量是击球的基础。运动员打发的威胁性、杀伤力都需要通过力量来体现。

(4)弧线是指乒乓球被击出后在空中的飞行轨迹。弧线是击球的保证。只有根据不同的来球打出合理的击球弧线,我们的准确率和命中率才会有所保障。其中,拍面角度的调节对制造出合适的弧线是极为关键的。

(5)落点是击球中的保障性元素。乒乓球项目是个体之间技战术的对抗,双方相互制约是其最大的特点。

（十一）击球节奏和摆速

（1）击球节奏：指在击球时由于击球时期、发力大小、摩擦球厚薄等因素而形成击球速度快慢不同的节奏。

（2）摆速：指在击球中左右两面照顾时，持拍手摆动的快慢。

（十二）训练术语

（1）技术训练：主要针对技术本身，根据一定的目标要求所进行的提高技术水平的训练。

（2）战术训练：主要针对比赛和比赛对手的基本技战术情况，以技术为基础，根据一定的战术目标要求所进行的提高战术水平的训练。

（3）手法训练：主要指为了改进和提高手法技术的训练。

（4）步法移动训练：主要指为了改进和提高步法移动能力的训练。

（5）有规律训练：指训练的内容在固定的落点和线路上进行。

（6）无规律训练：指训练的内容在不固定的落点和线路上进行。

（7）多球训练：通过采用多球供球和多球单练的形式所进行的训练。

（8）正手对攻：练习双方站在右半台或左半台，用正手进攻技术进行斜线、直线的练习。

（9）反手对推（拨）：练习双方站在右半台或左半台，用反手进攻技术进行斜线、直线的练习。

（10）正手一点对两点：练习双方站在右半台或左半台，一方定点用正手进攻技术打对方的两点（定点或不定点），对方在步法移动中攻球。

（11）推测扑：练习双方站在左半台，一方定点用反手推（拨），另一方从推开始，伺机进行侧身攻，在变正手位后扑正手攻，然后还原，重复练习。

（12）对搓：练习双方站在左半台，均用左手或正手搓球技术进行斜线、直线练习。

（13）左推右攻（摆速）：练习双方站在左半台，一方用反手推对方的斜线、直线两条线，另一方在左半台用推和在右半台用攻进行练习。

（14）两直对两斜：一方在左半台用反手推对方直线，另一方在右半台用正手斜线攻球回击对方右半台。一方用正手攻直线，另一方用反手攻斜线，依次进行练习。

（15）发球抢攻：发球方通过发球制造抢攻机会。

（16）搓球抢攻：在搓球过程中，伺机进行侧身位或正手位进攻。

（17）接发球抢攻：用挑打、摆短、拧、晃接等技术回接发球后，进行正反手的上手进攻。

（18）拉削：指进攻打法运动员和削球打法运动员进行的一拉一削的练习。

(19)拉吊:指进攻打法运动员进行拉和吊,削球运动员进行削接和迎前回短球的练习。

(20)削中反攻:削球运动员在正反手削球过程中,制造机会进行反攻。

【本章小结】

本章主要学习了世界和中国乒乓球运动的起源与发展,乒乓球球拍种类与性能、击球技术、步法技术,以及乒乓球常用术语等乒乓球运动的基本理论。乒乓球理论是乒乓球技术学习中的重要组成部分,所以学生在学习的过程中要充分认识到其重要性。

【课后练习】

(1)乒乓球起源于哪个国家?
(2)乒乓球击球的基本环节和基本要素是什么?
(3)提高乒乓球击球弧线质量的方法是什么?
(4)乒乓球运动的步法技术有哪些?

【知识拓展】

乒乓球拍上为什么贴胶皮?

1906年英国成立了世界上第一个乒乓球协会。当时,由于乒乓球处在刚刚开始阶段,许多球员在梨形板上贴上软木片打球。打出的球速度慢,也不旋转。

有个名叫古德的先生,用这种球拍上场比赛,结果在首轮比赛中连连败北,心情非常沉重。在回家的路上,他突然感到头痛胸闷,便上一家药店买药。付钱的时候,他看到账台上铺着一块凸点胶皮垫子,感到十分奇怪。他问药店老板:"这块胶皮放在那儿有什么用呀?""哈,这是为了防止硬币在柜台口滚动滑落用的。"老板满不在乎地回答。古德心想:如果把这块胶皮贴到球拍上,利用胶皮面对球的摩擦力和弹性,打出去的球不是更有力吗?于是,他花高价向老板买下了这块胶皮。回到家里,古德立即把球拍上的软木去掉,贴上那块胶皮。第二天,古德拿着新的"秘密武器"上阵了。许多球员问古德:"喂,老兄,你手里的球拍怎么与我们不同啊?"古德笑笑说:"这是我发明的新式武器。"比赛开始,古德打出去的球又快又转,使对手防不胜防,溃不成军,结果他夺得了冠军。

古德的球拍,就是世界上最早的胶皮球拍。由于球拍贴上胶皮后增加了球的速度和旋转,所以得到许多乒乓球爱好者的赏识,从而,引起一场乒乓球拍贴胶皮的技术革命。

第二章 乒乓球教学与训练

【学习目标】

通过本章内容的学习，了解并掌握教学与训练的基本原则，了解和掌握各种技战术的教学方法，以及各种身体素质和技战术的训练方法和手段。

【学习任务】

1. 掌握乒乓球教学与训练的基本原则。
2. 掌握各种常用的乒乓球技战术教学方法和手段。
3. 掌握身体素质训练和乒乓球技战术训练的方法和手段。
4. 了解乒乓球教学与训练中应注意的问题。
5. 掌握乒乓球教学与训练文件的制定。

【学习地图】

乒乓球教学原则→乒乓球教学方法→乒乓球教学文件的制定→乒乓球技术训练方法→乒乓球身体训练方法→高水平乒乓球运动队训练→制定乒乓球训练文件

第一节 乒乓球教学

一、乒乓球教学原则

教学是在有目的的规范下、教师的教与学生的学共同组成的一种教育活动。教学原则是进行教学的基本要求，它既指导教师的教，也指导教师的学，应贯彻于教学过程的各个方面和始终。

乒乓球教学原则是乒乓球教学过程客观规律的反映，是长期乒乓球教学经验的总结和概括，是教学工作必须遵循的准则。在乒乓球教学中应当贯彻执行的教学原则主要有以下几个。

（一）增强体质与促进学生全面发展相结合的原则

增强体质与促进学生全面发展相结合的原则主要是指：在体育教学中应在增强每个学生体质的基础上，促进所有学生在智力、心理素质、美育和能力等多方面都得到发展。在乒乓球教学中，教师要做到“教书育人”。学生则要能够既练“身”又练“心”。

贯彻增强体质与促进学生全面发展相结合的原则时，应注意以下几点。

（1）在制订教学工作计划时，既应保证学生身体得到全面发展，也应结合教学促进学生身心全面发展，编写教案时尤其要注意这点。如：在教学的过程中，可以每隔一段时间进行教师的表演赛和学生之间的交流赛。在比赛中，学生会很好地欣赏到老师优美的击球动作，吸取精华。在同学们之间的比赛中，他们又会感受到实战的紧张气氛，体会到乒乓球技、战术综合能力运用的过程，从而为他们的技术水平的掌握和提高打下良好的心理基础。

（2）在教学的准备、实施、复习、评价等阶段中，在制订教学任务，选择教学内容和运用各种教学手段、方法时，都应注意增强学生体质并促进其全面发展。

（二）教师主导作用与学生主体地位相结合的原则

教师主导作用与学生主体地位相结合的原则主要是指：在体育教学中，同时发挥教师与学生双方的积极性，在教师的引导下，使学生积极地完成学习任务。

师生关系是教学中的一对基本矛盾。同样，在乒乓球教学中，因为项目的特点，学生不能够在短时间内快速掌握和提高，容易产生消极情绪；教师在讲完动作要领后，就要注意选择教学手段和练习方式来充分调动学生的积极性，使学生能够很好地掌握动作要领，完成教学任务。

贯彻教师主导作用与学生自觉积极性相结合的原则时，应注意以下几点。

（1）树立正确的教学观念，正确处理师生关系，克服“教师中心论”等片面认识。

（2）教师应做到教书育人，为人师表，技术全面，平等待生，使学生感觉到自己的“主体地位”。

（3）教师应不断提高自己的教学水平，丰富教学内容，运用多种教学方法和手段，从而调动学生学习积极性。

（4）学生是学习的主体，学生自己要有“主人翁”精神；要明确自己的学习目的和任务，积极思考，在教师的要求下，完成并掌握所学习的动作技能。

（三）直观、思维与实践相结合的原则

直观、思维与实践相结合原则主要是指：在体育教学中，要充分利用各种直

观方式，发挥学生各种感觉器官的作用，启发学生积极思维并认真参加练习，使其掌握教学基本知识、技术和技能，完成学习任务。

贯彻直观、思维与实践相结合原则时，应注意以下几点。

（1）扩大直观的效果，注意尽可能利用多种直观方式，加强直观的目的性，并使采用直观方式的时机恰当，效果提高。如：学习高抛发球时，抓住学生的求知心理，可以随机挑取几名同学进行实例分析，指出他们的好与坏，使学生自觉从严学习发球技术。

（2）启发学生在学习中积极思维，克服单纯机械地模仿、重复，加强运动思维以及发现问题、解决问题能力的培养。

（3）加强启发式教学。通过各种方法、手段，引导学生积极思维，并与实践紧密结合。如：在横板正手攻球和反手攻球的学习过程中，学生反手攻球时老是"肘往前送"，并且自己意识不到。可以让学生体会正手的攻球动作，反手攻球即正手的相反方向，动作也基本是相反方向的运动，前臂往前、肘在后，这样可以很好地启发学生牢固地掌握攻球动作。

（4）正确处理直观、思维与实践三者的关系。三者是互相练习的整体，是统一的教学过程三个有机的环节，缺一不可。直观是前提，思维是核心，实践是关键。

（四）合理安排运动负荷的原则

合理安排运动负荷的原则主要是指：在体育教学中，使学生承受适当的生理负荷和心理负荷，并使练习与休息合理交替，以便高质量地完成教学任务。

贯彻合理安排运动负荷原则时，应注意以下几点。

（1）编写教案时，既要写上负荷的量和强度，又要写上休息的方式和要求。

（2）安排生理负荷，要考虑教学任务、教材的特点和学生的承受能力，波浪式地有节奏地加大负荷，正确处理生理负荷的强度和量的关系、负荷与休息的关系。运动负荷的变化一般趋势是逐渐上升，保持一个阶段后又逐渐下降。

（3）安排心理负荷时，既要与教学进程配合，又要与生理负荷配合，高低起伏，节奏鲜明，起到互相调剂、互相补充的效果。

（4）评价课的质量时，既要检查、分析负荷安排是否适宜，也要评价休息的安排是否合理。

（五）统一要求与区别对待相结合原则

统一要求与区别对待相结合原则主要是指：在体育教学中，根据学生的平均水平，制定教学任务和目标，选择教学方法、手段和安排运动负荷，并对特殊的学生实行区别对待，使全体学生的个性都得到良好的发展。

贯彻统一要求与区别对待相结合原则时，应注意以下几点。

（1）在教学过程中，根据学生的打法类型、技术特点、训练水平和身体条件的不同，可在练习内容、练习方法、练习负荷的安排上加以区别对待。

（2）在考核与评定学生的成绩时，也应该对个别学生区别对待。

（六）练习与比赛相结合的原则

练习与比赛是提高技术水平的两个不可分割的基本手段，在教学过程中要注意把两者有机地结合起来。

贯彻练习与比赛相结合原则时，应注意以下几点。

（1）比赛的目的要明确，方法要周密，并应提出一定的要求。学生要以严肃认真的态度参加比赛，这样才能在比赛中使综合技术的运用能力得到提高。

（2）比赛必须在学生已经掌握技术、战术的情况下才能安排，否则就容易破坏正确的动力定型，引起不良的后果。

（3）比赛一般应在课程的最后几次课进行，安排的时间不宜太长、负荷不宜太大。

综上所述，乒乓球的各项教学原则是相互联系、相互促进的，在教学工作中要全面贯彻执行，才能获得良好的教学效果。

二、乒乓球教学方法

教学方法是教学过程中完成教学任务所采用的教学途径和手段。教学方法选用是否正确，将直接影响教学任务完成的质量。在乒乓球教学中，正确、合理地运用各种教学方法，可以激发学生学习的兴趣，改善课堂教学气氛，提高教学效果，全面提高课堂教学质量。下面是对乒乓球教学中常用的几种教学方法的简单阐述。

（一）讲解教学法

讲解是教学常用的方法之一，是教师用语言向学生说明动作名称、要领、方法等的一种教学手段。教师带有启发性的讲解，不仅能使学生获得知识，了解动作的要领和方法，而且还能促使学生进行思维，培养学生认识事物、分析问题和解决问题的能力。

运用讲解法进行乒乓球教学时一般要注意以下几点。

（1）讲解要简明易懂。讲解时，要抓住教材的关键，突出重点。尤其是在讲解技术动作要领时，建议采用边示范边讲解的方式，教师将示范动作做出，用几个词语将身体姿态，手、脚及头部动作简要说明，能让学生明确形象地了解整个技术动作要领。如正手平击发球，而正手平击发球重点在抛球、引拍和击球的协调配合上，可以用简单的几个字概括整个动作过程：一直抛、二后引、三平击。

语言简明扼要，生动形象，条理清楚，学生喜欢听，容易懂，记得住。

(2)讲解动作原理，启发学生思维。教师讲的深浅、语言的运用都要符合学生的实际。如直板拉球时，学生老是拉空球或者球拉不住。练习中发现，学生容易犯的一个错误动作就是“吊手腕”。教师讲解时尽量讲清楚原理：“吊手腕”动作击球时，球容易接触到球拍的边缘，使球拍在接触来球时减少了球在球拍的滑行距离，从而产生球下掉的现象。在对其错误动作进行纠正时，教师可以用提问的形式来启发学生思考，想清楚为什么下掉。这样做不仅能使学生理解得深、记得快，还能培养他们分析问题和解决问题的能力。

(3)讲解要注意时机。乒乓球教学中，大部分时间是学生练习，在学生练习过程中，教师要针对具体情况，随时提出要求，给予指导。如学生练习反手推挡，出现错误动作时，教师应当及时制止，纠正其错误的地方，进行徒手练习，否则错误动作一旦形成以后就很难纠正，不利于学生进一步的提高。

(二)示范教学法

动作示范是乒乓球教学中常用的直观法的一种。指教师以自身正确的示范动作，用以指导学生了解所学动作的结构、顺序和要领的一种教学方法。教师的正确示范不仅能使学生直观地建立正确的动作概念，而且也能引起学生学习的兴趣，调动学生学习的积极性。

运用示范法要注意以下几点。

(1)示范要有明确的目的。在体育教学中，教师应根据教学任务以及学生的实际情况进行示范。在新授课时，为了使学生建立完整的动作概念，应先做完整技术动作示范，再做分解动作示范。教师的示范动作要务求规范、连贯、完整、优美，达到抓住重点、突出难点的目的。如做反手推挡示范时，教师先应连续推挡球几次，让学生对完整动作有所了解；再从脚下站位、身体姿态、重心移动、手臂动作等分解示范讲解，这有利于学生直观效仿，便于加深对动作的理解。实践证明，一个完美的动作不仅能吸引学生，激发学生的兴趣，鼓舞学生学习热情，还能创设情境，调节课堂气氛。

(2)示范要有利于学生观察。做动作示范时，示范者要根据学生的队形、位置、动作特点以及教学要求做多方面的动作示范，以便于学生观察。如：正手拉下旋球教学时，可做正面、侧面、背面示范。

(三)分组教学法

体育教学有自身的特点，教师在组织教学中经常要采用分组教学形式。分组教学的方法有很多种，根据实际情况可根据技能差异进行分组教学。由于学生们所掌握的知识和技术水平各不相同，这就要求体育教师要深入了解学生的具体情况，在教学内容时要因材施教，具有针对性。如：“三人一个球台”分组教学法:就是根据学生现有的知识和技术水平,分成均等的上(技术水平较好)、中(技术水平一般)、下(技术水平较差)3 组,然后分别对他们进行各项技术教学。在练习时,3 人一个球台进行练习,这 3 人是分别从上、中、下等级里面抽取的 3 名学生。其中,技术较好的同学作为主要陪练,帮助另外 2 名同学进行练习;另外 2 名同学每人拿一个球,球成死球后即换人,轮流进行,陪练者不捡球。技术好的小组由于有一定的基础,技术动作掌握得比较快,由教师轮流进行陪练。"三人一个球台"分组教学法可以缩短每个同学的捡球时间,充分利用合理的资源。从实验结果看,教学效果非常好。

(四)多媒体教学法

多媒体教学最大的优点就是能给学生提供直观的材料,通过画像、图片、声音等综合性多媒体技术,带给学生的是生动的、直观的印象。乒乓球运动是集智能、技能、体能于一体的全身性隔网对抗运动项目,是一项智慧与技巧性很强的项目。在乒乓球的教学过程中,学生往往感到"入门易、掌握难、运用更难"。通过多年的教学实践发现,在运用传统教学手段和方法的基础上,合理应用多媒体,能够化难为易,激发学生的学习兴趣、提高教学效率。

在进行常规乒乓球教学以及教学比赛中,把学习过的技术以及即将要学习的技术动作,通过课件中的动画或影像采用慢动作、重放等教学手段结合讲解、示范表现出来,这样就能够帮助学生看清楚每一动作的技术细节,更快、更全地建立起动作表象,突出了重点和难点动作,提高了教学效果,缩短了教学过程。此外给学生播放一些经典比赛的录像,对学生树立偶像,激发学习积极性有着很好的促进作用。

判断乒乓球运动技术的好与差,主要看实际运用能力。实际运用能力最直观的表现就是比赛中技战术的合理使用。教师可以利用多媒体重现场景、画面的特点,将一些高水平的乒乓球比赛录像引入课堂,让学生观看、观察、分析选手的技术动作,加深对技战术的理解。教师也可以将学生参与的比赛进行部分或全程录像,赛后通过截取重放、慢放等手段,引导学生重温自己的比赛过程中技术动作的运用,得分是基于什么样的技术动作,失分是哪个环节出的问题,是进攻的主动失误,还是防守的不到位等。把出现的技术数据做一个统计表汇总,对自己的薄弱环节进行有针对性的练习;这样,不仅有教师的分析、讲解,还有学生的主动参与,学习的过程不再枯燥抽象,学生乐于其中,学于其中。学生的技战术水平也会不断地得到提高。

总之,要提高体育教学质量,必须在实践中充分利用体育教育自身的优势,将有限制条件转化为有利条件,正视自己,解放思想,拓宽思路,大胆突破,既尊重传统,也不要被传统所拘束。学习先进的教学方法,使每节课都做到教法新颖,措施有力,不断提高教学质量。

第二节　乒乓球教学文件的制定

根据乒乓球专业硕士研究生的培养目标，制定切实可行的教学文件，有助于教师全面地考虑和安排教学工作，充分发挥教师的主导作用，处理好教材、课次之间的关系，加强教学的系统性。

教学文件包括教学大纲、教学进度和课时计划（教学设计）。

一、教学大纲

教学大纲是依据硕士研究生教学计划中所规定的培养目标、教学目的任务和基本要求结合乒乓球专项课程规定的总时数，具体安排乒乓球专业硕士研究生教学课时、考核内容与考核办法的文件。教学大纲一般包括课程性质、课程目标、教学内容、实践环节、课时分配、考核办法等内容。

1. 课程性质

本课程是体育教育乒乓球专业硕士研究生的专业必修课。

2. 课程目标

培养学生理解“立德树人”在乒乓球教学中的重要地位，具有高尚的师德修养，富有爱心、责任心及事业心，愿意做学生成长的引路人。系统掌握乒乓球运动的基本理论、基本技术及基本战术等，领会乒乓球运动的规则精神，学会乒乓球裁判的执裁方法及竞赛的编排方法，并能够简单地组织校内乒乓球竞赛。掌握乒乓球运动的教学原则和教学方法，能够依据课程标准科学合理的设计乒乓球教学过程并实现有效教学，同时能够指导学生的乒乓队训练和课外体育活动。理解乒乓球运动的育人价值和功能，掌握综合育人的方法和途径，能够在乒乓球的教学、训练、竞赛和科学研究活动等指导过程中实现综合育人。具有良好的团队合作精神和组织协调能力，能够就实践问题与同行、社会公众进行有效沟通。

3. 教学内容(表 2-1)

表 2-1　乒乓球专项教学大纲

章节名称	教学内容	教学要求
乒乓球运动发展史 第一节　乒乓球运动的概述 ……	一、乒乓球运动的起源 二、世界乒乓球运动发展的四个时期 ……	要求:了解乒乓球运动的发展历程, 理解乒乓球运动的基本特征和特点, 了解世界乒乓球的发展趋势和中国乒乓球运动的演进历程 ……

4. 实践环节

(1)在基本理论学习中,使学生掌握乒乓球基本理论知识。

(2)在基本技战术学习中,使学生具备运用基本技战术的能力。

(3)在教学训练中,使学生掌握基本教学方法。

5. 课时分配(表 2-2)

表 2-2　课时分配

内容	第一学期	第二学期	第三学期	教学形式
基本理论教学				
技战术训练				
教学实践				
比赛				
考核				
合计				

6. 考核安排

(1)成绩评定采用百分制。

(2)总成绩算法。

试卷考试成绩占 40%;技能水平考试成绩占 40%;平时成绩占 20%。

总成绩=试卷总成绩乘以 40%+技能水平考试成绩乘以 40%+平时成绩乘以 20%。

(3)技术评分标准参见《乒乓球专项技术考核办法》。

7. 课程资源及参考资料

(略)

二、教学进度

教学进度是把教学大纲所规定的教学内容和时数,按照一定的要求和顺序,合理地分配到每次课之中的教学文件,是教师编写课时计划的主要依据。在整个教学进度的安排中,要反映出教学计划的完整性和连贯性(表2-3)。

表2-3 教学进度表

周次	课次	教学内容	备注

三、教案

教案是教师根据教学进度编写的,是教师上课的具体计划。教案中要提出本次课的主要任务和要求、教学内容、教学组织形式、教学步骤和方法、课的各部分和每一练习的时间、次数等(表2-4)。

表2-4 教案(教学设计)

教学时间	年 月 日	周次 课次	第 周 第 次
教学地点		班级 人数	
教学内容			
学习目标	1. 认知类目标: 2. 价值类目标: 3. 方法类目标:		

续表 2-4

<table>
<tr><td>教学重点难点</td><td colspan="6">教学重点：

教学难点：</td></tr>
<tr><td rowspan="2">教学过程</td><td rowspan="2">教学内容</td><td colspan="3">运动负荷</td><td rowspan="2">教与学的活动设计</td><td rowspan="2">组织、队形与要求</td></tr>
<tr><td>次数</td><td>时间</td><td>强度</td></tr>
<tr><td>开始部分</td><td>课堂常规</td><td></td><td></td><td></td><td>教法：</td><td>组织：

要求：</td></tr>
<tr><td>准备部分</td><td>准备活动
1. 一般性准备活动
2. 专项准备活动</td><td></td><td></td><td></td><td></td><td></td></tr>
<tr><td>基本部分</td><td></td><td></td><td></td><td></td><td></td><td></td></tr>
<tr><td>结束部分</td><td></td><td></td><td></td><td></td><td></td><td></td></tr>
<tr><td rowspan="3">场地器材</td><td rowspan="3"></td><td colspan="3">运动安全提示与措施</td><td colspan="2">1. 课前检查场地器材是否有安全隐患。
2. 充分做好准备活动，加强组织管理，增强学生安全意识。
3. 对突发事件做好紧急处理。</td></tr>
<tr><td colspan="3" rowspan="2">运动负荷</td><td>练习密度</td><td>预计平均心率</td></tr>
<tr><td></td><td></td></tr>
<tr><td>课后小结</td><td colspan="5"></td><td></td></tr>
<tr><td>课后反思</td><td colspan="5"></td><td></td></tr>
</table>

第三节　乒乓球训练

一、乒乓球训练原则

乒乓球训练原则是乒乓球训练工作客观规律的反映，是从乒乓球训练实践中总结和概括出来的，它是乒乓球训练工作应该遵循的准则。随着乒乓球运动训练实践的不断丰富，经验的不断积累，以及对训练过程客观规律认识的不断深化，乒乓球运动的训练原则也在不断地完善和发展。每个原则都不是孤立的，它们之间是紧密联系的，互相作用的。

(一)一般训练与专项训练相结合原则

一般训练是指采用多种多样的非专项的手段和方法，对运动员进行全面训练，促进运动员身体形态、技能和身体素质全面协调发展，增进健康，增强体质，同时掌握一些非专项的运动技术和理论知识，为专项运动水平的提高打好各方面的基础。专项训练是指采用专项或与专项相类似的练习，来发展运动员的专项素质，掌握专项运动的技术、战术和理论知识，以最大限度地提高专项运动的成绩。贯彻一般训练与专项训练相结合原则时，应注意以下几点。

(1)要安排好一般训练和专项训练的比重。乒乓球运动，需要非常精确地控制球在球台上面的路线、落点、旋转变化等方面。根据乒乓球的技术特点，一般训练的比重可相对少些，专项训练的比重可多些。

(2)要围绕各训练阶段的主要任务，全面安排，突出重点。一般训练的练习(通常在小学、初中阶段)应紧紧围绕打好基础的任务来安排，到专项训练阶段(一般在高中、大学阶段)，则应根据专项的需要来安排，并应体现出专项的特点，要在全面安排的基础上，力求精练，突出重点，明确目的，获得最佳效果。

(3)形式方法多样，讲求实效。一般训练与专项训练的形式方法要适合学生身心发展特点。要多种多样，富有趣味，两者可分别安排，也可结合进行；练习可采用持续练习法、重复法、间歇练习法、变换练习法，也可适当采用游戏、比赛的方法；要使两者有机地结合起来，提高训练的实效。

(二)系统性原则

系统性是指从训练的最初阶段开始，直到出成绩、保持成绩并不断提高技术水平的整个训练过程,前后连贯、紧密相关而不中断。实践证明,一个优秀的乒乓球运动员,经过多年的系统的、科学的训练,才能取得优异的成绩。乒乓球训练中的各个训练过程、训练内容都是相互影响和相互促进的。

乒乓球技术的掌握与技能的形成以及训练水平的提高,都有一定的规律,只有遵循这些规律,按照乒乓球项目本身的特点,持续不断地进行训练,才能取得良好的预期训练效果。贯彻系统性原则时,应注意以下几点。

(1)要根据各个学段不同年龄学生运动员的身心特点和原有水平,制定训练的任务、内容、指标和要求,做到由易到难,由简到繁,由浅入深,循序渐进,切合实际,打好基础。

(2)要根据学校的实际,制订切实可行的训练计划,使各学段、各学年、各学期乃至每周每次课的训练系统连贯,紧密衔接,以保证训练的系统连贯性。

(三)周期性原则

周期性原则是指按照竞技状态发展的规律确定训练过程的周期,并按周期进行循环往复的训练,有步骤地不断提高运动员的训练水平。通过训练,运动员的竞技能力在一个训练周期中,可以达到相对的最佳状态,这种最佳状态即通常所称的竞技状态。贯彻周期性原则时,应注意以下几点。

(1)要根据学校规律和主要比赛日期来安排训练周期。

(2)学校乒乓球训练周期各个时期的划分,应使准备期较长,以便加强基础训练。竞赛期应根据比赛时间的长短安排的短些。休整期应尽可能与学校期终复习考试时间一致。复习考试期间仍应坚持适量的训练,假期可安排较大负荷的集训。

(3)要注意周期间的衔接、大赛间的衔接,周期与周期之间的时间间隔。

(四)适宜负荷原则

适宜负荷原则是指在训练中根据训练任务和运动员承受负荷的能力,逐步地、有节奏地加大运动负荷,并使大、中、小负荷科学结合,保证良好训练效应的积累。贯彻适宜负荷原则时,应注意以下几点。

(1)要处理好生理负荷和心理负荷的关系。在安排运动负荷时,由于人体对负荷有个适应过程,所以要由小到大,逐步提高,有节奏地安排,采用不同负荷交替进行,使负荷波浪式地发展提高,以获得良好的训练效果。在运动员心理负荷的训练方面。首先,要注意对运动员动机的培养。在专项训练和比赛中,动机是个很重要的因素,缺乏动机就不可能最大限度地锻炼运动员的心理能力。其次,平时训练应尽可能创造一些接近正式比赛的条件,加强实战训练,不断提高临场比赛经验和适应各种形式比赛的能力,从而提高运动员的心理素质。最后,长时间训练、比赛胜负、训练任务完成度、运动员身体状况等都会对运动员产生不同的心理负荷。在心理承受负荷后,要特别注意对其的恢复。

(2)要处理好负荷量和强度的关系。在一个大周期的训练中，一般是准备期优先增加量，并在中期达到较大的量，后期逐渐下降，同时开始较大地提高强度，在准备后期达到较高水平。在竞赛期，强度继续提高，并达到该周期的最高峰，以迎接主要的比赛，与此同时，量也下降到较低的程度。如果竞赛期较长，则中间可适当降低强度，增加量，然后再将低量提高强度，达到强度的第二高峰。最后到休整期，量与强度呈急剧下降趋势，是运动员得到很好休整。

(3)要处理好负荷与恢复的关系。运动员在训练中成有一定的负荷后，机体会产生疲劳，因此要有一定的休息时间，保证机体得到充分的恢复和超量恢复，以保证下次训练的顺利进行。

二、乒乓球技术训练方法

在复杂多变的击球线路中，归纳起来有五条基本线路，即两条斜线、两条直线和一条中路线。

1. 单线练习法

(1)单一线路上的单一技术练习：如右斜线对攻。

(2)单一线路两个技术练习：如右方斜线削中反攻练习。

(3)同一条线路的长、短球结合练习。

2. 复线练习法

(1)一点对多点(一点打两点、两点打一点或三点打一点)

1)有规律的练习：即一点打固定两点或两点打固定一点。两点的设置可以是1/2台、2/3台或全台两个大角。一点对两点的练习，对固定手型、身体姿势和步法都非常有效。如：在练习摆速时，一点练习者可以站在球台的中间，用正手弧圈或者反手快攻至对方两大角。

2)无规律练习：一点打两点时落点可无规律；两点打一点时可采用不固定技术，一般采用左推右攻。无规律的练习中，一点打两点可提高控球和变化落点的能力；两点打一点者可以很好地提高步法移动的速度和技术的综合运用。

(2)三点打一点练习：略微不同于一点对两点的练习。练习三点者一般采用正手攻或拉弧圈球，一点者可推、拨或者削球。三点打一点时，一般采用并步，需要注意在侧身攻后应用交叉步扑正手。

3. 直斜线结合练习法

(1)逢斜线变直线，逢直线变斜线：对斜线来球，回球为直线；对直线来球，回球为斜线。

(2)两斜对两直：一方只打两条斜线，另一方只打两条直线。

(3)两斜对一直一斜：一方只打斜线，用正反手回球；另一方用正手走动攻，也可用正、反手技术，但必须是一直一斜路线。

(4)两直对一斜一直：一方只打直线，用正反手回球；另一方用正手走动攻，也可用正、反手技术，但必须是一斜一直路线。

4. 多球练习法

多球训练是乒乓球训练中不可缺少的一部分，它可以弥补单球训练中回合少、间隙大等不足，提高了训练效率，为教练员设计各种高难度技战术的训练提供了一种行之有效的途径。

在采用多球训练进行技战术的训练时需要注意的是，要对组与组之间和一组之间的训练节奏有所控制，不可以一个节奏连续击球。此时一般采用间歇训练法，分为几组进行，在组之间根据运动员的情况停顿1分钟左右，在每一个组合之间停顿5~10秒；一个战术组合中则要根据战术的设定在运动员能够接受的范围内尽量地加快攻球速度，提高运动员的反应速度，以适应实际比赛中快速的击球速度。

5. 比赛法

训练是为了更好地比赛，比赛的目的是为了锻炼运动员的心理素质，全面提高乒乓球技术的综合运用能力。改变一下比赛的方式，比赛也可以作为一种很好的训练手段。

(1)擂台赛：组织3~4人一组，只比赛一局，胜者继续打，负者下台等候，循环进行。

(2)抽签发球比赛：组织3~4人一组，场上比赛的队员，其中一人不发球，全部由另外一人发球进行比赛，发球权抽签决定，一局定胜负，胜者继续打，负者下台等候，循环进行。

(3)2分对1分制比赛：组织3~4人一组，只比赛一局。其中一名队员需要连续赢2球才能算赢1分，不能连续赢2球判为平分；另一名队员按照正常的比分进行，即赢1球得1分；11分制，抽签决定双方的得分权，一局定胜负，胜者继续打，负者下台等候，循环进行。

三、乒乓球的身体训练

乒乓球比赛中，要求判断快、反应快、起动快、摆臂快、移动快、动作和方向变化快。只有如此，才能在快速而又复杂多变的比赛中占据主动。这就要求运动员有良好的身体素质。

乒乓球身体训练一般分为两种。一种是一般身体训练，主要是指全面发展人的力量、速度、耐力和灵敏等方面；另一种是专项身体训练，主要是指根据乒乓球项目本身的特点，有针对性的专项练习方法，目的主要是提高专项技术水平。这两种训练方法是相互联系、相互促进的。

身体训练主要包括力量素质、速度素质、耐力素质、灵敏素质和柔韧素质五个方面的训练。

（一）一般身体训练

1. 力量素质

力量素质是指身体肌肉收缩所能产生的、使身体或身体某一部分用力的能力。力量素质分为绝对力量、相对力量、速度力量和力量耐力。

（1）绝对力量练习方法：一般采用本人最大力量的60% ~70%的负荷重量，重复8~10次为一组，组数以不降低重复次数为原则。如：卧推杠铃、杠铃蹲起。

（2）相对力量练习方法：通常采用负荷重量大、重复次数少的办法来进行。如：单杠引体向上、负重提踵。

（3）速度力量练习方法：通常采用小重量或不加外界负荷，快速连续地进行练习的方法。如：跑步的摆臂、蛙跳、立定跳远、跳绳。

（4）力量耐力练习方法：通常采用小重量负荷，进行多次重复，直至极限的重复次数的方法。如：俯卧撑、持哑铃曲前臂、负重台阶跳。

2. 速度素质

指机体某部位快速异动的能力。提高速度素质的练习方法：

（1）短距离重复跑：站立式起跑，快速跑30米左右后，走回起点重复进行。要根据学生的情况掌握练习的次数和间隔时间。

（2）加速跑：30~40米的距离，采用计时的方法。注意后蹬要有力，跑的频率要快。

（3）投掷垒球：主要体会出手时的加速。

3. 耐力素质

指有机体长时间工作的抗疲劳能力。提高耐力素质的练习方法：

（1）规定时间和距离（6~12分钟，800~1500米）的跑步、跑走交替、越野跑或自然地形跑 。

（2）30秒钟的立卧撑：从俯卧撑开始，变成蹲撑，反复做。

（3）1分钟跳绳：用单脚、双脚跳均可，摇一次跳一次。

4. 灵敏素质

是指人体在各种条件下能准确、迅速、协调完成动作的能力。提高灵敏素质的练习方法：各种预备姿势，突发各种信号的快速移动，学生用蹲、坐、仰卧、俯卧等预备姿势，听到突发信号（哨音、掌声、口令等）立即向指定的方向快速移动。

5. 柔韧素质

指人体各关节的活动幅度、肌肉、韧带的伸展性和弹性。提高柔韧素质的练习方法：

(1)持轻器械做各种肩关节活动:手持短绳或体操棍的两端,做向前、后或绕环练习。练习时逐渐提高要求,如缩短两手之间的距离、臂从弯到趋于伸直等。

(2)体侧屈:两脚左右开立与肩同宽或比肩稍宽,两腿伸直,向左、右做体侧屈。体前屈:两脚开立或并拢,做直腰体向前屈。体后屈:两脚左右开立,提脚跟,向前顶髋,做身体向后屈。腰绕环:两脚开立,两手叉腰,做向左、右的腰绕环练习。

(3)各种方式的压腿、摆腿、踢腿、纵叉、横叉。

(二)专项身体训练

乒乓球运动的主要部位在于步法和手法,训练的中心也是围绕它们来进行。

1. 提高力量素质的练习方法

(1)负重练习击球动作:如可持小哑铃或者小铁拍做正手攻、反手攻、正手拉球等各种击球动作。

(2)负重进行左右滑步、交叉步、小跳步等各种步法移动。

2. 提高速度、灵敏素质的练习方法

(1)推挡—侧身—扑正手抢攻,1 分钟为一组,间隔 1 分钟,每次可做 2 组。

(2)采用多球或者发球机,连续供球,不断变化球的落点、旋转方向和速度,练习者做出相应的击球动作,50 或 60 球为一组。

(3)单向的滑步或者交叉步练习,30 米左右距离。

(4)在等边 3 米的三角形边上进行滑步练习,连续 3 遍为一组,每组间隔 30 秒,做 3 ~ 5 组。

3. 提高耐力素质的练习方法

(1)徒手或者负重挥拍练习,可以要求次数或者按时间计时。

(2)在球台的端线处,面对球台,做左右的并步、跳步、交叉步练习。

(3)用并步、交叉步等步法移动,用单手或双手触摸球台端线,练习 2 分钟为一组,每组间隔 30 秒,完成 3 ~ 5 组。

四、乒乓球的心理训练

乒乓球运动员心理训练,是指有意识、有目的地对运动员的心理进行调适的过程,就是指采用针对性的方法,调节乒乓球运动员训练过程中和比赛过程中的心理状态,以保证乒乓球运动员更好地完成艰苦的训练任务和比赛任务。乒乓球运动员心理训练,是当今乒乓球运动训练的重要组成部分,它与乒乓球运动技术、战术训练和身体训练相结合,构成了乒乓球运动训练的完整体系。乒乓球比赛中,运动员付出的不仅是身体能量,同时要付出巨大的心理能量,如果运动员缺乏专项运动所需的心理素质和相应的心理状态，就不能顺利地完成训练和比赛任务。

在乒乓球运动中，运动员的情绪对运动成绩影响极大。一个适宜的情绪状态能提高竞争力，反之则会降低。过于紧张或过于放松，都不利于比赛中技战术的发挥。竞赛中，运动员主要的情绪状态是紧张和焦虑。

（一）紧张

紧张是人在某种环境压力作用下，产生的一种适应环境的情绪反应和行为反应，紧张情绪的反应可能是适宜的、积极的；也可能是不适宜的、消极的。这取决于个体的适应能力同时，紧张情绪也可能干扰人的意识活动。紧张情绪的反应可以表现为抑制行为，也可以表现为激化行为。它们都伴随明显的能量消耗。紧张主要包括：①生理上的反应：全身肌肉紧张、尿频、疲惫不堪、昏沉思睡、便秘、食欲减退等；②心理上的反应：无意识动作增多、心神不安、失眠、情绪抑郁、回避他人、自我解说、自我检讨、兴奋、颤抖、向人述说、愤怒、烦躁等。

1. 紧张的成因

竞技运动是一个直接面对竞争和注重成就的领域，产生紧张情绪是运动员的一种普遍反应。但是，运动员实际体验到的紧张，是以他在成就情境中认识到的客观要求与主体能力之间的不一致而产生的某种威胁感。如果运动员的情绪达到使大脑皮层的神经细胞活动发生混乱，从而引起行为控制失调的程度，便会出现不能充分发挥其运动能力的一种情绪状态。处于极度紧张状态的运动员一般表现为：心绪紊乱程度提高；视野缩小，注意狭窄而又指向心世界；方位知觉、时间知觉、距离知觉的判断错误。

（1）极度紧张形成的客观原因：观众、社会的评价、比赛的性质及意义、比赛对手的实力。

（2）极度紧张形成的主观原因：求胜意识或期望值过高；对比赛缺乏信心；个性因素；对自身生理指标变化的消极评价。

2. 预防和克服运动员极度紧张的方法

（1）努力提高运动员运动技战术的熟练程度。

（2）对比赛成绩的期望不易过高或过低。

（3）不断增强运动员的自信心。

（4）运动员要学会独立地、按步骤做好每次比赛的心理准备工作。

（5）降低运动员的比赛胜负意识，把注意力引向运动本身，而不是指向比赛结果。

（6）运动员要学会心理自我调节的一系列技能（参见克服焦虑的方法）。

（二）焦虑

焦虑是一种伴随着某种不祥之事即将发生的预感而发生的令人不愉快的情

绪。它包含有紧张、不安、惧怕、愤怒、烦躁、压抑、神经过敏和担忧。心跳加快，身体颤抖，并不是产生焦虑的原因。只有当人预感到这种生理状态是不祥之兆时，才会引起焦虑。而且，越是意识到这种情绪反应的身体迹象，越会加强焦虑的程度，造成一种恶性循环。了解引起运动员焦虑的多重原因，就能有针对性地帮助运动员减少焦虑。

克服焦虑的方法主要有以下 8 种。

1. 想象中放松方法

练习要求：取一种舒服的姿势仰卧，眼睛微闭，尽可能放松，深吸慢呼。

练习方法：头脑里要有一种与感到放松密切相关的清晰的环境；要有好的想象技能，使所处的环境被心理的"眼睛"看得很清楚；先练习想象不使人紧张的情境，再逐渐地练习想象使人紧张的情境，并达到放松的状态。

2. 自我指导的放松方法

练习要求：利用磁带来进行练习，用自我指导语来达到放松的目的。

练习方法：完成自我指导的放松练习，用 10 分钟；可以将它与想象放松结合起来应用。

3. 渐进性放松方法

练习要求：它是一种学习感受肌肉群的紧张，然后再解除这种紧张的练习。

练习方法：将优势手的前臂朝着优势肩的方向举起，感受二头肌和前臂的紧张；保持这种紧张 5 分钟，完全集中注意在这种紧张上；放下前臂赶走全部的紧张，达到深度的放松。

4. 技术动作的心理练习方法

练习要求：这一练习一般安排在放松练习后进行。

练习方法：可将乒乓球的单个技术动作或结合技术动作编成一套心理练习程序。例如：正手拉下旋球技术动作，可以编成：准备和抢位动作—引拍（转腰）—控制拍面角度—挥拍击球（足够的挥拍速度，找准击球时间和击球部位，发力击球瞬间的用力感）—球出球拍后的弧线—身体重心的转换—球过网后落在球台上—身体的平衡控制。

5. 自我肯定的练习方法

练习要求：这一练习一般安排在放松练习后进行。

练习方法：将一种自己擅长的技术动作作为心理演练的内容。练习过程中要有意识强调自己动作的优点。

6. 肯定语句的练习方法

练习要求：选择几句针对性的、既现实又积极的句子。在比赛前或比赛中反复默念。

练习方法：只要像平时练习一样去打，肯定会打出好的成绩，控制对方反手位，抓住其弱点，主动侧身进攻，就能取得这局胜利。

7. 最坏结果预测方法

练习要求：在比赛前或比赛中，当自己紧张焦虑时，可以反问自己。

练习方法：可以为一个可能出现的最坏的结果设问。例如：现在对我来说，可能发生的最坏的事情是什么？比赛的结果不管如何，它都是使我在经验和技术上获得进步的一个必需的环节，为此，应该付出必要的代价，使运动员因期望过高造成的压力过大得以缓解。

8. 注意集中在运动模式上的方法

练习要求：将注意力集中到身体运动的某一部位。

练习方法：想象自己身体在做侧身攻时，身捷若燕，等等。例如：在比赛中将注意力从"害怕""担心"的心理感受，转移到动作的体会上来。

五、高水平乒乓球运动队训练

在高水平运动队训练中，除需进行一般的体能和技战术练习外，为了进一步提高运动员的实战水平，还需有针对性地进行一系列提高个人实战能力的训练。如：针对某种特定打法的训练；针对某种技术或战术的训练；针对自身比赛中弱点的加强性训练，以及针对自身主要得分手段的强化性训练等。以下介绍几种常用的训练方法。

（一）模拟训练法

模拟训练法是指根据未来比赛的需要，有目的地选拔陪练员模仿某特定对手的主要打法及技、战术运用特点，作为主练者的"假想敌"并与主练者反复训练，使主练者逐步掌握某种对付方法，进而在比赛中战胜该对手的一种训练方法。此外，还有环境（包括场地、器材、灯光和噪声）、气候、时差和饮食等情况的模拟。

1. 主要作用

（1）能使队员较快地掌握和适应战胜特定对手的技、战术。

（2）有利于专门训练的特定技、战术迁移到比赛中去。

（3）能有效地提高队员的心理素质和适应能力。

2. 基本要求

（1）正确研究、分析未来对手的各方面情况，确保模拟"模型"（即陪练员）的可靠性。

（2）陪练员模仿的真实性（包括有与被模仿者类型打法相同的陪练员；陪练员的技、战术水平接近被模仿者；陪练员在训练中真实地模仿特定对手）。

（3）主练者训练的有效性（包括要把陪练员当作实际对手来打；要通过反复

训练熟悉对手的打法特点，摸索其规律，掌握攻击对手的特定技、战术）。

3. 不足之处

条件要求高，安排难度大。因为模拟训练法与其他多数训练法不同，它要求陪练员刻意模拟特定对手的主要打法特点。如不能准确地把未来对手的各种情况活灵活现地模仿出来，或不能使陪练员的技术水平接近被模仿者的水平，或没能使主练者掌握特定的技、战术等，则都不可能达到训练的目的。

（二）多球训练法

多球训练法是指根据单球训练或比赛的各种来球情况，采用多球连续不断地给受训者供出不同落点、旋转和力量的球，使受训者可以连续练习回击，用以加快动作的掌握和提高技术水平的一种训练方法。

1. 主要作用

（1）可以提高单位时间内击球次数，增大训练的密度和强度，有利于掌握，巩固和改进技术动作，提高技术水平。

（2）易于控制供球的速度、力量、落点和节奏等要素，有利于根据受训者的不同水平调整训练的难度，提高训练效果。

（3）有利于加强受训者的步法灵活性和击球手感，提高移动中击球的命中率以及运用单个战术的熟练程度。

（4）有利于提高受训者的专项身体素质和培养优良的意志品质。

2. 基本要求

（1）多球训练不能完全代替单球训练，也不能代替身体素质训练。多球训练与单球训练的时间安排比例一般应掌握在 1 : 3 到 1 : 2 比较适宜。当然，在训练的具体阶段也可以视训练对象的具体情况做出特殊的安排。

（2）必须掌握好训练的运动负荷。多球训练的强度、密度远远大于单球训练，如果运动负荷掌握得不好，则容易造成局部负担过重或过度疲劳。

（3）要讲究技术质量和实效。多球训练的难度要以受训者能正确完成动作为标准，训练中要有一定的质量和命中率要求，要克服那种只顾供球不顾受训者动作和命中率的倾向。训练中一旦发现受训者的动作走样就要停下来，以便及时进行纠正和调整。

（4）多球训练也要根据每个运动员的具体情况和训练阶段的任务详细制定训练内容，避免只注重场上气氛而忽略训练的实际内容和效果的做法。

（5）要提高供球技术。多球训练的效果，在很大程度上取决于供球技术的好坏，要力求做到供球熟练、准确、运用自如，尽可能全面逼真地发击出各种球性的信息，使受训者能获得应有的训练效果。

3. 不足之处

多球训练实际上是一种模拟训练，由于供球方式的限制，不可能模拟出实际打球的全部信息,因而使建立的动作与比赛实际需要的动作不完全相适应。此外,由于连续供球削弱或冲淡了运动员对击球效果的反馈,故不利于运动员根据实际回击的来球调节技术动作。

(三)以强带弱训练法

所谓"以强带弱训练法"是指利用训练者在年龄、性别以及训练年限等方面的差异,以水平较高的一方作为水平较低的一方的陪练,帮助他们提高技、战术训练的质量,促使他们的技、战术水平能更快提高或提高到更高水平的一种训练方法。

1. 主要作用

(1)可有效地增大训练的难度和强度,加快主练队员技术水平的提高。

(2)有利于主练队员较快地掌握和适应高、难、新技战术,拓宽他们的训练内容。

(3)以强带弱训练以计分方式进行时,可加快弱方实战能力(包括战术意识、技、战术组合的运用和随机应变等能力)的提高。

2. 基本要求

(1)选择的陪练队员的技术水平应高于主练队员的技术水平。

(2)训练的难度和强度应视主练队员的水平而定,既不要过大,也不要过小,应尽可能控制在使主练队员通过努力可以跟上的量度上。

(3)陪练队员不仅充当陪练,也可以根据自己的技、战术特点投入训练,使训练尽可能保持其真实性。

(四)比赛训练法

比赛训练法是指在乒乓球的技战术训练过程中,根据训练的具体目的、任务和内容的需要,采用各种灵活多样的竞赛方式进行训练的一种训练方法。

1. 主要作用

(1)可使技术、心理和智力等方面的能力得到刺激和锻炼。

(2)可发现竞技能力的某些优点或不足。

(3)可培养与提高随机应变的能力。

(4)可缩短训练与正式比赛之间的距离,提高运动员的兴奋性与适应能力。

2. 基本要求

(1)根据训练所处的具体阶段,采用相应的比赛训练方式。

(2)无论采用何种竞赛方式,均应向运动员讲明训练的目的和具体的竞赛规定,动员运动员全力以赴实现训练目的。

(3)每次比赛训练教练员都应做好记录,并做好小结。

3. 不足之处

过多、过频则会破坏训练的系统性。

(五)分类训练法

分类训练法是指按照乒乓球运动各种类型、打法的分类标准,即以技、战术特点、技术方法和球拍性能为主要依据,朝着各种打法、技术风格所需要的技术组合与技术配套的要求,分门别类地进行训练的一种方法。

1. 主要作用

(1)有利于精选训练内容、缩短成才时间。

(2)可使训练具有针对性,有利于形成特长技、战术。

(3)可提高训练的对抗性,使各种类型、打法"百花齐放",互相促进,取长补短,共同提高。

2. 基本要求

(1)抓好各种类型、打法的技术风格,完善各种技术组合和战术配套,"有的放矢"地实施训练。

(2)注意了解及研究各种打法技、战术的发展动向,使训练具有一定的先进性和超前性。

(3)注意各种类型、打法的合理布局。

(六)有序训练法

有序训练法是指在乒乓球技、战术训练中,根据训练的目的和任务的需要对训练内容、击球方式、落点、节奏、旋转性能及移动路线等要素预先做出规定或约定的一种训练方法。

1. 主要作用

(1)有利于运动员较快地掌握技术动作,形成正确的动力定型。

(2)可有效地增大训练的密度,使运动员在相对稳定的条件下反复练习,有利于所练技术在较短的时间内达到熟练程度。

(3)有利于提高单个和结合性技术的水平及形成和巩固特长技、战术。

(4)可有针对性地解决技、战术上薄弱环节,弥补特短。

2. 基本要求

有序训练与无序训练相结合,先有序训练后无序训练。在系统的训练过程中,采用"先有序训练后无序训练,再有序训练,再无序训练……"的安排顺序,循环往复,螺旋上升,两种训练的比例应视训练周期的具体情况,合理分配。有序训练应从单个技术或单一线路的练习逐步过渡到结合性技术和不同线路的结合练习,循序渐进,为无序训练打好基础。

3. 不足之处

运动员在有序训练时，由于较多数是在相对简单和固定出条件下训练（特定条件刺激），因而对反应、判断和应答能力的提高受到一定的限制，如果安排有序训练的比重过大或时间过长，运动员养成习惯后，到比赛时面对复杂多变的情况，就会感到不适应，应变能力跟不上实战的需要。

（七）无序训练法

无序训练法是指在乒乓球的技、战术训练中，除了对训练的内容做适当的规定以外，对击球的落点、速度或旋转变化等要素不加规定和限制，而是根据运动员的打法特点，结合临场来球的情况，进行各种稍变与主变练习的一种训练方法。

1. 主要作用

（1）能有效地加大训练的难度，保证训练的随机性、灵活性，使训练符合比赛的需要。

（2）能有效地使运动员对复杂多变的来球情况及时做出回应，提高应变能力。

（3）能有效地巩固和提高运动员的技、战术水平，使之与实战结合起来，提高技、战术的组合和运用能力。

（4）有利于培养运动员的战术意识，在训练中养成高度集中注意力的习惯。

2. 基本要求

无序训练应在有序训练后进行，即“先有序训练，再无序训练……”的安排循环往复，螺旋上升，两种训练的比例应视训练周期的具体情况，合理分配。

3. 不足之处

运动员在进行无序训练时，由于较多的是在复杂多变和接近比赛的条件下进行训练（在这种条件下训练有利于提高临场的随机应变能力），但由于其条件是变化不定的，因而对技术技能的提高会受到一定的限制。如果安排无序训练的比重过大或时间过长，则将会使运动员因基础不牢或不好而影响到技术水平的进一步提高。

第四节　乒乓球训练计划的制订

运动员通过长期系统的训练，在技术战术、身体、心理各方面都得到提高，为创造优异成绩打好基础。科学的训练计划对运动员全面发展身体素质，提高技术水平,创造优异成绩以及延长运动寿命,起着极为重要的作用。

乒乓球训练计划根据竞赛制度和训练任务的不同,一般分为长期训练计划、短期训练计划和课训练计划3种。乒乓球运动以个人对抗性比赛为主,每个人都有自己的打法特征,因此训练计划应包括相对应的个人训练计划。

制订科学的训练计划,需要注意以下几个问题:①明确不同时期的训练目的和训练任务;②要有实现训练任务的措施和方法;③科学合理地安排运动量和运动强度;④掌握和处理好关键问题和一般问题的比例,注意它们之间的相互转化;⑤加强对乒乓球专项特性和技术发展趋势的认识。

一、制订长期训练计划

长期训练计划通常是指每年一届的重要比赛为一个周期所制订的全年训练计,当然还有两年以上的多年训练规划(如青少年运动员培养的长期规划)。在制定长期训练计划时,应考虑以下要点。

1. 明确目的

运动队的长期训练计划主要是以一年一届的重大比赛为目标,通过较长时间的比较系统的训练,使运动员在身体技术战术心理等方面都迅速得到提高,以最佳的竞技状态参加比赛,创造优良的成绩。青少年运动员的长期训练计划则必须通过多年、全面、系统的训练,在身体素质和基本技术得到全面发展的基础上,逐步形成个人的技战术风格和打法特点,为将来创造优异成绩打下良好基础。

2. 指标要求

根据运动员的思想、技术、体能水平,参考国内外最新技术发展情况,估计将来可能达到的水平,制定出一个具体的指标,或提出一个明确的进度,用以激励运动员不断进取。指标一般有下列三种。

(1)全队指标:在重大比赛中争取几项优胜(如获得若干项冠军,或前几名,或战胜几个原来比自己强的队等)。

(2)个人指标:在重大比赛中,在各单项上争几项优胜(如获得若干项冠军,或前几名,或在名次上争取和超过某些原来比自己强的选手等)。

(3)技术和身体素质指标:即在提高主要技术和身体素质方面的具体指标。如在计划完成时、通过测验或统计与初期的情况做比较,来观察技术和身体素质进步情况。在制定具体目标时,必须从运动员的实际情况出发,通过充分的酝酿和讨论,然后再确定下来,尽可能防止指标偏高或偏低所造成的不良影响。

3. 训练内容

从运动员的技术、战术、身体及心理方面的实际情况出发,先有一个概括的分析,主要是根据现有的水平或对上一届比赛的总结提出。在这个分析中,既要肯定过去取得的成绩,还要指出当前存在的主要问题和薄弱环节,结合乒乓球技战术发展形势,提出在技术、战术、身体及心理方面需要解决或提高的问题,作为安排训练内容的主要依据。同时整体考虑全队各种打法、分别提出不同的要求。使运动员明确今后的努力方向,为争取进一步的提高和发展而积极训练。

4. 划分周期

由于长期计划的调练时间比较长,所以,在全年训练中,根据需要可把它分为2~4个周期,以便在不同的周期内,有计划、有步骤地去解决和提高技术、战术、身体及心理方面的关键问题。在一个周期内,一般又划分为训练期、比赛期和休整期。

每一周期的调练内容,都应根据全年训练计划的任务、要求、时间、比例等逐步落实。为了按计划、有步骤、有重点地提高运动员的身体素质、技术水平、战术素养和心理素质,在一个训练周期内,又可以把它划分为若干个阶段,一般训练期可划分为2~3个阶段、比赛期为一个阶段,休整期为一个阶段。每一个阶段的时间安排,根据训练任务来确定。在安排阶段训练计划时,还要编制每周训练的计划表,把阶段训练任务、要求、各种训练比例、训练负荷的安排等具体落实到每天的训练课中。总之,每个训练周期既有各自的侧重点,又是相互衔接、紧密联系的有机整体。只有这样,才能使运动员通过长期系统的训练,在技术战术、身体、心理各方面都得到提高,为创造优异成绩打好基础。

为了更好地贯彻技术、战术、身体及心理训练相结合的原则,在制订长期训练计划时,应根据训练任务、要求以及运动员的身体状况、技术水平和训练年限等条件,全面考虑技术、战术、身体三者适宜的训练比例,并把心理训练同时纳入上述三类训练中去。这些比例应在周期训练计划和阶段训练计划中具体落实。根据运动训练实践经验。对于训练年限较长,已具有相当水平的运动员,采用下列比例比较好:

(1)技术训练与身体训练的比例:70% :30%或75% :25%。

(2)基本技术训练与战术训练的比例:60% :40%或55% :45%。

(3)单打训练与双打训练的比例:85% :15%或80% :20%。

(4)一般身体训练与专项身体训练的比例:50% :50%或40% :60%。

一般来说,无论是全年计划或周期计划,身体训练常常在训练开始时比例较大,越到后期、越临近比赛比例越小,基本技术训练常常在训练开始时只属中等,而在中间比例最大,到后来再降为中等,战术训练和双打训练,开始时比例最小(或者暂不安排双打练习)。这到后期、越临近比赛比例越大。

5. 训练措施

训练措施指为了保证训练计划顺利完成所采取的各种措施和办法。如加强政治思想工作和组织领导，编队和分组、业务学习，测验和考核，必要的设备、用具和器材，医务监督等。

二、短期训练计划的制订

短期训练计划是为了完成某一竞赛任务而制订的，其目的主要是通过较短时间的训练，使运动员的技术、战术、身体及心理在原来的基础上得到一定的提高，有助于在即将进行的比赛中取得较好的成绩。

制订短期计划的要点与制订长期训练计划的要点基本相同，但应注意下列几点。

(1)在短期训练计划中，应有明确的要求，并制定相应的指标。但必须从实际出发，运动员通过短期努力有可能实现的指标才可提出，不能要求过高，以免影响运动员的积极性。

(2)短期计划的训练时间一般是 1 ~ 3 个月，在此期间里可分为 2 ~ 3 个阶段。训练的中心任务应着重解决技术和战术上的主要问题。根据运动员不同打法的特点，以发扬个人技术、战术特长为主，弥补缺点为辅，以利于完成比赛任务。

(3)由于短期计划的训练时间比较短，技战术训练会多一些，身体训练的时间相应要少一些、两者的比例一般是技战术训练占 80% 左右，身体训练占 20% 左右。如果训练时间很短，则身体训练的比例还要更少一些，以便集中更多的时间解决技术、战术上的主要问题。

在技术训练与战术训练的比例上，也要相应有所变化，战术训练(包括综合性战术训练和比赛)安排得多一些，两者的比例一般是战术训练占 60% 左右，技术训练占 40% 左右。如果训练时间很短，则战术训练的比例还要更多一些，以利于运动员在较短的时间内进入竞技状态。

若在未来的比赛中有双打项目，尽管训练时间比较紧，也应安排一定的比例，比例的大小要根据这些项目可能取得的成绩来决定。

无论上述各种训练比例如何变化，在具体安排方法上仍应与长期计划基本相同。即不管身体训练的比例怎样，都应按照由大到小的顺序去安排，特别是在训练的开始阶段，应先抓好身体训练以增强体质，为以后加大运动负荷打下基础。技术训练的比例应按中—大—中的顺序，利用中段时间抓好主要技术，为以后战术训练准备条件。战术训练和双打训练的比例应按照由小到大的顺序安排，以便进入比赛期，运动员具有良好的竞技状态。

(4)短期计划中的比赛安排，不仅在进入训练后段要组织各种各样的比赛，而且在训练前段的末期或者在中段，都应每周安排一次队内比赛，或每两周进行一次对外公开比赛，以不断提高运动员的实战能力。

(5)短期计划中的业务学习,应根据将要参加的比赛的特点,除安排一定的时间去讨论有关技术问题外,还要着重研究战术方面相关内容,以加强运动员的战术意识和作战能力。

三、个人训练计划的制订

由于乒乓球运动员个人技术水平和打法的不同,因而除了有全队的训练计划外,还要制订个人的训练计划,以使长期或短期训练计划中所提出的任务能和运动员的具体情况密切结合起来,把长期计划或短期计划的要求以及各个不同周期或阶段计划所规定的训练内容,具体落实到每一个运动员的实际训练中。

在制订个人训练计划时,应注意下列几点。

(1)根据全队长期训练计划或短期训练计划的要求,结合个人过去在比赛中容易出现的某些思想活动,提出自己在思想上需要解决的问题和努力的方向。

(2)根据全队长期或短期训练计划所提出的指标,结合个人的实际情况,制订出自己争取达到的指标或进度,其中包括技战术和身体两方面的指标。

(3)按照长期计划和短期计划训练任务的要求,结合个人的具体情况,确定自己的技战术风格,并在周期训练计划或阶段训练计划中突出个人训练的重点和需解决的主要技战术问题。

(4)依据阶段计划的安排,制订出个人技战术训练的范围,各项技战术训练的时间和具体的训练方法,并贯彻到每周的训练中去。

四、训练课计划的制订

训练课是训练工作最基本的组织形式,不论是个人计划、短期计划还是长期计划,都必须通过一次次的训练课的组织来实施。训练课又分成两种:一种是综合训练课,一种是单一训练课。综合训练课是指在一次训练课中,不只发展某一项技战术能力,而是要发展二、三项技战术能力。单一训练课是指在一次课中集中发展某一项技战术能力。

一堂训练课一般由准备部分、基本部分和结束部分三个部分组成。

准备部分的目的是使运动员进入良好的训练状态,并避免在训练中由于准备活动不充分造成损伤。在准备活动中,可以把一般性准备活动与专项准备活动结合起来,提高时间的利用率。

基本部分,用较长时间完成基本的技战术训练任务(表2-4)。

表 2-4　不同技术打法乒乓球运动员技术训练内容安排

序号	削对削	攻对攻	直弧对直弧	横快对横快	攻对削
1	正手斜线对攻	正手斜线对攻	正手斜线对攻	正手斜线对攻	正手斜线对攻
2	正手侧身攻	正手侧身对攻	正手侧身对攻	正手侧身对攻	正手侧身对攻
3	搓中起板	反手对推	对推相持	反手相持或加力小起板	稳拉对稳削一点对两点
4	稳拉对稳削两点对一点	推挡侧身攻	推挡侧身拉冲	反手对拨加力侧身攻	稳拉稳削两点对一点
5	稳拉稳削一点对两点	两斜对两直	两斜对两直	两斜对两直	削中反攻
6	个人计划	个人计划	个人计划	个人计划	个人计划
7	练习比赛	练习比赛	练习比赛	练习比赛	练习比赛

（依据国家女队原教练张燮林训练内容，1985）

结束部分，也叫整理活动，主要目的是为了加速身体的恢复过程。如训练强度为65% VO_{2max}时，其吸氧量通常在活动后10分钟、平均血压在活动结束后20分钟左右可恢复到安静时水平，一般认为15分钟的整理性活动比较合适。

【本章小结】

乒乓球教学的任务是使学生掌握必要的知识、技能、技术、战术等。而训练则是在教师的指导下，全面发展学生的身体素质，提高专项技战术水平的过程，其目的在于创造优异的运动成绩。而教学原则和训练原则，是有效进行教学与训练的基本要求，是长期乒乓球教学与训练实践中成功经验的总结和概括。在教学中，遵循教学原则，正确、合理地运用各种教学方法，可激发学生的学习兴趣，改善课堂气氛，提高教学效果和质量。在训练过程中，遵循训练原则，采用得当的方法与合理的手段，有助于学生运动成绩的快速提高。使学生掌握制定教学训练文件的方法，能够根据教学对象和运动员的竞技能力，制订合理的教学设计和科学的训练计划。

【课后练习】

1. 乒乓球教学原则和训练原则有哪些？
2. 在运用讲解法和示范法进行教学时应注意哪些问题？
3. 乒乓球主要战术形式有哪些？
4. 一般身体素质主要包括哪些方面？
5. 如何制订乒乓球初学者的学期的训练计划？

【知识拓展】

战术与技术的区别与联系

技术是指运动员根据竞赛的要求,能充分发挥机体能力的最合理、最有效地完成动作的方法。如:正手攻球的动作方法(站位、拍形、击球时间等),是技术问题;而在比赛中先攻哪儿,再攻哪儿,什么时间攻,属战术问题。

技术是战术的基础。技术越高,就越能完成战术的要求,技术掌握的越全面,战术才能灵活多变。在比赛中,只有合理地运用战术,才能使技术得以充分发挥。在训练中,只有带着战术意识去练技术,才能练就真正实用的技术。我们见过一些训练刻苦但成绩并不理想的运动员,其中一个很重要的原因就是他们练习技术时缺乏战术目的,只是一味地练,至于所练的技术在比赛中起什么作用、怎么使用,心中不大清楚,这样练就的技术容易和比赛脱节。

第二章 乒乓球技术

【学习目标】

使学生理解乒乓球技术的动作要领，在掌握基本技术的基础上，掌握难度较高的提高技术和结合技术。

【学习任务】

1. 熟练掌握2～3套发球技术，并在实战中灵活运用。

2. 理解乒乓球的旋转，在掌握快、慢搓球的基础上，掌握多种接发球的方法。

3. 直板打法需掌握的反手技术：平挡、加力挡、推切、减力挡、推侧旋；直板打法需掌握的正手技术：正手快攻、快拉、中远台攻球、前冲及加转弧圈球、滑板及挑打等技术；反手反面技术：拨球、弹打、侧拧、快撕和快带、前冲弧圈球、加转弧圈球等技术。了解长胶挡、磕、拱技术。

4. 横板打法需掌握的反手反面技术：拨球、弹打、侧拧、快撕和快带、前冲弧圈球、加转弧圈球等技术。正手技术：正手快攻、快拉、中远台攻球、前冲、加转弧圈球、滑板及挑打等技术；了解削球技术。

5. 直板结合技术、横板结合技术。

【学习地图】

发球技术→推挡技术→接发球技术→快拉、中远台攻球、前冲、加转弧圈球技术→放高球等技术→弹打、侧拧、快撕和快带技术→结合技术

第一节　发球技术

发球是乒乓球运动各种类型打法技术中的重要技术，亦是乒乓球比赛开始先发制人第一板的重要技术。

总结我国发球技术的发展，首先是确立了先发制人，力争主动的战术指导思想，并把发球列为各种打法的重要技术之一；其次是充分发挥直拍手腕的灵活性，以比较隐蔽和比较相似的手法发出各种不同性能的旋转球；三是积极鼓励运动员刻苦钻研、创新。当然，应该重视发球，但不应过分地依赖发球去取胜，而要扎扎实实地练好提高各种基本技术质量。

一、发球的作用

(1)直接得分。

(2)为发球抢攻制造条件。

(3)利于自己技术风格和特长的发挥。

(4)破坏对方的战术，限制对方技术特长的发挥。

(5)造成对方的心理恐惧，增强自己的胜利信心，稳定自己比赛中的情绪。

二、对发球的要求

1. 配套成龙

为了某一种发球技术能在比赛中发挥作用，必须要有干扰配合。如：发强烈的下旋转球，要有不转球配合。发侧上旋球，要有发侧下旋球配合。发底线长球急球，要有发近网短球配合。每一套发球的变化应尽量多些，包括速度快，旋转强，落点准。并力求做到出手突然，动作隐蔽，真假动作结合等。

2. 速度、旋转、落点相结合

目前世界上的发球大体可分为两种趋势。

(1)以速度、落点准确为主，配合旋转：要求发球时的出手动作一定要快，而且落点准确，发长则长，发短则短，或者是近似出台却又未出台的球。

(2)以旋转为主，配合落点：要求旋转变化差距大，发球动作又相似，真假结合。

3. 精练绝招

要在掌握发球技术比较全面的基础上，精练 1 ~ 3 套独特的绝招。切忌什么发球都会，但就是无绝招的发球。

4. 创造新发球

一是创造出原来没有的发球。二是将原有的发球质量提高，使其由量变达到质变的飞跃。如正手转不转发球并非是郗恩庭的发明，但他在此基础上又提高了发球质量，比别人技高一筹，练到了近乎绝技的地步，这也应叫创新。新的发球对对方是一种新异刺激，他的应激动作就不顺手、不适应、不协调、不准确等。因此，新发球的威力特别大，原因就在于此。

5. 提高发球质量

目前，我国运动员发球的最大问题是旋转大同小异，落点皆以短球为主，这种现象很容易被对方适应。对此现象必须尽快改变，应该向发球的多品种、高质量方向努力。从发球的种类来看，最低限度也应该把以前我国老运动员的一些特长发球学到手。如：徐寅生的正手奔球，庄则栋、刁文元的反手侧上、下旋球，郗恩庭的正手转不转发球等，在这个基础上再进一步把它们加以完善。

6. 符合规则

严格要求发球动作，必须符合规则要求。

三、发球的种类（以右手握拍为例）

划分发球种类的方法是多种多样的，如：按方位来区分，可分为正手发球、反手发球、侧身发球。按发球的性质来区分，可分为速度类发球、落点类发球、混合旋转类发球和单一旋转类发球。按形式的不同来区分，又可分为低抛发球、高抛发球和下蹲发球等。

（一）低抛发球技术

1. 正、反手发平击球（图 3-1，图 3-2）

（1）特点：平击发球，它是初学者最基本的发球方法，一般不带旋转。

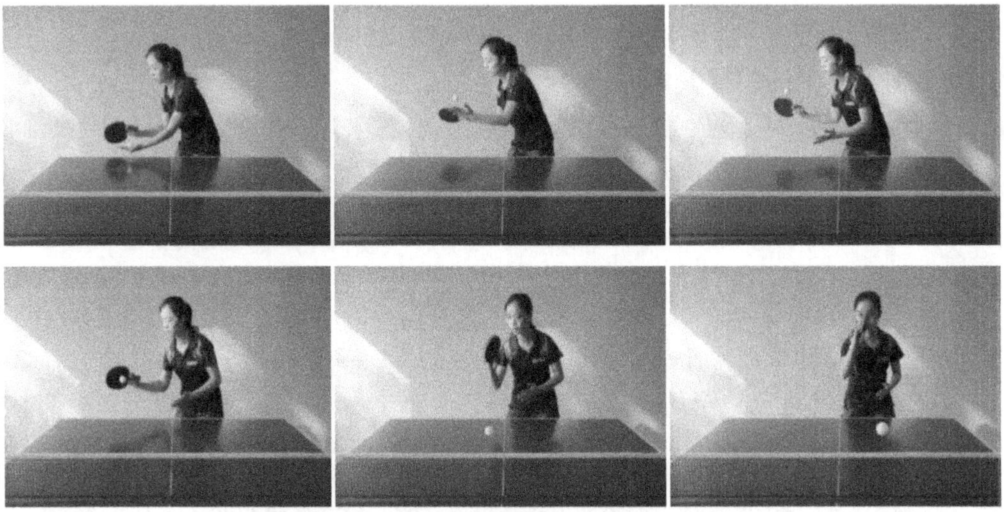

图 3-1　直板正手平击发球

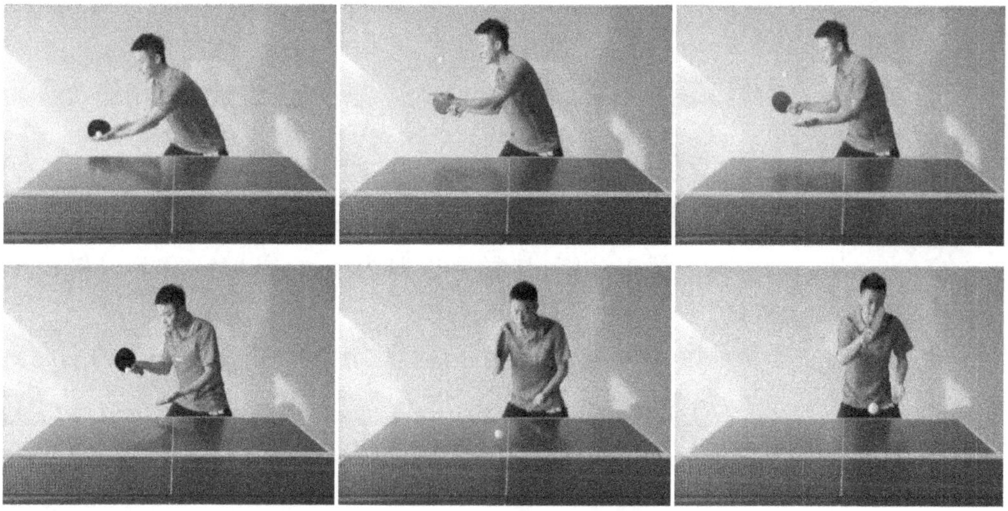

图 3-2　横板正手平击发球

（2）动作要点

1）手掌伸平，球置于掌心上，然后将球向上抛起。

2）向前挥拍时，拍形稍前倾，触击球的中上部。

3）击球后的第一落点，应落在本方球台的中区。

（3）注意事项：发平击球时，应注意击球时机和击球点，避免挥拍过早出现击空或过晚而下网；发长球时，第一落点应靠近端线。

2. 正手发右侧上旋斜线急球（奔球）

（1）特点：球速快、角度大、突然性强，并向左侧偏拐。是直拍快攻打法常用的发球。

（2）动作要点

1）当持球手将球向上抛起后，持拍手随即向右后上方引拍。上臂向后引拍时，手腕手指要放松，拍面较垂直。

2）当球从高点下降时，上臂带动前臂由右后方向左前方挥摆，同时腰髋也由右向左转动。

3）击球时，在拍面触球的一瞬间，拇指用力压拍左肩，手腕手指同时从后向前抖动发力弹击，球拍沿球的右侧中部向中上部摩擦球。

4）球离拍后，由于具有强烈的右侧上旋力，使球越网后向对方右角偏斜前进。

（3）注意事项：初学者学习发奔球时，注意手腕抖动时撞与擦的结合，手腕学会转，拍从球的右侧向右侧上方摩擦，向前的力量大于向侧方的力量。

（4）拓展：正手发右侧上旋斜线急球在高水平的世界级比赛当中，还常常为许多一流的运动员所应用，其目的是在比赛处于僵持阶段，无法有效突破时用来打破僵局、调节节奏的有效手段。在关键时刻，发得长而慢的球，容易被对手抢攻，所以球必须发得质量高。右侧上旋斜线急球发的快、长、转才是制胜的关键。

3. 反手发急上旋长球

（1）特点：球速快、弧线低、落点远，前冲力大。它是快攻型打法常用的发球。

（2）动作要点

1）站位靠近球台，右脚稍前，左脚稍后，持拍手位于身前。发球时，持球手将球向上轻轻抛起，同时持拍手向后引拍，上臂自然地靠近身体右侧。

2）当球从高点下降到低于球网，持拍手以肘为中心，前臂向右前方横摆手腕、手指快速发力击球。

3）触球时拍面稍前倾，摩擦球的中上部，使球快速前进并具有一定的上旋。

4）球离拍后，第一跳要落在球台端线附近。

（3）注意事项：本发球的特点是突然性，因此用拍前端触球，并通过接触球的瞬间改变球拍的角度和发力方向，从而改变球的线路。同时还注意使用手腕弹击的爆发力。

（4）拓展：在 33 届世乒赛中，日本队河野满就是以发反手急上旋斜、直线长球配合近网短球，使舒尔见克不能发挥抢拉弧圈球优势，结果河野满以 3 比 0 取得胜利。

4. 反手发急下旋长球

（1）特点：球的速度较快，带有一定的下旋，对方接球时不易借力。

（2）动作要点

1）反手发急下旋球时，拍面稍后仰。发球前，前臂先向后上方引拍。

2）当球下降到低于球网，前臂迅速向前下方用力推切球。拍面触球的中下部，使球快速前进并具有一定的下旋。

3）手腕手指在球拍触球时，要略加一点弹击动作，以加快急下旋球的速度。

4）球离拍后，第一跳要落在球台端线附近。

（3）注意事项：球离拍后，第一跳要落在球台端线附近，控制板型。板型后仰太多球容易下网，后仰太少球容易出界。注意运用爆发力，发急下旋球，没有了“急”“快”，就失去了发此球的意义。

（4）拓展：名将发球解析。

周兰荪，运动健将，1973 年起任国家队教练。是第 28 届世界乒乓球锦标赛男子团体冠军中国队的主力队员。任女队教练后，培养了曹燕华、张德英、齐宝香等优秀选手，四次获国家体育运动荣誉奖章。

周兰荪反手发急下旋动作要点：他准备发球时，持球手的位置稍高于台面，抛球很低，前臂向后引拍较少。但手腕比较放松并略微后屈，拍面稍后仰。击球时，前臂、手腕、手指向前下方弹切用力，球拍触球的中下部，球的着台点在端线附近。

5. 正手发近网轻短球

（1）特点：动作小、出手快、力量轻、落点靠近球网，出手突然，使对方不易发力还击，还可使接球人判断滞后，牵制对方。

(2)动作要点

1)发球位置动作要与发急长球相同，以保证随时配合发急长球，牵制对方不能提前靠近球台接好短球。

2)击球时间。当球抛起后下降到与网同高或稍高时突然将球发出。过早容易发球高，过晚容易发下网失误。

3)发球用力。运用前臂、手腕向前下方轻微用力将球送出。拍面后仰，触球中下部并向底部摩擦。

4)球离拍后。第一落台点应尽量靠近网区弹起，越过网落到对方近网处的地方。

(3)注意事项：发近网轻短球时的摩擦球的厚薄很重要，如果太厚，容易出现长球或高球。

6. 反手发近网轻短球

(1)特点：动作小，出手快，力量轻，落点靠近球网。出手突然使对方不易发力还击，可牵制对方。

(2)动作要点

1)反手发轻短球的准备动作与发急上旋长球相似，不同点是手臂先向后上方引拍。

2)当球下降至比网稍高时，前臂向前下方轻微用力送出，拍面后仰，触球中下部并向底部摩擦。

3)球离拍后，第一跳要在本方台面近网区弹起越网落到对方近网区的地方。

(3)注意事项：发轻短球要和发急上、下旋长球或侧上、下旋长球结合运用；准备发短球时的动作要和发急长球动作相似，并且做到出手要突然，以便取得好的效果；相反以发短球动作突然发出长球，效果才好。

7. 正手发左侧上、下旋球(图 3-3，图 3-4)

(1)特点：动作隐蔽，手法相似，旋转差距大，能增加对方识别判断的困难，它是各类打法重要的发球技术。

(2)动作要点

1)站位左半台，当持球手将球向上轻轻抛起时，持拍手迅速向后上方引拍，同时手腕稍外展，身体随着球拍后引而向右转动。

2)发左侧下旋球时，手臂自右后上方向左前下方挥摆。球拍从球的中下部，向左侧下部摩擦。

3)发左侧上旋球时，前臂外旋，球拍后仰，以肘为轴，前臂曲，向后上方引拍，球拍经体前向上摩擦。

4)当球拍触球的一瞬间，如能用手腕、手指辅助发力，将能增大发球的旋转。

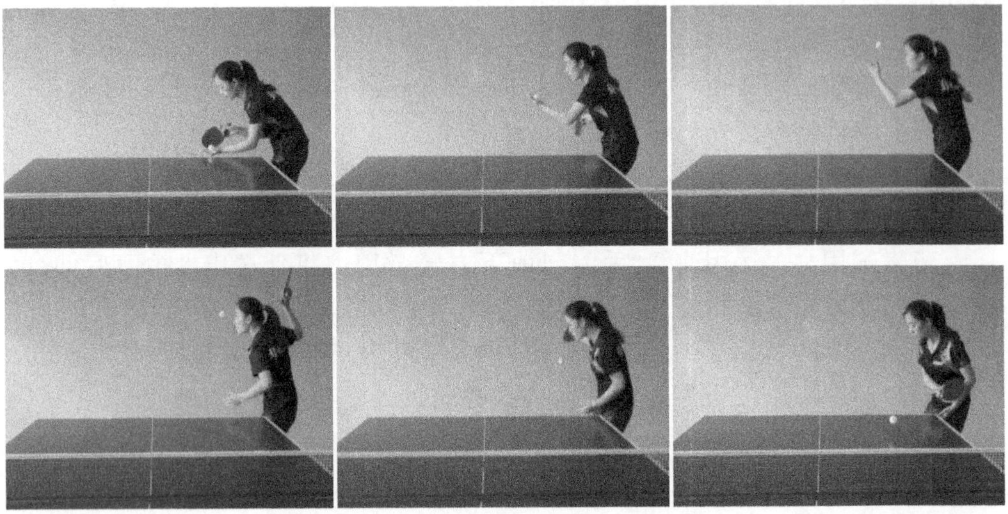

图 3-3　直拍正手发左侧上、下旋球

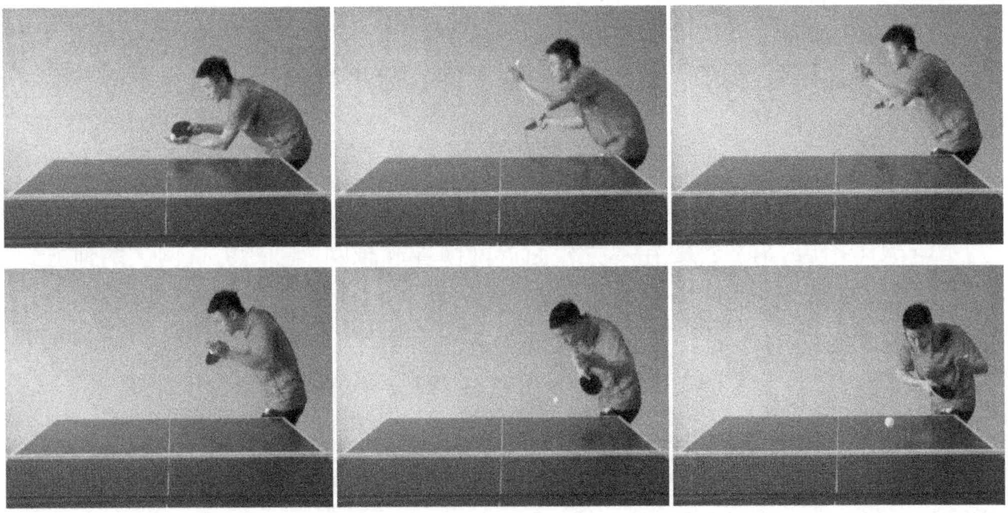

图 3-4　横拍正手发左侧上、下旋球

(3)注意事项:正手发左侧上、下旋球的动作几乎一致,主要的分别在于摩擦球的一瞬间而改变的方向:球拍在转动时,拍面后仰接触球则发出下旋;当拍面在较“立”的状态接触球时,则发出上旋,因而在接发球时应特别注意区别对待。

8. 反手发右侧上、下旋球(图 3-5、图 3-6)

(1)特点:动作相似,旋转变化大,在比赛中两者结合起来变化运用,会增加对方接球的难度。

(2)动作要点

1)持球手将球抛起后,持拍手向左后上方引拍,拍面稍后仰(直板则手腕适当内屈)。拍柄朝下,以便于手腕用力。

2）发右侧下旋球时，持拍手由左后上方向右前下方挥摆，触球时，拍面从球的中下部向右侧下部摩擦。

3）发右侧上旋球时，持拍手由左上方经身前向右上方挥摆，触球时，拍面从球的中下部向右侧上摩擦。

4）如发长球时，第一着台点要在球台端线附近。如发短球，第一着台点要在近网中区弹起，落到对方近网的地方。

（3）注意事项

1）反手发急上旋与急下旋球，动作力求相似，手腕控制拍形要精确。

2）运用腰部力量，带动上臂，以前臂发球。

3）横拍发急球时，手腕内屈后，迅速外展，上身摆动不过大。

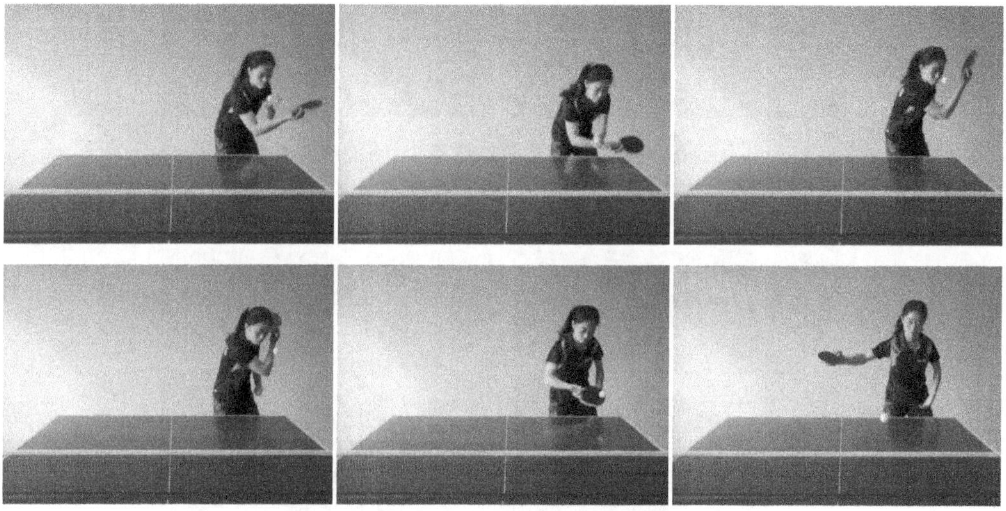

图 3-5　直拍反手发右侧上、下旋球

图 3-6　横拍反手发右侧上、下旋球

9. 正手发逆侧上、下旋球（图 3-7、图 3-8）

图 3-7　直拍正手发逆侧上、下旋球

图 3-8　横拍正手发逆侧上、下旋球

(1)特点:旋转强、球性软、差异大、运行飘、对方判断难。正手逆侧旋发球与正手左侧上、下旋发球结合发,迷惑对方,争取主动。

(2)动作要点

1)正手发逆旋转侧下旋

①左脚稍前,身体略向右偏斜,左手掌托球置于身体右方。

②左手将球向上抛起,同时,上体向右后方转动,前臂外旋,球拍后仰,以肘

为轴，前臂屈，向后上方引拍，引拍动作幅度较大，高抬手臂，尽量与发正手左侧上、下旋的引拍动作相同，以增大对对方的干扰。

③首先为了迷惑对方，应完成正手发左侧上、下旋的动作。

④转腰，大臂带动前臂快速向前下方挥动，以加大拍触球时的速度。

⑤当球从高点下降至基本与网高相同时，前臂加速向前下方发力，同时手腕伸、外展，前臂旋内，使球拍做弧线运动，用球拍拍头的右侧接触球，用力摩擦球的左侧中下部直到球的右侧底部。发短球时第一落点应靠近球网，发长球第一落点应靠近端线。

⑥球离拍后，应顺势还原。

⑦调整重心，并迅速还原。

2）正手发逆旋转侧上旋

①左脚稍前，身体略向右偏斜，左手掌托球置于身体右方。

②左手将球向上抛起，同时，上体向右后方转动，前臂外旋，球拍后仰，以肘为轴，前臂屈，向后上方引拍，引拍动作幅度较大，高抬手臂，尽量与发正手左侧上、下旋的引拍动作相同，以增大对对方的干扰。

③为了迷惑对方，应完成正手发左侧上下旋的动作。

④转腰，大臂带动前臂快速向前下方挥动，以加大拍触球时的速度。

⑤当球从高点下降至基本与网高相同时，手腕内收、屈，球拍竖起，快速迎球，拍触球时前臂伸、旋内，手腕伸、外展，使球拍从左下方向右上方挥动，做弧线运动，用球拍的远端用力摩擦球的后中部直到球的右侧中上部。发短球时第一落点应靠近球网，发长球第一落点应靠近端线。

⑥球离拍后，应顺势挥拍。

⑦调整重心，并迅速还原。

（3）注意事项

1）发好正手左侧上、下旋动作的要领同样也适合于发正手逆旋转球。

2）由于逆旋转球是一种对惯性思维的挑战和突破，因此，在球拍触球前应将动作尽量与发正手左侧上、下旋球的动作相似，以增大发球的隐蔽性，使发出的球对对方更具有迷惑性，以便形成对自己有利的局面，甚至直接得分。

3）在球拍触球的瞬间手腕快速外展、伸，重心、手臂、手腕、手指要高度和谐，即发力时间和发力方向的高度一致，以便在保证此套发球隐蔽的前提下提高发球的质量。

4）拍触球时通过球拍的角度和发力方向，改变球的旋转和落点。

①发逆侧下旋球：用球拍拍头的右侧接触球，用力摩擦球的后侧中下部直到球的右侧底部。

②发逆侧上旋球：用球拍的远端用力摩擦球的后侧中部直到球的右侧中上部。

③发逆侧旋短球:注意在发力摩擦之后要有一个卸力的过程。

5)根据自己的打法还原。如果是正反手两面进攻的运动员,应回到正反手可以兼顾的位置;如果是以侧身正手进攻为主的运动员,应还原到便于侧身的位置,以便于与发球抢攻巧妙地结合。

10. 正手发下旋加转球与不转球(图3-9,图3-10)

(1)特点:动作很相似,旋转差距很大,对方不易识别球的旋转强度,回击时易出高球、出界或下网。主要是以旋转的变化来迷惑对方,争取主动。

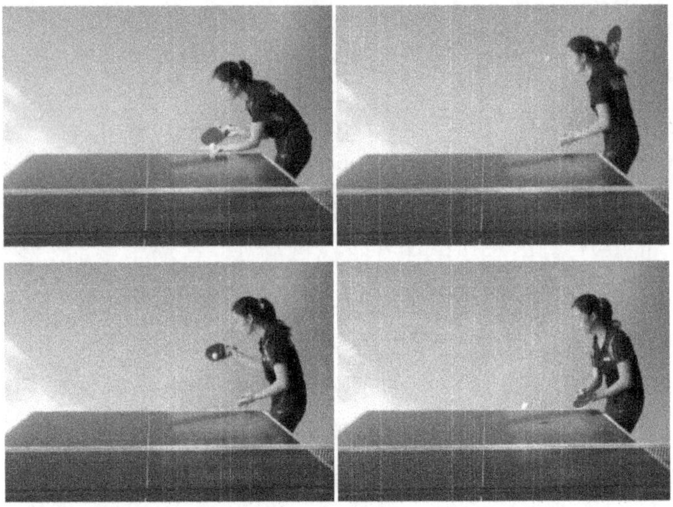

图3-9　直拍正手发下旋加转球与不转球

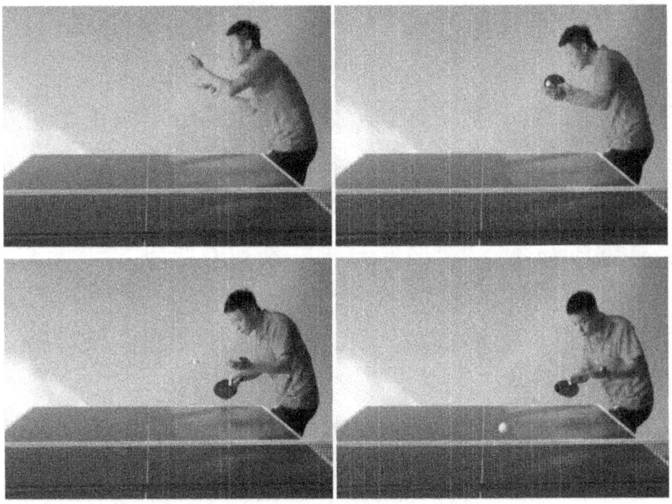

图3-10　直拍正手发下旋加转球与不转球

(2)动作要点

1)持球手将球抛起后,持拍手向后上方引拍。

2)发加转球时,手臂由后上方向前下方挥摆。前臂作旋外的转动要快些,使拍面后仰的角度大些。要用球拍下部靠左的地方去摩擦球的后下部,触球时手腕、手指加速发力,向底部摩擦。

3)发不转球时,手臂由后上方向前下方挥摆。前臂作旋外的转动则要慢些,使球拍后仰的角度小些。要用球拍下部偏右的地方去碰球的中下部,触球时手腕、手指不加力,减少摩擦。

(3)注意事项:发不转球的发球动作要伪装成发下旋球的动作,不同在于发不转球时,球拍是直接撞击球而不是摩擦球。

(二)高抛发球技术

高抛发球是在低抛发球的基础上发展起来的。它的主要特点是:抛球高达3米左右,甚至更高。球回落时所需的时间较长,形成了一种较慢的节奏。高抛发球由于球抛得高,所以,球下降时的速度快,增大了球对拍的压力。重力与挥拍摩擦球的作用力,两者会产生一个合力,从而加快了出手的速度和发球的突然性,使球发得更转。若高抛发球发得质量高,能为抢攻抢拉创造有利条件。

高抛发球种类有:(包括正身和侧身)正手发下旋转与不转短球,正手发左侧上下旋球,正手发上旋急球(直线长球)和轻短球,正手发左侧旋球等。反手发右侧上下旋球,反手发右侧旋球。

高抛发球的技术动作:持球手伸平在台面以上,身体向右转。主要靠前臂向上用力,并配合伸膝的动作,将球向上垂直抛起,待球下降在身体右侧前方至头部高度时,持拍手开始向后引拍,击球点一般在右腰前。注意击球点不要离身体过远。各种高抛发球的动作方法,用力的方向,击球的部位等基本上与低抛发球相同。

1. 侧身正手高抛发左侧上、下旋球(图3-11,图3-12)

(1)动作要点

1)持球手在身体左侧将球向上垂直抛起,当球下降到头部时,持拍手向右上方引拍,拍面角度较平。

2)发左侧上旋球时,持拍手由右上方向左下方挥摆,球拍从球的后侧中下部向左上部摩擦击球。

3)发左侧下旋球时,持拍手则应由右后上方向左前下方挥摆,球拍从球的后侧中下部,向左侧下部摩擦击球。注意它和发左侧上旋球在挥拍方向方面有所不同。

(2)注意事项

1)抛球时,将球放在手指和手掌连接的部位,抛球手的手指要并紧,手掌放平，这样可以使球尽量抛得直。

2）发力部位以前臂、手腕和手指为主，腰部辅助。

3）将球上抛后，由于球体下降速度逐渐加快，初学者掌握准确击球时间有难度，容易出现漏球。可以采取抛球高度逐渐加高的方法，经过练习熟练后，习惯这种节奏即可避免漏球。

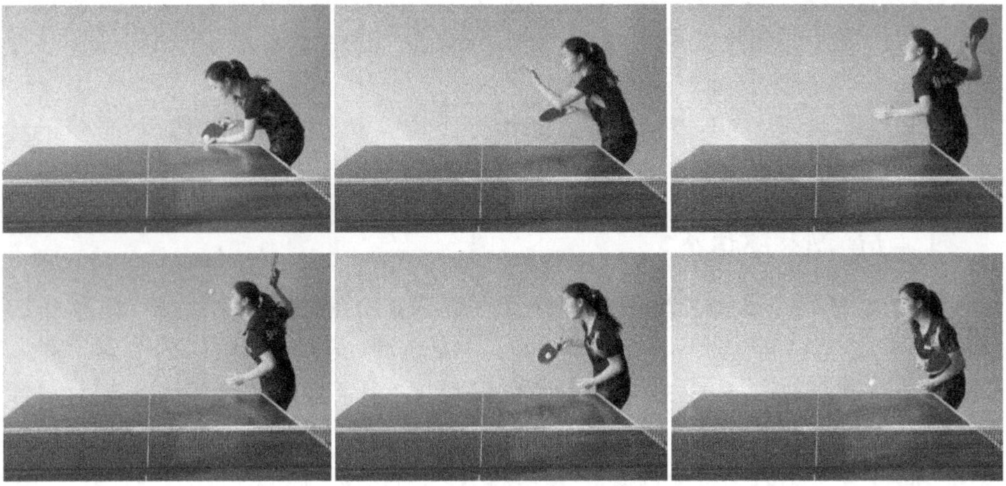

图 3-11　直拍正手高抛发球

图 3-12　横拍正手高抛发球

2. 侧身正手高抛发右侧下旋球

此球同发左侧上下旋球配合运用效果会更好。先做一个发左侧上下旋球的假动作，即持拍手先从右上方向左下方挥摆，待球达到合适的击球位置时，持拍手在身前由左向右摆动。在横摆过程中，球拍从球的左侧中下部，向右侧下部摩擦球,使球具有一定的右下旋。

3. 侧身正手高抛发直线急长球

此球应同发左侧上下旋球配合运用,作为增加发球的落点变化。其动作和发右侧旋球相似,只是在手臂由左向右横摆的过程中,手腕要在触球时增加一个由左向右抖动的动作。同时拇指要用力压拍左肩,使拍面撞击球的右侧面,球离拍后,第一着台点在端线附近,并成直线快速地向对方球台的右角前进。此种球是从侧身正手发右侧旋球的基础上发展起来的。

4. 反手高抛发右侧上、下旋球

(1)动作要点

1)站位准备姿势同低抛发球。持球手先向上用力垂直抛球,当球下降回落时,持拍手向左上方引拍,上体也同时略向左转,用以增大球拍加速的距离。

2)发右侧上旋球时,是在下降到接近头部高度时,持拍手从左上方经身前向右下方挥摆,球拍在复前触球的后中下部,并向右侧上部摩擦击球,拍触球瞬间,手腕由左向右抖动,以增大球的旋转。

3)发右侧下旋球时,持拍手应从左后上方向右前下方挥摆,球拍从球的左侧中下部向右侧下部摩擦击球,它和发右侧上旋球在用力方向是不同的。

(三)下蹲发球技术

下蹲发球,横握拍运动员采用较多,主要是因为横拍能较好地发挥前臂和手腕的灵活性。它是属于上手类的发球,球拍通常是摩擦球的上半部将球发出。因此,球的旋转性能与下手类的发球有所不同。例如:下蹲发球发出的右侧上下旋球,越过网落到对方台面时,不是向对方的右边,而是向对方的左边偏斜前进。因此,在比赛的关键时,突然运用下蹲发球,会使对方感到很不适应,而回接出高球甚至造成失误。

1. 下蹲发右侧上、下旋球(图 3-13、图 3-14)

(1)动作要点

1)站位,一般是左脚稍前,右脚稍后,身体略向右方偏斜。持球手轻轻将球向后上方抛起,持拍手将拍上提至肩部,手腕放松以便击球时使用腕力。

2)抛球后,两膝弯曲成半蹲或深蹲状,当球下降到与头部等高时,持拍手迅速由左向右挥摆,球拍触球的后中部并向右侧上部摩擦,使球具有一定的右侧上旋,越网后向对方的左边偏斜前进。

3)发右侧下旋球与发右侧上旋球的区别,在于持拍手自左向右挥摆的速度要快些,拍面从球的中部向右侧下部摩擦,球便具有一定的右侧下旋,越网后向对方的左边偏斜前进。

(2)注意事项:初学者要注意不要在上升期击球。使用时尽量将球发至对方正手位短球，或者反手位长球，并调节好击球前的拍形以增加迷惑性。

图 3-13　直拍正手下蹲发右侧上下旋球

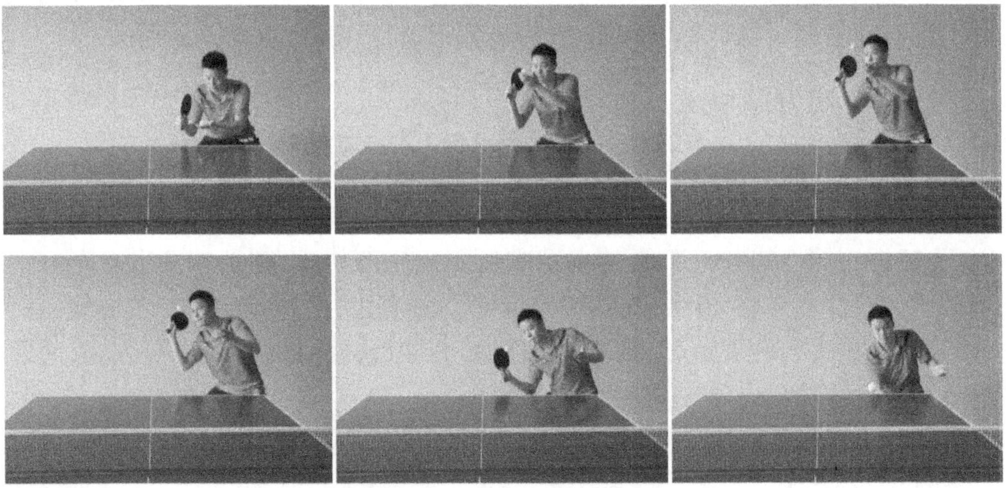

图 3-14　横拍正手下蹲发右侧上下旋球

2. 直拍反面发球

(1)特点：用直拍反面发球，它是直拍横打技术的创新，与正面发球配合，使发球技术更具有变化性和威胁性。为抢攻、抢拉制造机会。

(2)动作要点：基本上同正面发球，所不同之处是手臂须要抬起，肘部往前移离开身体，前臂和手腕向内旋翻腕。

(3)注意事项：偶尔使用偷袭直线，效果较好。也可用拇指顶住球拍“左肩”发球。

四、练习方法

每一个运动员都希望自己能掌握几套好的发球。实践证明，要想学好发球技术，提高发球质量，主要是靠自己的兴趣、恒心去琢磨，去钻研。现在我们分析一下发球技术方面的问题，提高发球质量的秘诀，应注意把握以下要点。

（1）持拍手在触球前要放松。能使手腕有较大的灵活性，充分发挥前臂、手腕和手指的力量，加快球拍触球时的摆速。如果握拍太深、太死，就不利于发挥手腕的灵活性，这样摩擦球就不能充分。

（2）引拍时，手臂与身体要拉开一些，不要靠得很紧，要使整个发球动作舒展些，便于充分发力摩擦球。

（3）在球下降的不同时期击球，发出球的效果也不一样。击球时期可分为：最佳点、次佳点、一般点、最差点。在最佳点触球，便能产生最大的合力。这个位置应根据每个人身高、力量和发球动作的不同而有所区别。但一般在腰部位置上下，只要能"吃"住球就行了，每个人应多练习，多体会琢磨钻研，就能把握其规律。

（4）击球部位相近，因为击球部位相近，发球动作就可以类似。这样发出不同旋转性质的球，效果就好。所以，要尽量在球同一部位的左右或上下接触球，并发出不同旋转性质的球，这样的发球就容易迷惑对方。一般说，发不同旋转的球，接触球的中后部附近比较理想。练习发转与不转球时，先在中部左右触球发出转球，直到基本掌握为止，然后练习在同一部位触球发不转球。如：触球时"推球"。待球出手的一刹那，做出发转球的随后动作，动作练熟后，再进一步提高要求。如：在"吃"球程度、击球声音和发力的动作等方面，不要有明显差别，以增加对方判断的难度。

（5）球拍接触球时，一是爆发力，二是摩擦。其中发力更为重要，光有摩擦而没有足够的爆发力，是发不出高质量球的。当然光有力量而缺少摩擦，发出球的旋转程度就差。另外，发球时出手动作一定要快。因为发不同旋转球，不管动作如何近似，它总还是不一样。

（6）发球时，身体、前臂、手腕和手指要协调配合。使发球动作既稳定又放松。发球力量要大，第一落点要准确、稳定。如发长球第一落点要靠近端线。有些运动员不敢用大力发球，主要是怕球发出界。其实不必有此顾虑。只要第一落点准确稳定，用力去摩擦球，就不易出现这种情况。另外，放松是为了最大限度地发挥手腕的灵活性，以加强对球的摩擦。最后注意在手臂向后引拍时，应配合身体重心向后移动。向前挥拍击球时，身体也随之前移，并在移动过程中加速挥拍击球。

（7）调整握拍，手指充分用力，特别是横握拍发球用手指的力量较少。不应忽视手指的用力，发转球要使挥拍的用力，能够通过手腕手指集中作用于摩擦球。

因此,在发球时根据自己的情况,随时调整自己的握拍方法,可提高发球质量。

(8)注意使用球拍的远端摩擦球。能使挥拍触球加速度大,用来摩擦球容易加转。同样改变球拍触球部位,也可以使发球旋转起变化。

(9)训练方法

1)徒手做发球前的准备姿势,模仿抛球及发球的动作。

2)将球抛起,在球台端线后击球,找击球高度。

3)采用多球训练法。练习发旋转球最好使用多球训练,这样可以增加练习次数,节省捡球时间,提高训练密度。

4)先发斜线、再发直线;先发不定点,再发定点;长短结合

5)在全面学习发球技术的基础上,精练掌握几种主要发球,再进行组合配套训练。

6)结合实战进行发球抢攻练习,了解掌握回球规律,培养提高发球抢攻、抢拉意识,提高实战运用能力。

(10)注意事项

1)发球要“精”:不在乎会的种类多少,而在乎有质量,有旋转、速度等。

2)发球有配套:侧上、下配套;长、短配套;直、斜线配套;落点配套。

3)善变:旋转、力量变化结合;手法相似、旋转变化大。

4)发球结合抢攻。

5)发球对不同的对手有针对性。

6)在练习中注意,抛球高度等严格遵守规则。

7)学习贵在“精”,熟练掌握2~3套发球足矣,而且要将变化与实战紧密结合起来。

第二节　接发球技术

一、接发球的特点、作用

乒乓球比赛,首先是从发球和接发球开始的。比赛中如果接发球不好,不仅会给对方较多的进攻机会,还会引起自己心理上的紧张和恐惧,造成一连串的失误,导致全局失败。反之,如果接发球接得好,不仅会直接得分,还可以破坏对方的抢攻,变被动为相持,变相持为主动,从而为自己的进攻创造有利条件。因此,教练员、运动员历来都是把接发球作为重点的教学训练内容之一。

随着乒乓球技术的发展,发球种类不断创新,发球质量不断提高,这就给接

发球造成了更大的困难，迫使接发球技术也向前迈了一大步。在乒乓球界，人们不断钻研创新，在过去简单的“搓、推、拉、打”技术的基础上，发展增加了快点、快挑、快撩、快拨、快撇、拧挑、摆短、劈长、搓长、晃动式半推半搓等，更加细腻，变化更多。因此，接发球技术包括了很多击球技术，可以说接发球的水平反映了运动员的全面技术水平。

接发球的难度，主要是判断分析对手的发球意图及其旋转、速度、落点等因素决定自己的回接方法。接发球既要受控于对手的发球，又要反控制对手的一板抢攻，如能有效地接好对方发球，遏制或瓦解对方发抢的主动优势，那么在比赛中就有一半以上的取胜可能。凡是在比赛中接发球控制能力较好的运动员，他在场上技战术的发挥都较为正常和稳定，反之，起伏就较大。如有些运动员基本功及训练水平确实较高，但就是在接发球环节上处理不好，不能充分发挥自己的水平，球输得很不服气。因此，接发球技术对相持的主动与否，起着极其重要的作用。

二、对接发球者的要求

(一)指导思想

在思想上要具有先发制人、力争主动的意识。能拉的要拉，能攻的要攻，能点的点一板，能撇的撇一板，一定要力争抢拉抢攻。若没有机会进攻也要设法控制好落点，使对方也不能进攻，变被动为相持，变相持为主动。总之，要尽量少搓，要提高速度、讲究变化。乒乓球形势的发展，对接发球又提出了更高的要求，即把接发球这一板和下板球(第四板球)联系起来，使接发球能为下板球的进攻创造更好的机会。接发球抢攻，固然是最积极主动的，但事实上你不可能每一次接发球都抢攻。所以，接发球最基本的原则，应是破坏、遏制或瓦解对方的抢攻，进而再提高到能为下板球的进攻制造机会。

(二)技术要求

一是接好台内短球(包括转与不转的短球)，利用手腕手指的灵活，调节出多样的拍形变化。在接台内短球时，可以采用快点、快挑、快搓、摆短，快捅底线长球，撇大角多种落点，还有拧搓左右侧旋，拧挑左右侧旋，推送下沉球等技术手段。这些多种多样的手段和落点，节奏及旋转变化，可使对方难以判断和抢攻。二是在接发球时，要特别注意速度、落点、旋转的变化，也就是要突出“快”和“变”，要用快速的步法跑动为手法制造条件，要以快为主，如：拉球快、点球快、挑球快等，就是搓球，推挡也要快。使用慢拉、慢搓、轻挡等已经不起作用，而且很容易挨打。所谓“变”就是要注意落点、速度和旋转变化。落点和速度变化包括拉、点、挑、拨斜直线，推两角，压中路和快搓短球、快捅底线长球，等等。旋转变化包括拉小弧圈、撇侧旋、拧挑左右侧旋、拧搓左右侧旋、转不转搓球，等等。接发球如能做到有拉、有攻、有点、快摆、快捅，时长时短、忽左忽右，多种旋转变化的主动意识，给对方制造难度，使他不能随心所欲，就能变被动为相持，甚至转为主动，为第四板制造进攻机会。

三、选择站位

接发球时选择所站的位置，是通过一个简单的步法移动，就能照顾到回击本方台面来球，包括任何落点来球，那就是好的站位。在这一原则要求下，要根据对方发球时所站位置和发球的具体方式，结合自己打法的特点来决定。

一般来说，应根据对方发球时的位置，选择自己的站位。如：对方用正手在球台右方发球，则站位应偏右一些。对方用反手或侧身在球台左方发球，则站位应偏左一些。站位偏左或偏右是由对方发来球的角度和自己的打法决定的。站位的远近应根据个人的打法和身高来选择，一般是站位离台 30 ~ 40 厘米。在接左手发球的站位要偏右站，以防斜线大角球。

四、判断发来球的旋转和落点

接好发球，必须正确判断来球的旋转、速度、力量、落点、高度等。关键是接发球时，注意力高度集中，头脑极度清晰，思维敏捷，判断准确，反应快，保持最佳状态。只有这样，才能针对来球的特点和性能，采取正确的还击方法。

判断的方法：注意力盯住对方球拍触球瞬间的挥臂、手腕动作和方向。即触球部位，用力大小，是撞击、是摩擦，方向是向上前、向下前、向左前、向右前等。

（1）根据对方发球时的挥拍方向和拍面角度来判断来球的飞行线路，如：对方站位左方球台拍面向右倾斜，并向右前方挥拍，则发出的一定是右方斜线球。反之，若对方拍面朝前，向左前方挥拍，则发出的一定是左方直线球。

（2）根据对方球拍击球瞬间挥动和摩擦球的方向来判断球的旋转性质，如：对方球拍由上向前下挥动和摩擦球，则是下旋球。由下向上前挥动和摩擦球，则是上旋球。由左向右前挥动和摩擦球，则是右侧旋球。由右向左前挥动和摩擦球，则是左侧旋球。从右向左上方挥动和摩擦球，则是左侧上旋球。向左下方挥动和摩擦球，则是左侧下旋球。从左向右上方挥动和摩擦球，则是右侧上旋球，向右下方挥动和摩擦球，则是右侧下旋球。注意：不要被对方击球前后未触球的假动作所迷惑。

（3）根据对方击球瞬间球拍摆速的大小和切球的“薄”“厚”程度判断球的旋转强度、速度以及落点的远近。一般来说，摆速快，切得“薄”的是加转球。摆速慢，切得“厚”的是不转球或是转速较小的球。而摆速快，又切得不太“薄”或较“厚”的球，球出手后的飞行速度比较快，落点也较远。要注意不可被对方球拍击球前后的假动作所迷惑。如有的运动员发急球时，开始的摆速故意放慢，等到球拍击球的一瞬间，手腕忽然强烈抖动发力，使球速极快。接球方若被对方击球前的慢动作所迷惑，往往被突然、快速的发球搞得措手不及。

(4)根据对方发球的第一落台点位置和来球的弧线，判断来球落点。如来球第一落台点靠近球网，或者来球的飞行弧线最高点在对方台面上空或靠近网前，来球落点是近网短球。反之如来球的第一落台点靠近端线，并且飞行弧线最高点在球网上空，则来球落点是端线处长球。

(5)根据对方的摆速和击球声音来判断球的旋转强度。如对方球拍击球瞬间摆速快而声音小，则来球一定是很转。反之，若对方击球声音较响，则来球一般不转或转速不大。

(6)识别不同性能的球拍。在遇到使用长胶粒与反贴胶皮相结合的两面不同性能球拍的对手时，可以听对方球拍击球时的声音来识别不同的旋转。一般来说，击球声音较响的那一面是长胶粒，声音不太响的那一面是反胶，还有个别运动员使用生胶和防弧胶与反贴胶相结的球拍。生胶来球快略下沉，旋转能力差。防弧来球速度慢，旋转弱、前进力小。

五、接发球的方法

接发球的方法基本上是由各种技术综合组成，大体上可分为三类技术进行运用。第一类抢先上手技术：有抢攻、抢拉、拉弧圈球、快点、快拨、快挑、快撩、拧挑等。第二类反控制技术：有摆短、劈长、快捅底线长球，快推直线，晃动式半推半搓，撇侧旋等。第三类过渡控制技术：有削球、快挡、快带、快慢搓等。

以上这些综合技术，必须全面熟练掌握，才能接好发球。一个运动员掌握各种基本技术水平的高低，往往决定运动员接发球能力的强弱。也就是说，要想提高接发球的能力，除了要在理论上搞清楚各种旋转球的性能，并通过反复训练，还要多看、多接、多比赛，提高观察，判断能力外，还必须努力提高各种基本技术的水平。接对方各种发球具体运用的一般方法介绍如下。

(一)接正、反手急上旋球

因来球速度快、落点远、冲力大，或左方大角度急球，又往往是来不及侧身，其回接方法如下。

(1)采用抢先上手技术：正、反手快攻或正手抢攻打回头，拉弧圈球等，接好后，可破对方发球抢攻，第四板要连续进攻。

(2)采用反控制技术：反手快推、快拨、正手快带等。接好后，可瓦解对方发球的主动优势，转入相持或争取主动。

(3)采用过渡控制技术：正、反手削球或正反手快挡等。利用这些技术，接好后，可遏制对方发球抢攻，力争转入相持。

(二)接急下旋球

由于来球速度快、落点远又带下旋。回击时，容易下网，故回接方法有：

(1)采用抢先上手技术：正、反手快拉，正手拉弧圈球或侧身正手抢攻等。接好后能攻破对方发抢，第四板转入连续进攻。

(2)采用反控制技术：反手推下旋、反手快拨或晃动式半推半搓等。接好后能瓦解对方发抢的主动优势，争抢主动。

(3)采用过渡控制技术：正反手削球、正反手切搓球或搓推侧下旋等。接好后可遏制对方发抢，力争转主动或相持。

(三)接下旋转与不转球

首先是判断来球旋转性质，要正确分清是加转球，还是不转球。分清后，可采取不同的回接方法：

1. 采用抢先上手技术

(1)接下旋转球：快挑、拧挑、快撩或快拉，正反手拉弧圈球等。接好后，可破对方发抢、拉。注意连续进攻，提防回接时下网。

(2)接不转球：快攻、快点、快拨、弹球等。接好后，能攻破对方发抢，还能直接得分。注意回球时要快，落点要好，还要准备好连续进攻和打回头。

2. 采用反控制技术

(1)接下旋转球：摆短、搓长或搓推侧下旋、劈长等。接好后，可瓦解对方抢攻，为抢先上手或抢攻创造机会。

(2)接不转球：摆短、劈长、撇侧旋等。接好后，能瓦解对方抢攻，力争抢先上手，并注意准备打回头对攻。

3. 采用过渡控制技术

(1)接下旋转球：反手慢搓、正手慢搓或用力加转，以转还转等。接好后，能遏制对方发抢，注意对方突击起板防守。

(2)接不转球：反手快搓、正手快搓。接好后，可起到遏制作用。注意出高球时被动中防守，不能等着输球，也要拼抢，挽回的办法，可采用放高球，削一板、反打回头等。

(四)接近网短球

这种发球，通常是和发急球配合使用。因来球近网，回击时动作要小，要充分运用手腕、手指的力量，密切注意来球落点位置、步法、身体移动要到位。其回接方法如下。

(1)采用抢先上手技术：快攻、快点、弹球或快拉、快拨等。接球后，能攻破对方发抢，甚至还能直接得分。并注意回击时动作要快，落点要打好。要准备连续进攻和打回头。

(2)采用反控制技术：摆短、劈长、快捅底线长球或撇一板等。接好后，能打乱瓦解对方抢攻，争取抢先上手，还要注意打回头。

(3)采用过渡控制技术：快搓、慢搓、快挡等，接好后，可遏制对方抢攻。争取相持和主动。注意被动时的防守准备。

(五)接正手发左侧上、下旋球

因这种发球手法相似，不易识别旋转性质。回击时容易出现高球或下网。为此，要特别注意判断分清旋转性质，不应被对方假动作所迷惑。回接方法如下。

1. 采用抢先上手技术

(1)接左侧上旋球：快攻、快拉、拉弧圈球、快拨等。接好后，变被动为主动，能攻破对方发抢。第四板转入连续进攻或快攻相持。

(2)接左侧下旋球：快拉、拉小弧圈球、拉弧圈球、快挑、快撩等。接好后，可以破坏对方的发球抢攻变被动为主动，甚至还会直接得分，并为第四板创造连续进攻机会。

2. 采用反控制技术

(1)接左侧上旋球：快推直线、加力推斜线、推侧旋等。接好后，能瓦解对方发抢的主动优势，力争第四板抢先上手。

(2)接左侧下旋球：摆短、搓长、快捅底线长球、劈长等。接好后，可以瓦解对方发球抢攻、相持中力争第四板抢先上手。

3. 采用过渡控制技术

(1)接左侧上旋球：正、反削球，快挡、快带等，接好后，能限制对方发球抢攻，并争取主动。

(2)接左侧下旋球：正反手快搓、正反手慢搓、半搓半推等。接好后，可以遏制对方发球抢攻。

(六)接反手发右侧上、下旋球

这种发球与接正手发左侧上、下旋球的方法基本相同，不再叙述。所不同的只是在击球时，调整一下球拍适当向右倾斜，以抵消来球向左侧偏射的力量。一般接右侧上旋球时，主要是抵消来球向自己左上方的反弹力。接右侧下旋球时，主要是抵消来球向自己左下方的反弹力。

（七）以力制球的接发球方法

接发球时，要自主发力摩擦球、控制球。已往有不少人因为接球信心不足，不敢用力，这是接不好发球的原因之一。其实对一般旋转差距不大的发球，关键是在判断清楚发球旋转的基础上，克制来球的旋转力和控制反弹方向。用自己的撞击力或摩擦力完全可以抵消，克制对方的旋转，控制好自己的回球弧线与落点。这种接发球的方法要求自己在触球时，果断用力或尽量延长控球时间。具体方法如下。

1. 从来球旋转相反的方向去接

如接来球是上旋球，则回击时拍形稍前倾，果断用力平击来球的中上部。如接来球是下旋球，则回击时拍形应稍仰，果断用力往前上方平击来球中下部。如：接来球是侧上、下旋球，除按照处理接上、下旋的动作回击外，还要调整拍面方向，用以抵消侧旋。通常拍面方向应向发球用力时的相反方向调整。

2. 从来球旋转、用逆侧旋转方法回接

如接对方来球是左侧上、下旋球，则按照上述方法回接的同时，还要突然用力摩擦来球的右侧部，使球产生右侧旋，以抵消来球的左侧旋力量。反之，对方来球是右侧上、下旋球，回接时则要摩擦球的左侧部，使球产生左侧旋，以抵消来球的右侧旋力量。运用这种方法回接来球，其稳定性较高。

（八）借转控制球的接发球方法

借转控制球，它是一种技巧性较高的接发球、回击的方法，是根据来球的旋转性质，在回接来球时，是顺着旋转方向摩擦球，使回击过去的球具有更强的旋转。因此，这是一种回击侧上、下旋球的较凶狠而又有效的方法。特别是反手推左半台的左侧上、下旋球，采用推左侧旋球的方法回击，能使球按原旋转方向以更强的旋转返回。如：直拍在接侧下旋长球时，可以借力搓挤，这种技术方法动作和搓球类似，只是接触球时，手腕不动，以身体带动手臂向侧前方挤出，拍形要比推挡向后仰的多一些。

采用顺侧旋转方法回击侧上、下旋来球的方式较多，例如：用侧身"撇"的方法（在台内用侧身正手顺着来球旋转的滑板拉球），一般在回击对方发出的侧旋短球时运用。如右手握拍，回击对方左侧旋放短球时，它与台内拉球的区别是：前臂、手腕不是往左方屈而是往右方滑送，触球不是右半侧，而是左半部或中间部位，顺来球的左侧上、下旋擦击球。用正手或拉球技术顺来球的右侧上、下旋擦击球。对中路靠右来的右侧上、下旋近网短球，横拍可采用反手顺球的右侧擦击，等等。

六、教法提示

(一)判断旋转球训练方法

要在理论上弄清楚旋转球的性能,提高对各种发球的判断能力,是接好发球的基础。实践中普遍认为最难判断的是发球的旋转,这是接发球判断中的主要问题,其训练方法如下。

1. 快速反应回答法

方法:让全体同学或运动员,站位于球台两边或于发球者对面,以能看清楚发球动作的全过程为宜。当球发出的一刹那,全体观察者立即用:"上、下、不转、侧上、侧下、左、右"等简短语言回答。

2. 快速手势判断法(方法同前)

当球发出的一刹那,全体观察者,立刻做出相应的规定手势。如:手上举为上旋,手斜上举为侧上旋,手下举为下旋,手斜下举为侧下旋,手平举为不转球(特别规定不能举第二次)。

3. 快速动作判断法

(方法同前)。观察者每人手持球拍,当球发出的一刹那后,立刻做出接发球模仿动作,规定采用搓、推、攻或削几种模仿动作。

4. 测验记分法

方法:根据每个人判断正确与否的数量记分,可分为:优、良、及格、不及格 4 个等级。判断 5 个发球为一组,判断 5 个正确记优、4 个记良、3 个及格、2 个或 1 个者不及格。每次可做三组测验记分。

5. 实践判断操练法

方法:上球台操练,接教师或教练的发球。规定用搓球、推挡球、攻球或削球这几种技术接发球,主要是操练采用的技术正确与否(与旋转球一致为正确、与旋转球不一致为不正确)。

(二)全面训练

熟练掌握搓、挡、推、削、攻、拉、点、弹、挑、撩、拧、拨、撇、劈、带、挤、摆短、搓推、快捅底线长球、晃动式半推半搓、拉弧圈等技术。接发球的方法基本上是由这些技术组成的。要想在比赛中接好发球,首先必须熟练掌握上述技术。然后才能去研究接发球的方法,采用比较符合实际的、针对性的技术。

(三)接发球结合发球练习方法

组织二人接发球结合发球练习,其中要明确二人中谁是主练接发球,谁是陪练者,任务是喂供发球。原则是:由易到难,由简到繁,由固定点到不固定点。注意练固定点的目的是起过渡作用,不能练习时间太多。练不固定点应结合实战,是真正练习的目的。应多练、反复练,注意二人应互相交换主陪进行练习。其方法如下。

1. 接发急球

方法是:先练单线、再练复线,先练定点,再练不定点。先练正手,再练反手,后练正反手结合。陪练者应做到先供球,后供球,掌握由易到难,循序渐进原则,能起到教练或教师的作用更好。

2. 接近网的发球

接左、中、右不转球、下旋球,结合实战练习。接近网发球比赛。规定4板球,接发球者第4板球,只要是相持球能回接过去时,为胜得一分,按正常比赛进行,每局11分,五局三胜制。

3. 接、发出台球

正手接左、中、右侧上、下旋出台球;反手接左、中、右侧上、下旋出台球。结合实战练习,接出台球比赛,规定发左右侧上下旋球。

4. 接长球急球发球

正手接左、中、右侧长球急球;反手接左、中、右侧长球急球。结合实战练习,接长球急球发球比赛,规定只准发长球急球。

5. 接发近网与出台球结合

接单套侧上、下旋近网与出台发球;接二套侧上、下旋和转不转发球。

6. 接发近网与长球急球结合

接单套轻短球与长球急球发球;接二套轻短球与长球急球发球;结合比赛,实战练习,规定只能发轻短球与长球急球。

7. 接发球综合练习

规定4板球进行比赛;组织队内正常比赛,采用循环赛或单、双淘汰赛。

注意:在上述内容练习时,特别强调要求步法一定要快速移动到位,努力练习到能在最佳点击球。这是关键问题,不可忽视。

七、注意事项

对同一种类型的旋转球,要有多种接发球方法;在进行上述练习和各种比赛时,严格要求运动员做到积极抢先上手,不能抢先上手时,也要想方设法反控制对方,要给对方制造难度。这些主动意识,光靠训练是不能解决的,需要平时多动脑筋,多想方法,在比赛中养成习惯,逐步培养出良好的主动意识。

第三节　推挡球技术

推挡球技术是挡球和推球的总称。其动作比较简单，易于学习掌握和运用，能起到健身强体、娱乐、调节剂的作用。它是初学乒乓球技术入门的一种技术。是直拍左推右攻打法的主要技术之一，是直拍快攻、快弧打法的基本技术之一，也是各种类型打法不可缺少的技术，还是学好左推右攻、快攻等打法基本功入门的基础技术之一。

一、推挡球站位与准备姿势

站位于左半球台的1/3处。离球台距离约30～40厘米。两脚开立，比肩稍宽，左脚稍前，右脚稍后或两脚平行。上体收腹含胸稍前倾，身体重心在两脚之间。两膝微屈，球拍放于腹前呈半横状，拍面与台面约为90°。上臂和肘部自然靠近身体右侧，上臂与前臂的夹角约为100°左右，肩部放松。

二、推挡球技术的特点和作用

推挡球技术特点是：站位近、动作小、速度快、变化多。它是我国直拍打法的一项重要基本技术。掌握得好，它既能成为争取主动的助攻手段，又能起到积极防御或从相持变为主动的作用。

三、推挡球技术的要求

(一)速度快

这是对推挡球技术的最基本要求。日本人称我国的推挡球为“短挡”，其原因就是因为它速度快。如果没有快速的特点，将失去它的主要作用。要加快推挡球的速度，主要是掌握击球时间，要以击来球上升前期的快推为基础。

(二)力量大

加力推挡球技术，会增加推挡的威胁力，可为自己侧身进攻创造有利的时机。如运用加力推和减力挡相结合，来对付以中台进攻为主的对手，能有效地调动和牵制对方，夺取主动。

(三)变化多

力量的大与小变化，节奏的快与慢变化。落点的长与短变化，线路的左、中、右变化，旋转的上、下侧……都要有所变化。应该看到，单一变化的推挡，已不能适应现代乒乓球形势的发展。直拍反胶进攻打法的选手，尤应重视推挡技术的变化。

(四)有韧性

掌握推挡球技术，要具备能和对方推十几板，甚至几十板的实力。能在对攻相持和防守的情况下，表现出一定的韧性。

四、推挡球技术系列(以右手持拍为例)

根据推挡球技术的速度快慢，击球时间，发力大小，发力方向，拍面角度，触球部位和回球旋转的不同。大致可分为：反手平挡、快推、加力推、挡下旋、推下旋、减力挡、推侧旋(或叫推挤)、推切、搓中推、正手挡球和快推，以及长胶挡、磕、拱等十几种技术。

(一)挡球(也称平挡)

1. 特点和作用

动作简单，容易掌握，是初学乒乓球入门的基础技术。其特点是：借力还击，力量轻、速度慢、旋转弱、落点适中。通过练习可以熟悉到球性，体会球拍触球的感觉。给进一步学习其他推挡技术打好基础，可作为对方进攻时的一种防御手段。

2. 动作要点

(1)拍面近乎垂直，略高于台面。

(2)手腕手指控制拍形，在上升前期击球，触球中部靠上。

(3)借来球的反弹力，前臂和手腕向前上挥动，将球平挡过网。

3. 易犯错误及纠正方法

(1)易犯错误：挡球易犯判断落点不准，拍面掌握不好。

(2)纠正方法：提高判断能力，加强手腕的灵活性和调整拍面的能力。

(二)快推(图3-15)

1. 特点和作用

它是最基本的一种推挡技术，对掌握全面推挡技术是不可缺少的一个环节。

它具有动作小、球速快、变化多、灵活、命中较高的特点。能争取时间，使对方左右应接不暇，造成失误或出机会球，为抢攻创造条件。一般运用于相持，接弧圈球、拉球和中等力量的突击来球。

图 3–15　直拍快推

2. 动作要点

(1)击球前，上臂、前臂向后下方稍引拍(动作要小)。

(2)击球时，手臂迅速迎前，在来球的上升期触球。

(3)触球一刹那，手腕外旋，使拍面触球的中上部，手臂要向前稍微向上辅助用力快推。

(三)加力推

1. 特点和作用

它是推挡球的重磅炸弹。其特点是：力量重、球速快、落点活，稍带上旋或不转。能遏制对方进攻，主要用于助攻，常迫使对方离台后退造成被动。它与减力挡配合运用，更能控制和调动对方，其效果尤佳。加力推适用于对付速度较慢，旋转较弱的上旋球或力量较轻的攻球和推挡球。

2. 动作要点

(1)击球前，前臂必须提起，上臂后收，肘部贴近身体。

(2)击球时间，在上升后期或高点期击球。

(3)击球时，适当运用伸髋转腰动作，加大手腕发力，并用中指顶住拍背向前用力，身体重心向前移动。

(4)击球后，用小跳步使身体重心还原。

3. 注意事项

加大推球力量和动作的稳定性。应善于运用身体重心向前移动，推球的瞬间，右腿要撑住，髋关节右侧向前顶出，肘关节靠近身体向前推出。

（四）推下旋（图 3–16）

1. 特点和作用

力量重、弧线低、落点远，带急下旋（飞行速度较快的下旋），球下沉。对方回击时不能借力，并容易下网。在对攻相持中突然运用推下旋，可改变回球的旋转性能，给对方制造击球难度，能遏制对方进攻，并为自己创造进攻机会，它是威胁力较大的一种辅助技术。

图 3–16　直拍反手推下旋

2. 动作要点

（1）击球前，前臂提起，球拍与网同高或略高，拍面垂直或略微后仰。

（2）击球时间，前臂和手腕向前下方挥拍迎球，在来球上升后期或高点期击球。

（3）击球时，拍面垂直或稍后仰，触球的中部或中下部，向前下方用力。

（4）触球时，以前臂发力为主，手臂向前下方推切摩擦球。注意运用手腕，触球时有适当向前下切用力，可增加球的下旋。

（五）减力挡

1. 特点和作用

动作小，力量轻，减弱来球反弹力，落点短，弧线低，不旋转，前进力极弱的特点。它和加力推结合运用，可以前后调动对方，效果尤佳。能为自己创机进攻或取得主动。通常用于接加转弧圈球，特别是对方站位较远时使用更好。

2. 动作要点

（1）击球前，不用撤臂引拍，可稍屈前臂，使球拍略为提高，拍面稍前倾。

（2）击球时，当来球在台面弹起时，前臂和手腕向前挥拍迎球，同时身体重心略升高，球拍在上升期击球中上部，整个动作作用力很小。

（3）触球时，在球拍触球的刹那间，手臂和手腕稍向后收，缓冲减小球的反弹力。

（六）推侧旋（也称推挤）（图 3-17）

1. 特点和作用

弧线低、角度大，带有左侧下旋，还有点发飘。由于球拍击球部位是在来球的微转区，因此，是对付弧圈球的一种比较稳健和有效的技术。但因其速度较慢，最好能与加力推和反手攻球结合运用，才能较好的发挥它的作用。

2. 动作要点

（1）击球前，球拍后引动作较小，前臂上提并略外旋，拍面稍前倾，拍形左斜。

（2）击球时，当来球从台面弹起后，前臂和手腕向左前下方挥拍迎球，击来球上升前期。

（3）触球时，球拍触球的左后侧中上部，击球瞬间，手臂向左前下方推挤用力，并配合腰髋转动辅助发力。

（4）变直线球时，手腕要内屈，使拍面朝直线方向，触球的后中上部，向前推挤发力。

（5）注意在推挤弧圈球时，手臂动作要前伸迎球，若后撤再前伸易吃转。

图 3-17　直拍反手推侧旋

（七）推切

1. 特点和作用

实际技术名称应是横拍反手快挡左侧旋，近似于直拍反手推挤的技术动作，通常运用于对付弧圈球，它属于辅助性防守技术，具有较强的节奏变化和旋转变化特点，可为防攻转换创造进攻条件。

2. 动作要点

(1)击球前,身体近台,手臂靠近身体,拍形保持呈半侧面竖直状。

(2)击球时,当来球从台面弹起时,前臂手腕向前下挥拍迎球,击来球上升期或高点期。

(3)触球时,球拍触球左侧后中上部,击球瞬间前臂手腕迅速向左侧前下部推切摩擦,使球带有左侧下旋。

(4)注意这项技术,在比赛中不易多用,避免贻误战机。

五、长胶挡、磕、拱技术

使用长胶打球产生的旋转变化,比普通胶皮大得多。它的性能是:长胶击球的旋转变化,是随着对方来球的变化而变化的,如:对方来球是上旋球,则长胶回球变为下旋球。对方来球是下旋,则回球变为上旋。对方来球不转,则长胶回球也不转。长胶击球速度不快,但它比普通胶皮难于控制。常用的技术有挡、磕、拱。

(一)长胶挡球

1. 特点和作用

它属于防守技术,一般用来对付速度较快,冲力较大的来球,如:对方扣杀球,前冲弧圈球等。其特点是:长胶挡或推切回击,回球旋转规律,会出现对方拉过来的球越转,经长胶回过去的球也更转(变为下旋),对方很难进攻。

2. 动作要点

(1)击球前,注意拍形控制不能前倾,否则容易打滑。应保持与台面垂直。如来球力量大,则球拍应稍后仰,触球稍厚,便于“吃”上球。

(2)反手挡球时,击球点在胸部高度,球拍靠近身体。

(3)正手挡球时,球拍在腰、胸部之间的高度,击球部位要在球的后中部。

(4)注意给来球足够的撞击力,可使回过去的球比较“沉”。

(二)长胶磕球

1. 特点和作用

磕过去的球,由于其回击力量是顺着来球旋转的方向,致使回过去的球具有下沉感较强的特点,回击时有下旋感觉。磕球主要是用来对付速度不快的上旋球,如:加转弧圈球、攻球、推挡等一般上旋球。

2. 动作要点

(1)磕球前,球拍起始位置在胸前,当来球过网接近本方台面时,出手迎球比较合适，拍面保持垂直或略后仰。

(2)磕球时，击球时间在上升期，手臂向前下方用力。注意手腕要固定，向下用力要柔和。(用力方法类似减力挡)

(3)触球时，球拍接触球的后中部，在磕球瞬间带点摩擦，主要是用借力。

(三)长胶拱球

1. 特点和作用

拱球是使用长胶粒和防弧圈胶皮的运动员创造出来的一种新技术。拱是长胶在搓、挡中间属于过渡性技术，一般是用来对付下旋球，拱过去的球具有一定的晃动，轨迹不固定是接近不转的上旋球，并会发飘等特点。使对方找不准击球点，不敢用力，只有轻碰，又借不上力，容易造成回球下网。

2. 动作要点

(1)击球前，拍形要相对固定，应呈半横状，拍面与台面接近垂直或稍后仰，手臂适当前伸，接近击球点。

(2)击球时，拱来球的高点期，手腕稍内收且相对固定。

(3)触球时，球拍触球的后中部，前臂向右前侧下部摩擦，发力动作要短促。

(4)击球后，手臂有一短小的制动，球带有一定的右侧旋。

六、注意事项

1. 步法移动

乒乓球比赛在快速地对推、对攻相持的过程中，每个来球的线路、落点都不会固定，这就要求运动员的步法迅速移动保证到位，又要把握住适宜的击球时间、最佳击球点，否则就会直接影响到击球的准确性、威胁性。因此，必须注意解决步法移动及时准确到位。

2. 腰、髋

在推挡的技术动作中，最重要的不是手，而是腰、髋关节的动作。它与正手攻球不同的是：在向前击球时，腰髋有向左前方"反转"的动作。因此，要注意保持肘关节靠近(夹住)身体，才能保证击球时前臂顺利推出。

3. 拍形

推挡球在快速的比赛中，特别快挡顶扣杀和突然变线路等，调节好正确的拍形非常重要，往往是因拍形调节不好造成失误。因此，在训练中一定要反复体会掌握食指、拇指用力调节拍形的熟练动作和前臂旋外、旋内动作。

4. 准确性与威胁性

在推挡技术质量中，准确性与威胁性是一对矛盾存在的两个方面。而技术质量中的威胁性是矛盾的主要方面，当代乒乓球运动单靠技术的准确性想获得比赛的胜利似乎是不可能的。因此，训练推挡技术必须提高击球的威胁性，才能适应目前乒乓球运动的技术要求。

在训练中，还要注意技术提高阶段性训练问题。初级阶段推挡技术的训练，以提高击球的准确为主，逐步过渡到中、高级阶段，是以提高击球的威胁性为主。

七、练习方法

初学者在学习推挡技术时，应先练习握拍，熟练掌握后，开始学反手挡球，再学反手快推、加力推。在此基础上，然后学挡下旋和正手挡球，快推技术。练习方法步骤如下。

(1)运用单步和小碎步移动，做徒手模仿挡球、快推、加力推、挡下旋等技术动作造型练习，体会动作要点。

(2)对墙挡球练习，开始先练反手托球，逐步过渡到练挡球，再练正手挡球，最后练正反手挡球结合移动。

(3)上台练习，初学者上台练习时，很难把球打准，为提高兴趣和练习密度，不捡球的办法，可采用多球练习法，球越多越好，至少也得要一盆球200个左右。每次等球打完了，再一起捡球。这样练习的时候，捡球的时间就可减少很多，而打球的时间就很多、较集中，故可以迅速提高练习的效果。还可利用捡球时，回忆、小结优缺点，又可短时休息。如若找一个会打乒乓球的人陪练，用多球进行练习，其效果会更佳。

(4)两人在球台中间对练挡球。不限速度、弧线、落点。要求运用单步小碎步移动，动作要正确，击球数量要多。

(5)两人在球台中间对练挡球，固定中线直线。要求逐渐过渡到稍加力，提高击球速度和数量。

(6)两人在球台的左半台对练快推，加力推挡斜线，要求逐步提高力量、速度和击球数量。

(7)一人练加力推挡，另一人练快推，对练反手斜线。两人可轮换内容练习。

(8)一人站位中间台一点快推左右二点，另一人左右用换步或并步移动二点挡一点(正反手结合挡球)。先练固定点，练熟后过渡到不固定点是目的。两人作轮换练习。要求：移动准确、动作正确。

(9)一人练加力推挡，另一人练挡下旋。站位左半台，斜线对斜线。两人轮换练习内容。要求：动作正确、稳健、数量多。

(10)两人站位右半台，两人正手对正手快推斜线练习。要求：动作正确、稳健、数量多。

(11)一人站位球台中间,用正手快推对方左右二点,另一人左右用换步或并步移动,反手加力推,正手快推二点回一点。先练固定点,再练不固定点,两人交换练习内容。要求:动作正确、稳健、数量多。

(12)两人全台综合练习推挡球技术。要求:动作正确,稳健性高,击球数量多。

(13)两人进行推挡技术比赛。规定只准发急上旋长球一种球,每局 11 分,五局三胜制,也可以多人参加打循环赛。

第四节　攻球技术

我国的攻球技术已成为世界乒乓球先进技术之一,它在我国各种类型打法中占据重要的地位。多年来中国乒乓球保持长盛不衰,其中一个主要原因是:在同世界各种技术的较量中,逐步形成了站位近、判断快、动作小、击球速度快、变化多的特点。并能攻打各种来球,还具有击球还原快、动作放松快、步法移动快等特点,这也是我国攻球技术的重要组成部分。另外,每种技术的特点不同,它所起的作用与运用也不一样。对进攻型打法的运动员,要在掌握比较全面的攻球技术基础上,突出特点,只有这样才能在比赛中获得主动和胜利。

攻球技术种类繁多,按击球位置,可划分为正手攻球、反手攻球和侧身攻球。按站位远近,可分为近台攻球、中台攻球和远台攻球。按来球性质和落点不同,可分为快攻、拉攻、攻打弧圈球、台内攻球和杀高球。按击球力量不同,可分为发力攻球和借力攻球等。

一、正手攻球技术系列(以右手握拍为例)

正手攻球是快攻运动员最重要的技术,亦是各种打法都应具备的一种得分手段。从某种意义上讲,可称为快攻运动员的生命,决定着水平和发展前途。对一名快攻运动员,其技术风格是否鲜明、突出,主要取决于正手攻球技术威力的大小。正手攻球不受身体的妨碍,可以发挥全身力量,其威力可置对方于死地。

(一)正手快攻(图 3-18,图 3-19)

1. 特点和作用

它具有站位近、动作小、速度快、进攻性强的特点。它是中国快攻打法使用最多最基本的一项主要技术,亦是常练常用的技术,能借来球的反弹力提高速度。在比赛中,运用速度与落实的变化相结合,能取得更多的主动权,为扣杀创造条件。

图 3-18　直拍正手快攻

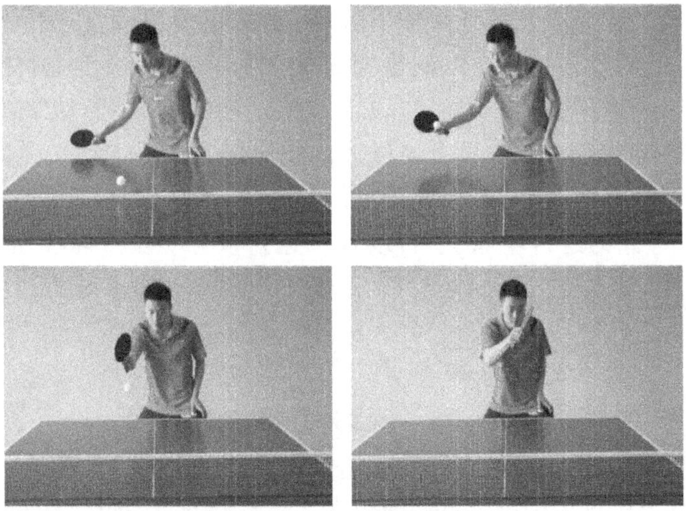

图 3-19　横拍正手快攻

2. 动作要点

（1）击球前，站位近台中间偏左，两脚与肩稍宽，右脚稍后，两膝微屈，身体略向右转，重心在右脚，前臂在腰的带动下横摆引拍（忌大臂后拉抬肘，引拍过大或过小）前臂与台面略平行，拍形与台面垂直或略前倾。手腕手指持拍自然放松，球拍呈半横状（忌手腕上翘或下吊）。

（2）击球时，右脚稍用力蹬地，膝髋稍向前挺，腰向左转带动手臂向前挥动迎球。击球点在体前右侧，触球瞬间前臂快速用力收缩，向前打为主，略有摩擦。在来球的上升期或高点期击球,触球的中上部。手腕手指调节好拍形辅助发力,在触球瞬间有一摩擦球的动作。变化击球落点时,主要靠手腕调节拍面角度,改变击球部位,球拍触球中右部,转动手腕,可击到对方右大角。球拍触球中部,手腕稍后屈,可击到对方左角。

(3)击球后,击球出手,手臂立即放松,随动作的惯性球拍挥至眼前才渐停止,身体重心已移至左脚(不要超过左脚)。此时,运用跳步快速还原,准备下一板击球。

3. 易犯错误及纠正方法

(1)架肘。多与两脚平站有关,引拍时大臂直向后拉,肘高、肩高。此动作怕半高球(与肩差不多高的球)和离身球,遇强烈的下旋来球亦难以提拉起来。但是,该动作在侧身攻时移位小,击球角度大。

纠正方法:肩放松,站位应右脚稍后,身体略右侧;引拍时,要求前臂横摆(即大臂旋后,不要直向后拉)。还可多打些离身球,让肩部放松,击球点位置稍远些,从而达到改正错误动作的目的。

(2)手腕过分僵硬,或上翘,或下吊,影响手腕的灵活性。

纠正方法:通过学习原理和挥拍练习,使运动员对正确的手腕动作有所感觉,然后再上台练习慢慢体会。

(3)击球动作过直、过硬,攻球的弧线不好,常使球直通通地出界或下网。

纠正方法:运动员应该学习击球原理,明白"打""摩"结合的道理,注意摩擦球的动作。

(4)拍形后仰,攻球时有一翻腕动作,攻打强烈上旋或弧圈球时易出界。

纠正方法:练习时将拍形微向前倾,多攻打弧圈球,在实践中纠正拍形。

(5)只有手臂动作,没有腰、腿的配合,击球过程中重心始终站在一只脚上。动作显得不协调,发不了力,还影响与其他技术的配合,影响步法的快速移动。

纠正方法:从徒手动作开始,强调击球动作中的转腰动作,强调重心的交换,在单线基本技术练习中,要求必须有身体重心的交换,不允许站死了打球。

4. 注意事项

(1)忌运动员不移动步法打球。

(2)忌手快脚慢打球。

(3)忌大臂后拉引起抬肘打球。

(4)忌两脚平站侧转身少引起架肘打球。

(5)忌手腕过分紧张引起僵硬打球。

(6)忌手臂、身体、脚步配合不协调打球。

5. 知识拓展

(1)怎样攻下旋球:遇对方攻、推来球伴有下旋时,站位略退后;击球时间为高点期，拍面成半横状，触球中下部，手腕带动前臂，拍触球时略带向上摩擦后迅即向前发力。

（2）怎样攻侧旋球：来球伴有侧旋时，根据对方挥拍方向及飞行弧线，调节动作。攻右侧旋球时，拍面应略向左，触球体右侧面，向右前上方发力；攻左侧旋球时，身体略向左侧让位，拍触球左侧面，向左前上方发力制造弧线。

（二）正手快拉（图3-20，图3-21）

1. 特点和作用

快拉通常也称提拉、拉攻等。是用于对付搓球、削球或接下旋和侧下旋发球一项重要的基本技术。它具有速度较快，动作较小，线路较活，并与突击动作较接近的特点。能主动发力击球，用快拉不同落点配合拉轻重力量和旋转变化等，伺机进行突击扣杀。

图3-20　直拍正手快拉

图3-21　横拍正手快拉

2. 动作要点

（1）击球前，准备动作和引拍动作与正手快攻相似，不同之处是：身体重心稍下降，前臂略下沉，球拍略低于球。

（2）拉球时，以前臂发力为主，击来球高点期或下降前期，手腕同时向前向上用力转动球拍摩擦球，以便制造弧线。

（3）触球时，在判断好来球下旋强弱后，若来球下旋强、球拍向上摩擦球时的力量要大些，弧线要高点。反之，向上摩擦球时的力量要小些，弧线应低些。

拍面角度和触球部位也要根据来球下旋的强弱来调节。

(4)拉球后,应立即放松,运用跳步还原准备击下一板来球。

3. 注意事项

(1)初学者,视来球下旋强弱,及时调整拍形与触球部位,以拉出弧线为主。

(2)拉转与不转球时,遇下旋强的转球,拉时触球中下部,多向前上方摩擦,拉不转球时,拍形略垂直些,触球中部或偏下些,避免出界。

(3)提拉要与正手扣杀结合运用,初学者,先以拉为主,低的拉高扣、转的拉不转扣,使拉、扣逐步结合运用。

4. 知识拓展

弧圈球不是摩擦得越薄越好,而且如果摩擦得太薄的话,很容易出现拉漏现象。

(三)正手中远台攻球(图 3-22,图 3-23)

1. 特点和作用

它是攻球运动员在中远台对攻相持时常用的一项技术。其特点是:动作大、力量重、线路长、进攻性较强。但由于站位离台较远,需要照顾范围大。因此,步法移动的范围也比较大。比赛中能利用力量和落点变化得分,在被动时,能以攻代守进行反击。通常用于侧身后扑右和正手打回头等。

图 3-22　直拍正手中远台攻球

图 3-23　横拍正手中远台攻球

2. 动作要点

(1)站位中远台准备姿势和引拍动作与正手快攻略同,但幅度稍大,身体重心稍低。

(2)击球时,上臂带动前臂向左前上方发力为主。手腕控制拍面角度。右脚蹬地,上体左转,重心前移。在来球高点期或下降前期击球的中上部或中部。

(3)手臂挥动要快,用力要集中,适当运用腰腿的力量。根据来球角度移动步法,大多是运用跨步或交叉步向右侧后方移动。击斜直线球时,可参照正手快攻。

(4)击球后,用换步或跳步迅速还原,准备迎击下一次来球。

3. 注意事项

(1)防止只用上肢发力,缺少腰腹力量、重心转换力量的配合。

(2)防止动作过小,要拉开上臂,加大身体与引拍的距离。

(3)打好中远台攻球,要适当提高人体重心,制造较长弧线,加大击球力量;适当提高引拍位置,形成发力攻。

(四)正手扣杀(图 3-24,图 3-25)

1. 特点和作用

正手扣杀是各种打法选手在比赛中的重要得分手段,是在其他技术取得主动和优势的情况下,用来还击各种机会球。如:发球抢攻中,对方回出较高的来球时,使用正手扣杀。其特点主要是:力量重、球速快、威力大、攻击性强。

图 3-24　直拍正手扣杀

图 3-25　横拍正手扣杀

2. 动作要点

(1)站位视来球长短而定,来球较短时,站位应靠近球台。若来球较长时,应稍向后移位,若左右来球,应向左右移位。

(2)击球前,整个手臂应随步法、重心、腰髋转动向后引拍,要适当加大引拍距离,便于提高触球瞬间的挥拍速度。

(3)击球动作,主要靠腰髋的转动及腿的蹬力,带动手臂向前发力,手腕除控制落点的作用外,还应辅助手臂一起向前下方用力。

(4)击球时间一般是在来球的高点期,若位置合适,根据场上具体情况亦可在上升期击球。

(5)扣杀一般来球,拍面稍前倾,击球的中上部、扣杀强烈的下旋球时,拍形与台面垂直,击球的中部,击球时间在高点期。

(6)用力方法以撞击为主,略带摩擦。若来球高而且又近网时,可直接将球向下稍向前扣杀。

(7)扣杀后,应注意迅速移动还原,调整重心,准备连续扣杀。

3. 注意事项

(1)扣杀下旋机会球时,要视来球高低和下旋强弱程度,调整拍形于高点期,触球中部,主动制造弧线。

(2)为了扣杀又狠又准,要选准机会,看清旋转,加大拍与球的距离,借腰、髋的转动及腿的蹬力,手腕配合前臂发力并控制落点。全身协调,充分运用爆发力。

（五）正手快点（图 3-26，图 3-27）

1. 特点和作用

站位近、动作小、速度快、线路活。运用于攻击近网短球的重要技术。比赛中，为反控制对方抢攻，常用快点抢先上手获取主动，为进攻和扣杀制造机会。

图 3-26　直拍正手快点

图 3-27　横拍正手快点

2. 动作要点

（1）击球前，上身、右脚和前臂在同一时间内到达球台右前方，上身靠近球台，前臂伸进台内，举拍稍高，身体重心移至右脚。

（2）击球时，手腕配合前臂先向后做一小绕环动作，再向前上方挥动，将球击出，一般击球的最高点。应注意根据来球旋转，高低调节拍形，以制造合理的弧线、手腕动作尤为重要。

（3）来球下旋强烈，拍面可适当后仰，触球中下部，手腕配合前臂向前上方抖动。来球略带下旋，拍面基本与台面垂直，触球中部，手腕在向前发力的同时稍向上摩擦球。来球上旋，拍的位置应稍高于来球或与来球等高，拍面可适当前倾，触球中上部，手腕向前发力为主。

（4）来球越偏球台右方，右脚跨出的步法就越大，来球位于球台中右方，左足可向左前方跨出一步，右脚跟着移半步。

（5）快点斜线时，球拍触球中部偏右，手腕迅速由后向前向左转动。快点直线时，球拍触球中部为主，手腕挥拍由后向前向右转动。两者力求动作相似，用以迷惑对方。

3. 易犯错误及纠正方法

（1）不看来球旋转、高低，用同样动作、拍形攻球。

纠正方法：必须在思想上明确，依不同来球变化击球动作。采用多球练习，提供不同旋转和高低的来球，要求运动员依球变化动作和拍形。

（2）上身不前移，只出手臂击球，常导致手臂伸得过直，控制球能力低、难发力。

纠正方法：在台前先做徒手动作练习，强调上身、右足和前臂应在同一时间到达球台右前方。待徒手动作熟练后，再用多球训练，依不同来球变化击球动作。发现上身不前移时，需做几个徒手动作练习，再转入多球训练。供球者可有意多供一些特别短的小球，以促进运动员改正上身不前移的错误动作。

（3）手腕僵硬，妨碍发力，影响调节弧线。

纠正方法：引起手腕僵硬的原因很多，应对症下药。如：因握拍法有问题，应适当改进握拍方法；因手腕关节不灵活，应加强腕关节灵活性的训练；因引拍时手腕过分上翘或下吊，应适当改进引拍动作。

4. 注意事项

（1）根据来球性能、高度，调节拍面。

（2）敢于靠近球台，利用脚向前跨出和上身向右前方的冲力果断击球。

（六）侧身正手攻球（图3-28，图3-29）

1. 特点和作用

速度快、力量重、攻势强、线路活。它是各种不同打法运动员都必须掌握的一项重要技术。尤其是以进攻为主的运动员，他们在发球抢攻、反手推挡、反手攻、反手拉、反手搓、搓中摆短时等，通常是依赖于侧身正手攻球来得分或争取主动。它可以弥补反手进攻能力较弱的运动员的不足之处。故对侧身正手攻球运用得多少，在很大程度上是标志着运动员进攻能力的强弱。特别是对以正手攻为主要打法的运动员更显得重要。

侧身正手攻球需要移动脚步的范围较大，从这点看似乎比正手攻球难度大。但是，应该看到移步又可以增大击球的力量。特别是移步侧身后，正手的位置完全让开，会更利于发挥整个身体的力量。另外，侧身正手攻球还可以使对方难以判断攻击球的线路，能为连续进攻、扣杀创造条件。

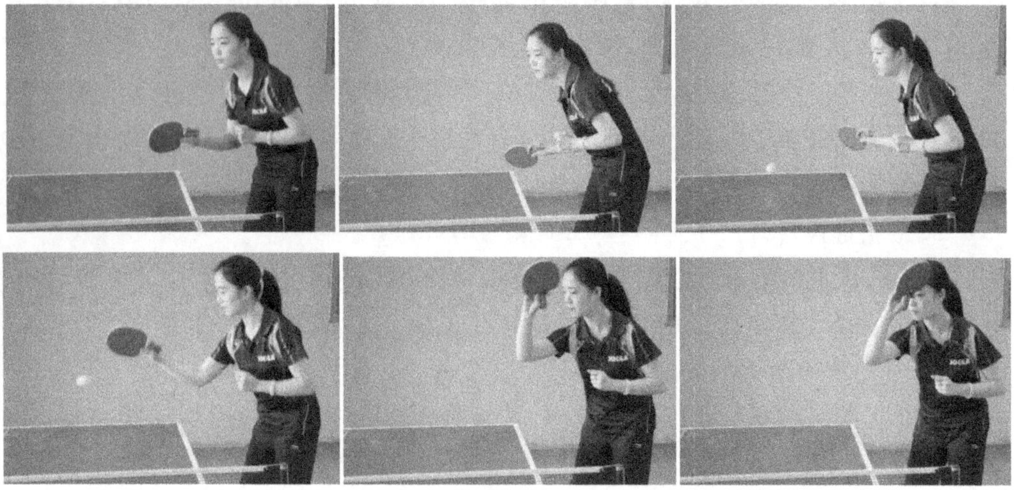

图 3-28　直拍侧身正手攻球

图 3-29　横拍侧身正手攻球

2. 要求

(1)必须掌握好侧身移动步法的时间。如过早移动步法,易被对方察觉,很容易突袭空当。如起步过晚,又会贻误了攻球的最佳时间。一般应在球触对方球拍瞬间,即开始起步侧身为好。

(2)侧身时步法移动要快。一般是跳步侧身。具体每次侧身运用什么步法,应视来球情况而定。

(3)侧身正手攻球后,还应具备连续进攻的能力(包括扑打右方空当)。

(4)不断提高侧身攻球的战术意识。减少或避免盲目侧身。侧身攻球不是一项孤立的技术,一定要明确它和其他技术的配套联系,明确运用侧身攻球的方法。

3. 动作要点

侧身正手攻球的动作要点,基本上与正手攻球相同(略),不同之处是当侧身步法完成时。

(1)攻斜线球,身体与球台端线呈75°至90°。攻直线球时,身体与球台端线约呈60°。

(2)侧身攻斜线球时,身体重心可以偏左脚、右脚辅助支撑。攻直线球时,要求身体重心先在右脚、左脚辅助支撑。

4. 注意事项

(1)在发力击球瞬间,应保持右腿蹬地支撑髋关节向前用力,以便充分运用转腰的力量,还应注意保证在身前击球的位置。

(2)由于侧身进攻,会使正手位形成较大的空当,连续进攻需要步法大范围移动。因此,训练时应注意身体重心还原和步法再起动结合练习。

(3)抬肘。造成抬肘的主要原因,在引拍时不是以肘关节为轴,前臂向后引拍,而是将整个手臂向后拉所造成。应注意做到引拍时不引肘,才能使攻球技术动作全身配合协调不脱节,还能拉长前臂的有关肌肉群,充分发挥肌肉收缩的爆发力。

(4)吊拍(即吊腕)。因球拍下垂会影响攻球的力量和速度,不利于还击右角大角度来球。应注意使拍与手腕成直线状,前臂与球台略平行,以利于前臂和手腕的旋内动作。

(5)翘拍(即翘腕)。因手腕上屈,拍头上翘,致使手腕紧张、僵硬很难运用爆发力,损失了手腕本身具备的灵活性优点,应注意手腕放松,保持自然握拍与前臂成直线状。

(6)手腕运用。击球瞬间手腕应迅速前收加力,并通过手指将力传到球拍击球的部位,注意拍形不要前后翻动和过于前倾。

(7)应注意全身协调配合用力。击球时右脚蹬地,腿、腰、髋关节和手臂同时向前协调发力，使身体各部分的力量都集中到球拍击球瞬间一点的爆发力。

（七）正手拉加转弧圈球（图3-30，图3-31）

1. 特点和作用

拉弧圈球，它是一项融旋转和速度为一体的现代乒乓球进攻技术。拉加转弧圈球的特点是，稳健性高，上旋强烈，反弹后向下滑落快，具有一定的威胁性。若对方不适应强烈上旋球，不好控制，常会接出高球，甚至直接失误。还可以起到改变击球节奏的作用。一般是用它来对付下旋长球和侧下旋球，可为扣杀创造机会。

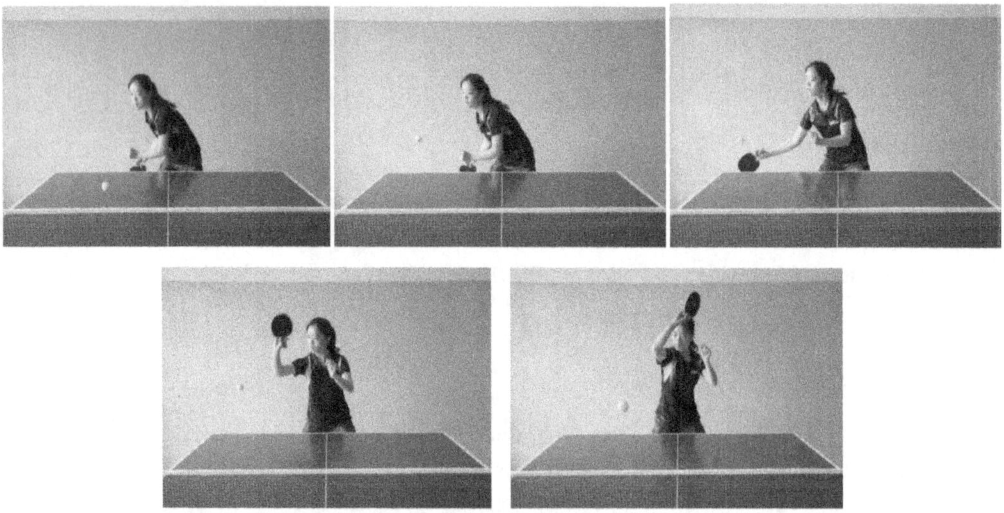

图3-30　直拍正手拉加转弧圈球

图3-31　横拍正手拉加转弧圈球

2. 要求

(1)要拉出上旋强烈球。如果拉出弧圈球上旋不强,就完全失去了它的积极意义,就会一点威胁也没有了。

(2)要求弧线应降低。过去的加转弧圈球弧线高,速度慢。现在的加转弧圈球,要求上旋强、弧线低。这样才能适应技术发展,才能增加威胁性。

(3)必须做到和其他技术(如前冲弧圈球、扣杀等)相结合。单一的加转弧圈球,易被对方适应。因为它毕竟速度慢。

3. 动作要点

(1)击球前引拍阶段:左脚在前,右脚稍后,两膝微屈,身体略向右扭转,腹微收,髋稍向右后下方压转,手腕略向后拉,球拍低于来球。

(2)击球时,右脚掌内侧蹬地,稍伸膝,以腰髋的扭转带动手臂由后向前挥动。击球的时间为下降期,拍形与台面垂直或稍微前倾与台面呈80°左右。

(3)触球时,球拍触球中部或中上部,击球瞬间快速收缩前臂,撞击后迅速转为向前上方摩擦球。来提高拉球的旋转和速度,直拍选手的中指,横拍选手的食指,应加速手腕在触球瞬间的甩劲。

(4)击球后,随惯性作用球拍挥至头前才渐停止。身体重心移至左脚,运用小跳步迅速还原。

4. 易犯错误及纠正方法

(1)击球点离身体过远或者过近或者挥拍过早,都容易拉空或者发不出力。

原因:步伐不到位。

纠正方法:用步法调整好击球的位置。

(2)拍面前倾过大,容易拉到拍子上。

原因:球拍拍面过于前倾。

纠正方法:球拍稍微立起些,加大击球时候的拍面面积。

(3)击球时,身体力量用不上,拉球旋转不明显。

原因:两腿站得过直。

纠正方法:使腿、腰、手臂、手腕稍微放松,充分发挥身体的力量,力量要集中。

(4)身体向上提起过多。

原因:击球动作向上过多。

纠正方法:击球点稍向身体侧前方移一些。

5. 注意事项

初学者在下降期击球,击球瞬间快速收缩前臂,迅速向前上方摩擦球,以向上为主。在此基础上(有较高的命中率后),逐渐转向向前摩擦,以压低弧线。

（八）正手拉前冲弧圈球（图 3-32，图 3-33）

1. 特点和作用

弧圈球比较突出的特点是：上旋强，稳健性高，攻击威力大。弧圈球技术分为：正手弧圈球、反手弧圈球、侧身弧圈球三部分，包括：加转弧圈球、前冲弧圈球、侧旋弧圈球、反拉弧圈球、中远台对拉弧圈球、正胶小弧圈球等各种技术。

前冲弧圈球飞行弧线低而长，球速快，上旋强，前冲力强。落台后弹起不高，急速向前冲并向下滑落的特点。它是弧圈球选手主要得分的手段，在一定意义上可起到扣杀的作用。

2. 要求

（1）拉出的球要前冲力强、球速快。如果不具备此特点，就失去了前冲弧圈球技术的生命力。

（2）要做到既凶又稳，切忌只凶不稳，无故失误太多。

（3）要解决好与其他技术的配合。若位置不合适时，应拉一板加转弧圈球过渡，遇到半高机会球时，应大板扣杀。不要只是一味地冲，节奏单一，自己又容易失误。

图 3-32　直拍正手拉前冲弧圈球

图 3-33　横拍正手拉前冲弧圈球

3. 动作要点

（1）准备姿势：左脚稍前，身体稍向右转，重心放在右脚上，比拉加转弧圈球稍高。

(2)击球前,手臂向右后方引拍,同时前臂内旋,使球拍前倾,球拍与来球同高或稍低于来球。

(3)挥拍击球时,上臂带动前臂和手腕向左前方发力,触球中上部,击来球上升后期或高点期。

(4)触球时,球拍击球瞬间上臂、前臂、手腕由后向左前方发力配合摩擦球。直拍选手的中指应有一顶拍动作。横拍选手的食指有一向前甩的动作。身体重心前移至左脚。

(5)正手反拉前冲弧圈球时,引拍后拉幅度要小或不后拉,球拍与来球同高,拍形稍前倾,击来球上升后期或高点期。要善于运用腰、髋、腿的动作和身体重心来控制击球弧线,前臂稍用力。注意自己发力和摩擦球都要比快带多一些,还应根据来球性能变化,调整动作,拍形、击球时间和触球部位,移动步法一定要到位。

4. 易犯错误及纠正方法

(1)引拍低、身体重心低,易拉球出界。

纠正方法:观看拉前冲弧圈球的正确动作,特别留心其引拍位置,自己上台练习时有意提高引拍位置。

(2)不能根据来球旋转变换动作,一种动作打百样球,失误多。

纠正方法:明确拉前冲弧圈应视来球变化,适当调整动作。如来球下旋,应触球中部,拍形与台面垂直;来球不转或略带上旋,拍形应前倾,触球中上部。还应提高对来球的判断能力。用多球练习,供球者多变化球的旋转和高度。

(3)单纯用上肢发力,没有腰、髋、腿的配合,拉冲没有前冲力。反冲时,只重视前臂和手腕的动作,忽略了用身体重心来调节击球的弧线,大大影响了击球的准确性。

纠正方法:可参照拉加转弧圈球的相应部分。

(4)撞球过多。有人认为,撞球多就能使球前冲力大。其实不然,撞球过多弧线不好,旋转不强,球的前冲力也小。

纠正方法:先端正认识,再做徒手动作和多球练习,着重体会“打”与“摩”的结合,增加摩擦球动作。

5. 注意事项

(1)引拍过低,身体重心过低,易拉球出界。

(2)不能根据来球旋转变换击球动作,用一种击球动作回击百种来球,故失误多。

(3)单纯用上肢发力,没有腰、髋、腿的配合,拉冲无有前冲力。

(4)撞击过多弧线不好,旋转不强,球的前冲力也小。

(九)正手拉侧旋弧圈球(图3-34)

1. 特点和作用

正手拉侧旋弧圈球的飞行弧线,一般比前冲弧圈球略高,比加转弧圈球低,飞行中向左拐弯,落台后向对方右侧下方滑落的特点。它可以加大拉球的角度,增加对方的跑动范围和回球难度。亦可拉侧旋弧圈球至对方中左借球的偏拐正好至对方追身,很难回接(尤其是对削球选手)。另外,拉侧旋弧圈球还有变化节奏的作用。

图3-34　横拍正手拉侧旋弧圈球

2. 动作要点

它与正手拉加转弧圈球基本相同,其不同点如下。

(1)挥拍路线应由后下方先向右侧前方,再向左侧上方用力摩擦球。

(2)引拍后拉的位置略高于拉加转弧圈球,手腕放松。注意向右前蹬腿和转动腰髋的动作,可加大拉出侧旋的力量。

(3)触球时,击球瞬间手腕有一兜球动作,向右侧拉摩擦球。

(4)注意用力向侧加大摩擦力,一定要使球产生侧旋,具有向侧拐的冲力。

3. 易犯错误及纠正方法

(1)挥拍路线不对,无兜球动作,单纯向侧拉,摩擦球时间短,使不上劲。

(2)手腕放松不够,击球时,难于发挥手腕的加速作用。

纠正方法:先明确拉侧旋弧圈球的挥拍路线和手腕动作的意义,再有针对性地进行徒手动作和多球练习。

(十)侧身正手拉弧圈球(图 3-35,图 3-36)

1. 特点和作用

它是直、横拍快攻结合弧圈球打法常用的技术之一。通常在反手位左半台运用侧身,发挥正手拉弧圈的威力,能争取主动和得分,可弥补反手进攻能力不足之处。其特点是:力量大、旋转强、线路活,能为连续进攻、扣杀创造条件。

图 3-35　直拍侧身正手拉弧圈球

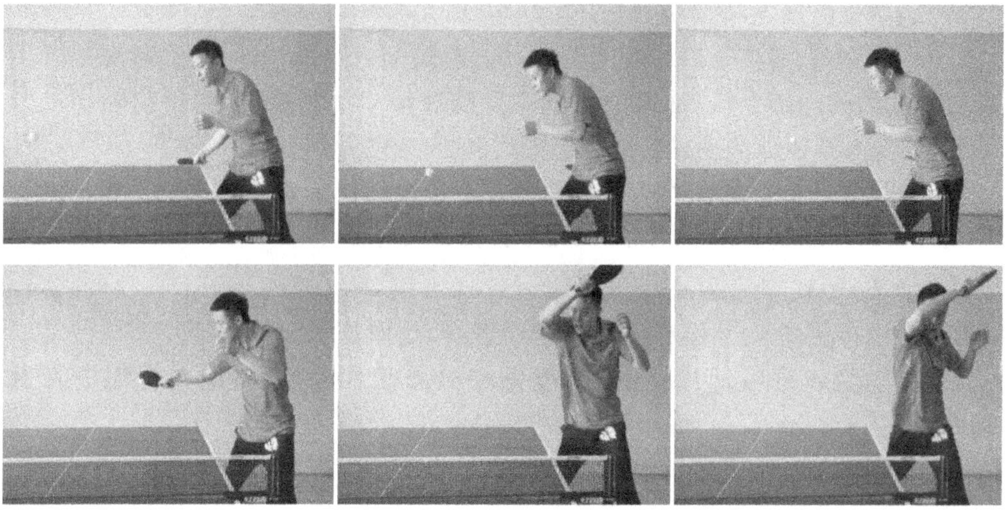

图 3-36　横拍侧身正手拉弧圈球

2. 动作要点

(1)基本上同正手拉弧圈球。

(2)击球前,运用跳步或换步移动侧身到球台左角外,身体侧向球台,左脚在前,上体略前倾并收腹。

(3)击球时,要根据来球落点、速度、旋转性质的不同,采用正手拉弧圈球各种技术击球时,调整好引拍位置,拍形角度挥拍方向等。

(十一)正手突击

1. 特点和作用

它是中国近台快攻打法,运用于对付下旋低球的一种主要传统技术。它具有速度快,突然性强,有一定力量的特点,在突击时命中率高,线路活,更会显示出它的威胁性,会增加对方的恐惧心理。

2. 动作要点

(1)击球前,首先判断来球的高低和下旋力的强弱,决定拍形和发力方向以及打击方法。

1)来球下旋强烈,拍形可稍后仰,触球中下部,在向前用力的同时,多向上用力摩擦球。

2)来球一般下旋,拍形可与台面垂直或稍后仰,触球中部或略偏下,向前上方用力打摩。

3)来球不转,拍形可稍前倾,触球中部略偏上,用力方向以向前为主。

(2)击球时间在高点期或上升后期击球。

(3)击球时,身体下降,重心移到右脚,右脚用力蹬地在伸腿、腰髋转动和大臂协调发力的基础上,以前臂发力为主。触球瞬间要有爆发力,手腕除辅助发力外,还要有摩擦球的动作帮助制造弧线和控制落点。

(4)发力一般掌握在50%~70%左右,若来球低下旋强烈时,用50%的力量就行。若来球稍高或下旋力弱时,可适当加大力量。

3. 注意事项

(1)引拍要高于台面,前臂自然弯曲近身,动作紧凑,摆速要快。

(2)初学者练习低球突击时,可先在对搓球中进行,多练在台面内挥动动作。

(十二)正手滑拍(图3-37,图3-38)

1. 特点和作用

它是回击各种来球时,配合运用的一项技术。其特点是动作小、速度快,带左侧上旋或左侧旋,主要是出其不意地打出反常的球路,使对方措手不及,造成失误或回出机会球。相持时运用,可为进攻创造机会。

图 3-37　直拍正手滑拍

图 3-38　横拍正手滑拍

2. 动作要点

(1)在球台左角,运用侧身正手滑拍攻斜线球时,手腕控制球拍,由右向左前上击球摩擦,能使回球斜拐出对方台面,增加对方接球难度。

(2)在球台右角,运用正手滑拍攻直线球时,手腕的转动动作要小且突然,要造成对方错觉,挥拍好像是打斜线,在球拍触球时手腕略微后屈突然改为击直线球。

(3)球在近网,前臂在上身左前方,球拍触球时,前臂常在台面上,以手腕控制拍面角度和发力为主。

(4)触球部位和弧线制造,要根据来球的性能和落点的长短而定。

(5)球拍挥动时要快速,触球时用力要均匀,改变击球方向要突然。

3. 易犯错误及纠正方法

(1)手腕硬、动作直,触球瞬间没有摩擦球的动作,击球弧线发直,易吃转。

纠正方法:先观察优秀运动员的快带动作,再做徒手动作练习,然后在教练的指导下进行多球练习。边练球边纠正错误动作。

(2)手腕发力不当,拍形不固定,易吃来球旋转。

纠正方法:明确滑板技术应固定拍形,再通过徒手练习和台上练习,建立正确的动力定型。

4. 注意事项

要力求击球动作相似,借以迷惑对方;正手滑拍应作为配合技术运用,常能取得较好的效果。但要明确来球如能发力进攻时，则应以进攻为主。另外，滑拍不能使用过多，若过多运用会被对方打回头，弄巧成拙。

（十三）正手快带（图 3-39，图 3-40）

1. 特点和作用

它是一项对付弧圈球的较新技术，亦是由被动转主动的过渡性技术，能借用来球的反弹力提高回球速度。具有速度快、弧线低、落点变化多的特点。快带的目的是从相持或被动中转变成主动，争取机会进攻。

图 3-39　直拍正手快带

图 3-40　横拍正手快带

2. 动作要点

(1)站位近台中间偏左,左脚稍前,身体重心放在右脚上,身体稍向右转。

(2)击球前,前臂上提引拍至身体右侧略高,同时前臂内旋,使拍形前倾,手腕固定。

(3)击球时,前臂主动伸入台内迎球,同时腰髋带动上体向左转动,击来球上升期。

(4)触球时,球拍触球中上部,击球瞬间借助腰髋的转动,使前臂迎前"带"球,勿发力,要保持拍面前倾稳定。快带斜线时,前臂由后向前右下方挥摆。快带直线时,前臂由后向前向下挥摆,回击时,若能击出长、短落点变化,效果会更好。

3. 易犯错误及纠正方法

(1)站位偏后,手臂后拉,贻误了快带技术的击球时间,击球点位置偏后,破坏了整个动作节奏。

纠正方法:先观察优秀运动员的快带动作,再做徒手动作练习,强调站位近台、上升期击球、击球点位置靠前,然后在教练的指导下进行多球练习一。

(2)手腕发力不当,拍形不固定,易吃来球旋转。

纠正方法:明确快带技术应固定拍形,再通过徒手练习和台上练习,建立正确的动力定型。

(3)发力过大,死力重扣,失误颇多。

纠正方法:明确快带击球技术只能用中等力量,不能用蛮劲,在借力中适当发力,用力比较平均等原理,在实践中多加体会。

4. 注意事项

迎前借力,球拍上提略高于球,向前下方带,借力要缓冲柔和,丰富快带的节奏,速度与落点变化,带出弧线要低。

(十四)正手拧挑、快挑、拧搓(图3-41,图3-42)

1. 特点和作用

正手拧挑、快挑、拧搓。它是攻击型选手摆脱接发近网短球,面临的被动困难局面,是直拍进行大胆创新的一种新技术。它在比赛中,对付各种近网短球,能抢先上手,破坏对方发球抢攻,争取主动或相持,发挥出前四板优势。可解决接发近网短球的手段不足。它具有站位近、动作小、手段隐蔽、出手变化快的特点。

图 3-41　直拍正手快挑

图 3-42　横拍正手快挑

2. 动作要点

(1)拧挑。动作要求如下。

1)击球前,脚要先到位,上身靠近球台,持拍手与前臂保持弯曲与台面略高,拍形稍竖立,拍头朝下(对付下旋球拍形稍后仰)紧贴台面向前插进,使球拍低于来球上升高点。

2)击球时,大臂推动前臂,手腕继续向前用力,触球时靠手腕抖动摩擦来球,吃住球向左或向右前上方拧挑。可按自己意图回击到对方台面任意落点。

3)对付下旋球,拍形稍后仰、拧挑摩擦球的中下部。

4)对付不转球或上旋球时,拍形垂直,触球的中部或侧面中部。可按自己意图,向左前或向右前方拧挑球摩擦挥动。

(2)快挑。对付不转球,拍形略斜横或直立。击球时,手腕不要向左右侧面用力摩擦球,应向前上用力击球。对付来球较短、落台后向前跳落少,向上回跳略高的球时,用快挑相对效果会更好。

(3)拧搓。对付对方发球弧线较低,又转,并向前滑落快,向前原地回跳少时,应多采用拧搓还击为好。

3. 注意事项

身体重心尽量向前移至接近来球,使上臂与前臂保持适度的弯曲,以保证手腕发力为主。

(十五)正手打回头

1. 特点和作用

这种球属于防守中的进攻技术。是指在连续快攻相持中对方突然加力变线和被对方抢先上手发力击到右方空当等。在形势很被动的情况下,已来不及运用较大的动作去还击来球。此时,采用前臂手腕小动作,快速的爆发力,并借用对方的来球力量,迅速打回头,常能败中取胜,它具有动作小、速度快、合力强、威胁大的特点。

2. 种类、动作要点

(1)双方在对推相持中,对方突然加力推变过来的直线球。可运用跨步或换步向右前或向右方移动,正手打回头(注意打和步法落地几乎同时)。动作要点是:球拍从左向右稍前横线引拍,同时前臂内旋,使拍形前倾,触球中上部,击来球上升期或高点期。击球瞬间以前臂手腕的小动作快速借力还击。

(2)双方在对搓相持中,对方突然反手或侧身快拉变过来的直线球。可运用跨步或换步向右前移动,正手打回头。(动作要点同上)

(3)双方在对推相持中,对方突然侧身扣杀变过来的直线球。可运用跨步或换步向右方斜后移动,正手打回头。球拍从左向右方横斜线引拍,与上面所述不同之处是击来球的高点期或下降前期。

(4)对方在台内右方抢先上手打过来的右方斜线球。可运用跨步或换步向右前上移动,正手打回头。动作要点是:球拍从左向右前上横斜线上方引拍,与前不同之处,借力较少,发力较多。

(5)对方在右方正身扣杀过来的斜线球。可运用跨步或交叉步向右侧后斜线移动,正手打回头。动作要点是:球拍从左向右侧后斜线引拍,同时前臂内旋,使拍形前倾,触球中上部,击来球高点期或下降前期,在击球瞬间用前臂手腕小动作,快速还击的同时有一定转髋动作。

(6)在对方连续进攻相持中,有两种正手打回头:一种是在左边反手位,可运用侧身正手打回头变直线。另一种是在右边正手位,可运用正手突然加力打回头变直线。注意动作要快,击来球上升期或高点期。

(7)双方对推或对搓,侧身攻、扑右、正手打回头。

（十六）正手正胶拉小弧圈球

1. 特点和作用

它是运用正胶海绵拍拉出的弧圈球，因为正胶海绵拍的黏性小于反胶海绵拍，所以拉出的弧圈球旋转强度小，球速以及落台后的前冲力都比反胶弧圈球差一些，它是快攻型打法对付下旋球的一种辅助技术。

2. 动作要点

基本上与反胶拉弧圈球相同，区别在于正胶小弧圈球的站位较近，动作较小。它是以前臂发力为主。击球时，拍面角度不能过于前倾。

（十七）正手快打弧圈球

1. 特点和作用

攻打弧圈球是快攻打法在防反中主动回击的一种重要的进攻技术。能从被动中转为主动，可摆脱对付弧圈球的困境。它具有动作小、速度快、威力大、防反性强的特点。它包括打加转弧圈球和前冲弧圈球两种。弧圈球的上旋很强，回击时一定要控制好上旋力，若处理不好，很容易打飞。

2. 动作要点

（1）打加转弧圈球

1）准备姿势和站位，同近台快攻。

2）击球前，根据来球弧线的高度，上臂微展并略做内旋同时前臂向右上提（不后拉）随上臂内旋，使球拍位置高于来球，前臂与上臂之间约呈135°。手腕略紧张，拇指压拍，食指放松，中指紧顶拍底，使拍形前倾。身体重心略偏右脚，并稍上提。

3）来球旋转不强烈时，当球从台面弹起时，前臂迅速往前下方发力击球（不摩擦）。手腕固定拍形不动，击来球的上升后期，触球中上部（盖压）。身体重心随之下降，由右脚转移至左脚。击球后，身体放松，手臂随惯性挥拍至左胸前，用跳步还原。

4）来球旋转强烈时，当来球从台面弹起时，前臂迅速迎前，并往前发出快速的轻力量。手腕固定，球拍前倾，击来球的上升前期，快速擦击球的中上部（快带）。击球后，手臂随发力惯性挥拍至胸前（较离身体）稍下方，身体重心前移，运用小跳步还原。

（2）打前冲弧圈球

1）准备姿势和站位，同近台快攻。

2）击球前，上臂带动前臂迅速迎向来球，前臂内旋（手臂不能紧张），拇指压拍，食指放松，使拍形稍前倾，球拍位置略低于来球，身体重心略偏于右脚。

3）击球时，在来球从台面弹起时，前臂快速往前上方短促屈臂，手腕辅助前臂用力，击来球的上升期，触球中上部。

4）击球后，身体手臂放松，手臂随发力惯性挥拍至头前。重心落在左脚，运用小跳步还原。

（十八）正手对拉弧圈球

1. 特点和作用

速度较慢，旋转较强，力量较大，落台后有一定的前冲力。它是弧圈球选手对付弧圈球选手的一项相持技术。若运用得好，可使从相持或被动中转为主动，甚至得分。亦是攻削型打法应掌握的技术，可作为反攻或变化击球节奏的一种手段。

2. 动作要点

（1）击球前，上臂带动前臂向右后方引拍，球拍要低于来球，身体重心偏向右脚。

（2）击球时，动作幅度稍大，整个动作用力方向是从右后向左前上方。注意应充分发挥腿、髋、腰、臂和手腕的力量，其中，尤应重视身体重心和前臂的作用。

（3）触球时，拍形与台面垂直，触球中部或中上部。击球时间为下降前期或高点期。击球瞬间应以撞击后摩擦发力为主。

（4）击球后，身体重心移至左脚，球拍顺势挥至头前，迅速放松，用小跳步还原。

3. 注意事项

（1）注意运用身体重心移动的力量，加大对拉力量，力争对拉出的球旋转强，冲力大。这样才能争取主动。

（2）注意提高对拉的稳健性。

（3）摩擦球不能太厚。

4. 易犯错误及纠正方法

（1）只用手臂发力，无有腰、髋、腿的配合，拉球很费力，但旋转不强，而且难于连续拉。

纠正方法：专门观察优秀选手拉加转弧圈技术动作，提高认识，再进行徒手模仿动作练习，然后上台进行多球训练。

（2）引拍时，手臂伸得过直，球拍沉得很低，拍形过分前倾，整个动作向上为主，缺乏向前的力量，造成击球时间晚，上手速度慢，易漏球和难发力等弊端。

纠正方法：首先认识上述动作是过时的。要从基本动作改正做起，严格要求上台练习基本动作。

(3)拉球时不用手腕,导致拉球速度、力量和旋转都受到限制。

纠正方法:引拍时手腕要有一个向后伸的放松动作,在触球瞬间才会有手腕向前打向上摩擦球的爆发力(注意打摩结合)。

5. 练习方法步骤

(1)徒手模仿拉弧圈球的动作。

(2)一人发中路出台的下旋球,另一人练习拉弧圈球。

(3)一人推挡,另一人练习连续拉弧圈球。

(4)一人正手攻球,另一人连续拉。

(5)二人对搓,固定一个搓中转拉。

(6)一人削球,另一人连续拉。

(7)以上练习,先拉固定点,再拉非固定点。

(8)上台连续拉上旋球,逐步过渡到2/3台。

(9)二点对一点的推拉练习。

(10)不同落点对一点的推、拉、攻练习。

(11)对拉练习。

(12)发球抢拉练习。

(13)接发球抢拉练习。

(14)拉、扣结合练。

二、正手攻球"快"字的体现与运用

快、准、狠、变、转中是以"快"字当头,以快为主。它是中国快攻选手的技术风格和特点。中国队的快攻在世界乒坛历史上写下了光辉的篇章,国内外赞叹之誉不绝于口,不少选手对来球之快,感到棘手、摇头,同时,自己也希望能具有快的威力。然而往往是知其然而不知其所以然。"快"字的表现,除了通常外在表现出来的站位近台、步法快、身体素质好这些明显的外部条件外,对它内涵的基本体现和快的诀窍又是什么?

(一)爆发力的理解与运用

爆发力就是在击球前手臂在挥动运行中的加速度。一般的正手攻球动作有两种情况:一种是从手臂的运行开始到击球结束,手臂都处于松弛状态。另一种情况是,从手臂的运行开始到击球结束,手臂都是处于用力状态,使手臂肌肉处于僵硬的状态。以上两种的发力方式,可称之为没有爆发力。还有一种情况是在挥击前,手臂的肌肉稍放松,手臂开始向前挥动运行,而当击球前夕,臂肌力量突然加大,在击球时恰好是挥臂的最快速度,因而产生了最大的击球力量,这就是爆发力。

为什么要强调使用爆发力的发力方式呢？就是因为爆发力靠较小的动作，能够打出较大的力量，它符合中国快攻所需要的速度快、动作小、出手快的原则要求。而靠大动作后振式的发力方法，其动作的幅度大，不适于快攻中的连续对攻速度形势要求。因此，必须运用爆发力的发力方式。

（二）“三急法”的认识与运用

三急法，即臂部急起动引拍，击球后急刹车，急还原的方法。它主要是运用臂部在进行攻球动作的全过程中，采用的“三急法”小动作快速击球。其核心的技能是爆发力的巧妙运用，收益在于动作缩短了幅度和距离，节约了时间，为进行快攻、连续攻提供了快速有利的条件。因而，依靠这种技术体现出了比别人快的特点、优势和主动自然就容易取得。

（三）提前半拍击球的运用

在连续的攻球中，前臂的迎击与还原，要从击球技能的节奏变化中，做到提前抢先半拍来击球。运用在前臂和手腕在正常攻球节拍的第一板击球之后，马上急刹车，臂部动作不再后收还原，等到第二板击球时，从急刹车处直接用前臂和手腕动作的爆发力连续攻球。这样就节约了正常节奏所需的还原回收时间，同时，第二板向前挥臂迎击的时间也有所节约。这样在连续进攻中，就能提前半拍击球了。这种技能动作，一般是在中近台的对攻中使用，击来球上升后期，注意要迅速捕捉来球落台点的起跳之际。

（四）大胆简化动作幅度

在比赛的实践中，没有事实上的板板抢先和主动，而经常伴随着的却是相持或被动。在左右连续搏斗的快攻之中，双方均在争夺着主动。为了赢得充裕的时间和速度，除了在专项素质和臂的摆速上下功夫外，还应着手另外两个方面：一方面运用爆发力，以小动作替代大动作；另一方面攻球动作幅度上的刻意简化。如在连续进攻自己左右方时，来球速度很快，首先在步法上，不在做重心的交换，而臂在击球前后引拍也要相应地减少，并且使用爆发力来还击球，借用这种变通的手段来体现一个快字。否则，球迅速地飞来，再用大动作还击是来不及的。

（五）突出发挥前臂和手腕的击球作用

人体的技能各部分的动作速度很不相同，越是身体末端的部位反应的速度越快越灵敏。所以，手腕和前臂就比大臂、腰、髋要快，而且也灵活、敏捷。因此，突出使用前臂和手腕的作用，有利于快攻打法的快节奏发挥。

（六）加速与制动的关系

打乒乓球要想技术精，首先是要明白其道理。若理不明则意不通，悟不深则技不精。加速与制动是乒乓球运动永恒的法则。加速就是有别于静止和匀速的加速度，制动就是刹车般的急停。

“快”字的内涵秘诀就是加速与制动的巧妙配合，只会加速而不会制动，则只能快一板，顺其自然无制约的惯性动作挥下去，则幅度大，运行线路长，时间耗费多，因而来不及下一板快速连续进攻。只有掌握了加速和制动的配合运用，才能够快速连珠炮般板板进攻，板板能快，从而形成能够连续攻击的一套动作结构。制动的价值就是增加击球时的力量和速度，削减多余的可以削减的动作，做到掐头去尾留精华。从而以小动作做出大功能，通常又以小动作过渡和制造机会，而以大动作发力来摧毁对手。所以，击球时的“急加速”“急制动”“急还原”，动作要敏捷、敏捷它是快的灵魂。衡量货物价值的标准是金钱，衡量快的标准是速度和距离。因此，要刻意简化击球动作，只有朴素、实用的动作才能真正地快起来，在连续格斗中才能有实用性和生命力。

在实践中，有时只做到“急加速”，没有做到“急制动”和“急还原”，效果是不会好的，所以一定要将“三急法”连环配套运用。注意“急加速”时要往前迎着球打。从力学原理看，两个对开着的火车撞击力最大，而且越加速，其撞击力也越大，这是物体撞击后的动量守恒。据此，手臂迎着球打，加速向前挥臂，其动作的本身就是加大了一方的撞击力。因而，既增大了击球的力量，又比调节好板形，等着来球碰拍和随着来球同步后引球拍再击球的方法，提前了击球的时间。两者结合的结果，是突出了快速的作用，同时，向前迎击球时，缩短了来球的往返距离，加快了进攻速度，减少了对方准备迎击的时间，往往导致对方的仓促和被动。

要想进攻能够连续快起来，还要依靠步法的运行，而步法的移动核心及技术要点，是重心交换，重心交换的快慢是衡量运动员能否积极主动组织快速进攻的重要标志。若重心不交换，起动速度必然慢。重心交换它是步法移动中的力量之根、树无根则倒。也只有重心交换才能使两侧的起动快，才能抢到最佳和较佳的击球时机，这样才能体现出回击的快。

在比赛中，击球是用手臂，身体移动则是靠脚下的步法，纵观全局，给人的印象是“七分步法，三分手法”之感。因而，脚的加速和制动，它是配合着总体的快，起着重要作用。例如：左脚加力蹬是加速，右脚落地是制动，做到动与止的变理阴阳，求得身体的快速移动，而又能重心稳健、平衡，以利于击球快速和准确。

三、反手攻球技术系列（以右手握拍为例）

反手攻球往往能抢先上手，争得主动。它是为全局选势、造势、抢势的开路先锋，配合正手攻球，能形成一片积极，灵活、主动、全面、快速的进攻网。反手攻球技术的运用要不偏不倚。尽管有时是单独出击,独当一面。但是由于攻球的力量没有正手重,所以要以正手攻球为主,反手攻为辅来分出主导和辅助明确的位置。不能平分秋色地左来反手攻,右来正手攻,这样就会出现混乱而多元的格局,破坏了协调一致的全局总体作战。

(一)反手快攻(图 3-43)

1. 特点和作用

这种球站位近,动作小,球速快,落点活,带上旋的特点,能借用来球的反弹力提高球速。靠主动起板先发制人赢得机会,为正手发力制造机会,有时也能直接得分。比赛中能以攻代守对付对方的进攻,它是两面攻打法的主要常用技术之一。

图 3-43 横拍反手快攻

2. 动作要点

(1)站位偏左,身体离台约 40 ~ 50 厘米。两脚平行开立或左脚略前,两膝微屈,收腹含胸,身体向前左转。直拍上臂靠近身体右侧,横拍上臂不要紧靠身体。

(2)击球前,引拍至身体左侧,上臂与前臂之间约呈 100°。前臂与手腕几乎成直线,前臂外旋使拍稍前倾。

(3)击球时,当来球从台面弹起后,前臂和手腕向右前上方挥拍迎球,击来球的上升期。

(4)触球时,球拍触球中上部,击球瞬间,以前臂和手腕为主,向右前上方发力击球。触球时手腕向外转动,如遇高于网的上旋球,打击球的力量要多。如遇低于网的下旋球,拍形垂直稍后仰,触球中部,要加摩擦力。

(5)击球后,前臂和手腕顺势挥拍至右肩前方,身体重心移至右脚,迅速还原准备下一板击球。

3. 注意事项

(1)防止以抬代攻,前臂来不及旋外收缩发力,形成把球向上抬,球慢而高,易出界。

(2)反手攻下旋球,拍端略下垂,拍面后仰,触球中下部,向右前上方幅度略大,击球点与身体保持一定距离。

（二）反手快拉（图 3-44）

1. 特点和作用

反手快拉是对付下旋球的一项主要技术。它具有站位稍远、动作稍大、球速快、落点变化多的特点，可减少或避免出现正手空当。

图 3-44 横拍反手快拉

2. 动作要点

（1）站位在球台中间或偏左，身体离球台约 50～60 厘米。左脚稍前，身体重心落在双脚上，两膝微屈，收腹含胸，身体稍向左转。

（2）击球前，手臂自然弯曲（直拍上臂靠近身体右侧。横拍上臂不要紧靠身体）。前臂向左引拍并下沉，将拍引至身体左侧下方。拍面稍前倾。肘关节略向前。

（3）击球时，以前臂为主向右上前挥拍，同时腰、髋带动上体向右转动，击来球的下降前期。若来球下旋强度大，击球的中部，并加强摩擦。

（4）触球时，球拍触球瞬间，前臂向右上前方挥动，手腕同时向上转动发力摩擦击球，使球产生上旋。

（5）击球后，动作同快攻还原。

（三）反手快拨

1. 特点和作用

它是横拍快攻型打法常用的一种技术。借用来球的反弹力提高回球速度，能以守代攻，对付对方进攻，为扣杀创造机会。其特点是，站位近，动作小，球速快，线路活。

2. 动作要点

（1）站位偏左，身体离台约 40 厘米。两脚平行站立，两膝微屈，收腹含胸，身体稍向前左转动。

（2）击球前，手臂引拍至腹前偏左，同时前臂外旋，使拍面稍前倾，手腕稍作内收，肘关节略向前支出一些。

(3)击球时,以前臂和手腕为主,根据来球上旋强度的不同,向右前方或右前上方挥拍,击来球的上升期。

(4)触球时,球拍触球的中上部,击球瞬间前臂外旋,手腕外展和伸展、借用来球的反弹力。

(5)击球后,前臂和手腕顺势向右前挥拍,并还原成准备姿势。在全过程中,身体重心放在双脚上,或从左脚移至右脚上。

(四)反手快点

1. 特点和作用

反手快点用于反手攻近网短球一种技术。其特点与正手快点相同。在比赛中,双方用摆短技术,相互控制时,运用反手快点可以在反手位抢先上手,争取主动,伺机抢攻。

2. 动作要点

(1)站位靠近球台,回击左方大角度近网短球时,左脚向前方跨一步。回击中间或稍偏左近网短球时,右脚向左前方跨一步,身体向前倾斜。

(2)击球前,前臂和手腕持拍向前伸至台内。若来球上旋,由前臂外旋,使拍面前倾或垂直。若来球下旋,则前臂内旋,使拍面后仰。

(3)击球时,以前臂和手腕用力为主,击来球的高点期。

(4)触球时,来球是上旋,触球的中上部,向前用力要多些,来球下旋时,触球的中下部,向上用力要多些。在击球瞬间注意运用前臂外旋和手腕转动的爆发力。

(5)击球后,手臂顺势挥拍的动作要小,以利迅速后退还原。

(6)注意快点时不要用力过大,但速度要快,突然性要强。

3. 注意事项

快点时用力不要过大,但速度要快,突然性要强。

(五)反手扣杀(图3-45)

1. 特点和作用

站位稍远、动作幅度较大、力量重、球速快、略带上旋,攻击性强。在反手位遇到机会球时,又来不及侧身可用反手较大的力量回击来球。它是对付半高球威力最大的进攻性技术,亦是各种打法得分的重要手段。

2. 动作要点

(1)站位于球台中间偏左,右脚稍前,身体重心放在左脚上,身体略向左转。

(2)击球前,手臂向身体左侧偏后方引拍,肘部略前出,前臂外旋,使拍稍前倾。

（3）击球时，大臂带动前臂向右前下方挥击，同时腰髋向右转动，击来球高点期，触球中上部。

（4）触球时，球拍击球瞬间以大臂和前臂发力为主，腰髋部协助用力。但在扣杀下旋球时，拍面则要垂直或稍后仰，击球中部或稍靠下点，手臂向右前上方用力要多一些，手腕配合转动，增加向上的力量，抵消来球下旋力。

（5）击球后，手臂顺势向右前方挥动，身体重心从左脚移到右脚，并迅速还原成准备连续扣杀。

图 3-45　横拍反手扣杀

（六）反手中远台攻球（图 3-46）

1. 特点和作用

站位较远，动作幅度较大，力量较重，进攻性较强，线路长，照顾范围大。能利用力量和落点变化得分，被动时能以守代攻进行反击，为扣杀创造机会。通常作为一种过渡手段。

2. 动作要点

（1）站位离台约一米左右，右脚在前，身体略向左转，重心支撑点放在左脚，身体稍向左转。

（2）击球前，手臂自然弯曲，肘部略前出。将球拍引至身体左侧后方，前臂外旋，使拍面垂直。

（3）击球时，大臂带动前臂向右前上方挥拍迎击，同时腰髋带动上体向右转动。击来球的下降前期，触球的中部。

（4）触球时，击球瞬间以手臂为主向右前上方发力，腰髋协助用力。

（5）击球后，手臂顺势向右前上方挥动，身体重心从左脚移到右脚上，并迅速还原,准备击下一板来球。

图 3-46　横拍反手中远台攻球

(七)反手弹击(图 3-47)

1. 特点和作用

它是攻击型运动员在进攻中的一种补助技术,早已被优秀运动员在比赛中所运用,但至今尚未正其名。其特点是:动作小、灵、快,力量大,球速快、落点活、突然性强,威力大。常用于左方近网稍高的来球,可给对方造成困难多、难易防守,能直接得分或为扣杀创造机会。

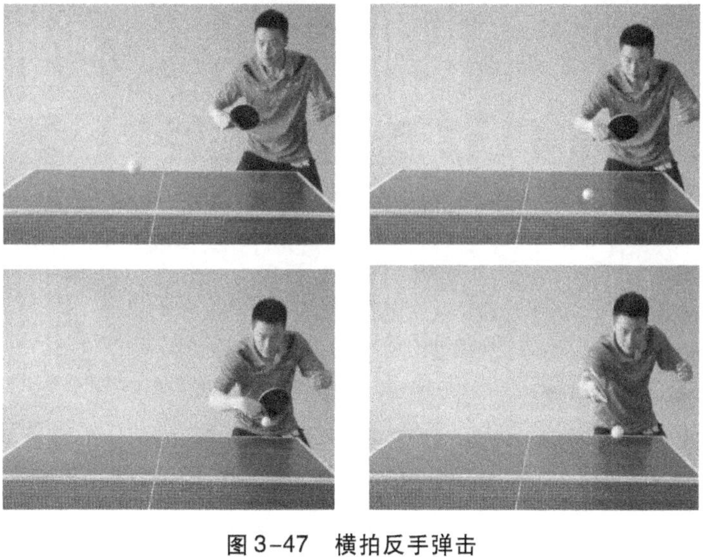

图 3-47　横拍反手弹击

2. 动作要点

(1)站位、步法移动同反手快点。

(2)击球前,手臂自然弯曲,前臂向前伸迎球的同时,手腕持拍自然放松,并稍往后收一些(内含爆发力)。拍形前倾,角度较大。

(3)击球时,手腕随着来球后撤球拍,常用球拍的顶端(离拍柄最远处)借助来球力量,小动作弹击发力,打击来球。

(4)触球时,击球瞬间手腕用力将球拍向前甩击,使来球和球拍产生最大的撞击力。通常是击来球的高点期,打击球的中上部或靠上部。

(5)击球后,手臂回收,并迅速还原,准备击下次来球。

(八)反手反带(撕)弧圈球(图3-48)

1. 特点和作用

反手反带又称为"撕"。它是一项对付弧圈球较新的技术,亦是由被动转主动的过渡性技术。它具有速度快、旋转强、弧线低、落点变化多的特点。反手快带的目的,是从相持或被动中转变为主动,争取机会进攻。

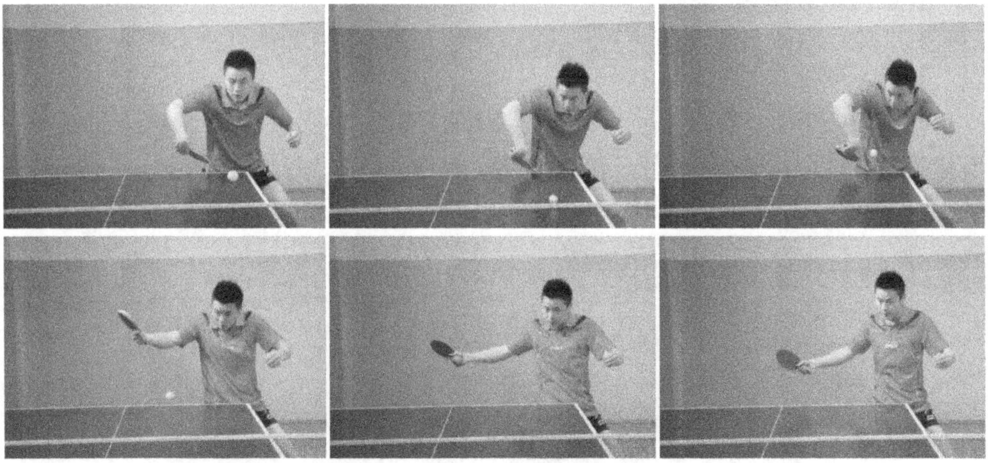

图3-48 横拍反手反带(撕)弧圈球

2. 动作要点

(1)站位稍偏左,离台约40厘米,左脚稍前或平行站。身体重心放在左脚或双脚上,上体稍向左转。

(2)击球前,手臂自然弯曲,前臂上提并外旋,将球拍引至身体左前方略高,并使拍形前倾。

(3)击球时,以前臂和手腕为主,向右前方挥拍,同时,腰髋带动身体向右转动,击来球上升期,触击球的中上部。

（4）触球时，击球瞬间紧握球拍，使拍面前倾保持稳定，手臂向前带球摩擦，并有意识地拧一下。

（5）击球后，手和臂顺势向右前方挥动，并迅速还原，准备下次击球。

（九）反手拉加转弧圈球（图3-49）

1. 特点和作用

其特点同正手拉加转弧圈球相比较，速度稍慢，力量较小，旋转较弱。它是弧圈型打法的主要技术之一。主要用于接左方下旋和侧下旋类发球，还可拉搓球、削球以及对付一般上旋和侧上旋球等。在比赛中，能抢先上手。若运用得好，可直接得分，还可为侧身正手拉前冲、扣杀创造机会。

图3-49 横拍反手拉加转弧圈球

2. 动作要点

（1）站位球台中间偏左，距台约60厘米或稍远些，右脚稍前或平行站立，身体重心放在双脚上。

（2）击球前，手臂自然弯曲、前臂向左下沉引拍至身体左侧下方，同时前臂外旋，使拍面微前倾，肘关节略向前，腰髋上身略向左转，重心落左脚。

（3）击球时，手臂向上前挥拍迎球，同时腰髋向右上转动，击来球的下降期，触球的中部略偏上。

（4）触球时，击球瞬间以前臂为主，向上并略向前发力摩擦击球，同时脚跟上提，腰髋转动辅助用力，使球产生强烈上旋。

（5）击球后，手臂顺势向前上方挥动，重心移转到右脚，并迅速还原成准备击下板球。

3. 注意事项

（1）注意拉上旋来球时，击球时间可在高点期。

（2）应注意拉球时，发挥反手出手快的特点。

（3）注意引拍时，球拍向后拉得不要太多，避免动作幅度太大，易拉空失误。

(十)反手拉前冲弧圈球(图3-50)

1. 特点和作用

它的特点同正手拉前冲弧圈球相比较,力量较小,速度较慢,前冲力较弱。它是弧圈型打法的主要技术之一,运用于击左方来球,在一定意义上可起到扣杀的作用。

图3-50 横拍反手拉前冲弧圈球

2. 动作要点

(1)站位应根据来球位置而定,右脚稍前,身体重心放在左脚上,腰髋和上体稍向左转。

(2)击球前,手臂自然弯曲,肘部略近身体,前臂向左后方引拍至身体左侧略偏下,同时前臂外旋,手腕内收,使拍面前倾。

(3)击球时,以前臂为主向前略向上挥拍迎球,同时,腰髋带动上体向右转动。击来球的高点期或下降前期。

(4)触球时,触球的中上部,击球瞬间以前臂为主加速向前并略向上发力摩擦。拍撞球时,手腕向前快速加力摩擦球,使球产生上旋强烈。

(5)击球后,手臂顺势向前上挥动,身体重心由左脚移至右脚,并迅速还原,准备击下板来球。

(十一)反手拉侧旋弧圈球

1. 特点和作用

侧旋弧圈球的飞行弧线,一般比前冲弧圈球略高,比加转弧圈球略低,落台后向左侧下方滑落的特点。它可以加大拉球的角度,增加对方的跑动范围和回接难度。亦可拉侧旋弧圈球至对方中右,借球的偏拐正好至对方追身,使对方很难回接(尤其是对付削球选手)。另外,侧旋弧圈球还有改变节奏的作用。

2. 要求

(1)拉出的侧旋弧圈球,一定要使球产生强烈侧旋力,具有向侧前方拐的冲力。这样才有威胁性。

（2）还应具备连续拉侧旋弧圈球的能力，或通过变化拉不同种类的弧圈球。

（3）比赛中应灵活运用，避免一味地盲目拉侧旋弧圈球。

（4）触球时，击球瞬间除向上用力摩擦球外，还要增加向左前方摩擦球的力量，使球产生强烈的左侧上旋。

（十二）横拍侧拧技术（图3-51）

1. 特点和作用

横拍侧拧技术，由于动作的用力方向和外观有些像人们拧螺栓的样子而得名。用此项技术击球后，运行中的球旋转方向比较特别，带有左侧上旋的性质，具有隐蔽性高、旋转性强、弧线飘忽不定的特点，从而打乱对方抢攻的节奏，主要运用于接台内反手位短球，是一种有效的进攻手段。

图3-51　横拍侧拧技术

2. 动作要领

击球前，身体重心前迎，右脚在前。击球时，身体更接近来球，反手拧时，肘部抬高，肘关节前顶，手腕内屈，拍头向右下，使球拍低于来球的上升高 点。来球下旋时，拍形稍仰，用球拍的前部摩擦来球的侧下部，“吃”住球，从左向右前上方摩擦，至对方大角；当来球不转或上旋时，拍形垂立，触球的中部或侧面中部。整个手臂引拍动作呈“S”形，挥拍击球的路线呈“L”形。击球后迅速还原。

3. 易犯错误及纠正方法

（1）手腕内收不充分，引拍距离不够。

纠正方法：肘关节前倾，带动前臂手腕放松，内收充分。

（2）撞击球的成分过多，摩擦成分少，球容易出界。

纠正方法：拍形略前倾，在来球的高点期，摩擦球的左侧中上部位。

(3)挥拍击球的路线过直,没有拧球的动作,回球没有旋转。

纠正方法:挥拍路线从右下向左上方挥拍,挥拍击球的路线呈"L"形

4. 练习方法

(1)采用徒手练习方式,体会引拍、挥拍击球时身体各关节发力的顺序和路线。

(2)拧自抛反弹球,一手抛球落于本方台上,一手持拍做侧拧练习。

(3)一发一拧练习,一人发多球,一人练习侧拧技术。先练习拧定点球,再拧不定点球。

(4)一发一拧练习,一人发单球至反手位半出台球,一人运用侧拧技术回击。

(5)接发球抢攻练习。一人发不定点球至对方反手位,一方根据来球的落点、高度等因素,运用侧拧技术回击。

四、攻球练习方法

攻球练习的基本方法和步骤,一般是先从正手近台攻球练习开始,逐步提高难度、质量,最后过渡到实践运用。如:徒手造型,上台练习,由少到多、从小到大、由易到难,死线活练,发力和借力,斜、直线结合,有规律到无规律,由简到繁,两种技术结合,适应变化,连续进攻,实战配套,等等。

(一)徒手造型练习

(1)徒手模仿正手近台攻球基本动作练习。先练原地的造型,脚、腿、膝、腰髋、重心移动、大臂、前臂、手腕手指持拍等,进行完整的、最基本的造型动作协调配合练习。

注意:一定要严格按照技术规格的动作要求,不准走样进行练习。基本掌握后再结合步法练习,如原地移动攻球,左右移动攻球等。

(2)徒手模仿反手近台攻球基本动作练习(方法同上)。

(3)徒手模仿侧身攻基本动作练习(方法同上)。

(4)徒手模仿正反手结合两面攻基本动作练习(方法同上)。

(5)徒手模仿反手攻结合侧身攻基本动作练习(方法同上)。

(6)徒手模仿反手攻结合侧身攻后扑右,然后返回反手攻进行循环基本动作练习。

(二)上台练习,由慢到快,从少到多

正确的动作基本能掌握后,上台先练习攻打慢球,较快球,较大力量球。逐步提高击球回合的数量,先做到稳健、准确。初步建立起攻球技术动作的动力

定型。

(1)近台攻打慢球:陪练用平挡供球,稳对稳,提高数量。

(2)近台攻打较快球:陪练用挡球供球,稳、准要求,提高数量。

(3)近台攻打较大力量球:陪练用推挡供球、稳准要求,提高数量。

(三)由小到大

主要指攻球力量(小、中、大)。开始由小发力攻到用中等力量发力攻,最后过渡到用大力量攻,连续大力量攻。须在能攻打较多回合的基础上进行练习。可避免初学者发力攻时,容易使做功的肌肉群紧张、僵硬,从而破坏动作的和谐。

(1)近台攻打挡球,一点对一点,击来球高点期,练习发力小的攻球。

(2)近台攻打挡球,一点对一点,击来球高点期或下降前期,练习中等力量攻球和小、中力量结合攻球。

(3)近台攻打挡球,一点对一点,击来球高点期或下降前期,练习大发力攻球,小、中、大力量结合攻球,连续大力攻球。

(四)死线活练

固定线路,攻打不同的速度、力量、旋转、落点变化着的来球,使之能够逐步适应,并过渡到能进行对攻、反攻的境界。如,运用全面反手推挡技术:快推与平挡,加力推与减力挡,下旋推挡与上旋推挡,长与短,左与右等变化供球练习。先练单一变化,后练综合变化。

一点攻一点、一点攻二点、二点攻一点和二点攻二点的练习过程中,陪练应运用各种推挡技术变化供球,先练单一不同来球变化,如:加力推与减力挡供球。后练综合技术变化供球。

(五)由易到难

不同性能的来球,有着不同的规律。相应地要求攻球者,要用不同的攻球技术动作去回击。在死线活练的基础上,再下功夫分别对各种来球进行难度更大、质量更高的训练。方法:从有规律定点改为无规律不定点练习。内容增加对攻、削球、搓球。

(六)斜、直线结合练习

(1)单线球专题练习。在直线和斜线的单线练习中,逐步发展和提高不同速度、力量、旋转、落点的来球,进行适应和进攻能力的训练。

(2)对来球进行斜线—直线—斜线—直线的初级配合练习,逐渐在反复练习中提高命中率。力量及回击速度,应接近于比赛实战中的需要。注意严格要求，提高难度和质量。

(3)对来球进行数板斜线—数板直线—数板斜线的循环练习，然后再提高为板数不规律的变线，直到无规律的斜、直线练习。要求从难、从严、从实战出发进行科学训练。

(七)从简到繁

逐步适应和提高攻打不转、下旋、上旋、不同力量、不同速度、不同落点的来球，对这些内容的提高不要好高骛远，一下子去攻打高难度来球，应该埋下头来，由简易内容到繁难内容，步步为营，扎实挺进。

(八)从有规律到无规律的提高

只有对规律性很强的来球在旋转、落点、力量、速度等变化中能适应和掌握，然后再升华到运用自如地发力，动作上也轻松而有余地时，才能算有了一定的基础，方可开始逐渐摆脱有规律性的来球，进入无规律性来球的练习，逐步提高实战比赛所需要的能力。

(九)发力攻和借力攻的单独练习与配合

攻球时发出大、中、小台阶性的力量，是必不可少的技术。只会一种发力是不够的，练好拉中突击、搓中突击、发力对攻、扣杀机会球等是重要的基本功，应该做到反复练习。

如：用100个球为一组，在训练中统计出成功与失误的比例，再从失误中统计出出界和下网的比例，找出失误的原因，明确其因果关系。然后再进行针对性的训练，逐渐提高击中的命中率和力量。同时，还要注意到发力攻和借力攻的单独使用与配合。我们常看到有些运动员打了一板高质量的发力攻后，对方却挡回一个近网的小球，此刻由于不善于用小动作稍轻的力量连续去攻，很可能出现慌乱，甚至失误。究其原因，往往是发力攻时，动作大、还原慢，缺乏重板扣杀与轻打的配合练习。在习惯意识上认为，发力重杀之后，生死已定。另一种现象是连续拉后，却不能在出现机会球时发力重板扣杀而贻误了战机，甚至被对方反击，这些现象都反映出在基本功的训练中缺乏对发力攻和借力攻的单独使用和配合运用的练习，因而直接影响战绩。

(十)两种技术的配合

1.正、反手攻球的配合

要从指导思想上要明确，以正手攻为主导，以反手攻为辅助的位置。不能平分秋色，左来左打、右来右打的混乱、多元化的格局，破坏协调一致的总体作战。反手攻虽然有时也能直接得分，但不如正手攻的力量大，杀伤力大，摧毁力大。

因此，反手攻应辅助、配合正手攻，为正手攻多争得主动。它是全局选势、造势、抢势的开路先锋。配合正手攻能形成一片积极、灵活、主动、全面、快速的进攻网。这个有机的配合一定要贯穿在平时的训练之中。

2. 发球抢攻的专题训练

发球抢攻是开路先锋，属于前三板的争抢，在比赛中是相当关键的，不可轻视。本着"以练为战"的原则，发球与正反手抢攻练有几套熟练掌握的单个技术并要求密切结合，能准确地掌握规律。这些内容要有目的性，在指标上提出较高的要求，进行反复的训练，力求达到打在前边，直接得分或者打出优势的效果。在练习中要注意以下几点。

(1)看准来球的旋转程度，准确地掌握好摩擦与打击球的比例的配合。

(2)以下旋手法发下旋球，使来球规律化，力争快速抢先上手，然后再伺机进行扣杀。

(3)以下旋发球的形态，发出不转球或侧上旋球后，准备发力进攻，力争摧毁对方。这个核心是对旋转程度、规律要知己知彼，才能做到既稳又凶。

(4)发近网短球，使球的第二跳不出球台，然后施展台内手腕和手指的弹击法来抢攻。

(5)抢攻时要注意，收效较大的进攻落点，往往是对方中间偏右的部位。

3. 接发球的专题训练

接发球要从稳字上着手，向凶字上着眼。要先吃透来球的旋转规律，然后要求适应它。最初用中小力量来回击各种旋转、速度、力量、落点变化的不同球。渐渐学会主动抢先上手起板，发挥正反手攻球的威力。抢攻要注意充分利用侧旋球的反弹上升力，从而加强攻击力。对下旋球要谨慎地注意下旋球的下坠力，攻击时应先摩后打，制造一定的上旋弧线，以减少失误。在练习中探索掌握规律和不断研究击球技巧，借以逐步加大攻球的威力和击球的命中率。

(十一)从适应变化到配合使用

从适应一种单一性能的来球，到逐步提高适应各种不同性能的多变能力。在这个过程中相应组织起自己的独特自成一套或多套的变化套路。从而综合熔铸，单独运用，组成自己的单个战术。

(十二)连续进攻

随着技术不断提高，对一个优秀选手来讲，只进攻二三板是微不足道的，也是难以奏效的。连续进攻是把激烈的搏斗推向高潮并争取最终胜利的手段，亦是彻底摧毁对方防线的气概和技术实力。但没有良好的基本功做后盾，无法体现连续进攻的风格特色和技术威力。因此，连珠炮式的连续进攻能力是必备的实力，这个技术实力的取得并没捷径，只有通过科学的、艰苦的训练才可能取得。方法可结合以上练习中进行，也可针对性地进行专题训练。

（十三）实战配套

在上述练习的基础上，结合自己在练习中技术掌握形成的特点，进行初步实战配套专题训练。如：发球抢攻精练习几套，接发球对近网球、出台球、急球有抢先上手和反控制的技术方法，反手攻结合侧身扣杀，连续反手攻结合正手打回头，侧身攻后扑右，搓球突击，快拉突击，被动中转相持，再变主动过渡转变中的技术，等等。

第五节　直拍反手反面横打技术

直拍反手反面横打技术，是20世纪70年代河南省运动员、世界冠军葛新爱的一项技术创新。后有刘国梁的继承、完善，并丰富和发展了直拍反手反面横打技术，拓宽了直拍快攻打法的球路，使传统的左推右攻打法朝着两面攻方向发展。继而21世纪又出现我国优秀选手王皓反手横打式的两面攻打法等，都在世界各种比赛中显示这种技术创新的威力。目前，它的技术种类有：反手反面攻球技术，反手反面拧、挑技术，反手反面快拨技术，反手反面弹打技术，反手反面拉弧圈球等。

一、反手反面攻球技术（图3-52）

1. 特点和作用

它是反手横打的主要技术，具有动作小、速度快、变化多、突然性强的特点。可运用快攻、快拉对付上、下旋来球，接对方发来反手位的侧上、下旋球，也可以扣杀机会球，以及扑右还原时攻球，可化险为夷，能在相持中转主动，为侧身抢攻创造机会。

图3-52　直拍反手反面攻球

2. 要求

能快攻，能快拉，能发力，能近网，能近台，能中台，能攻上旋球，能攻下旋球。还应具备发球抢攻，接发球抢攻，搓中突击，拉中突击和能攻打弧圈球等能力。

3. 动作要点

（1）击球前，站位近台，左脚稍后，右脚在前，手腕前臂内旋与大臂夹角约45°，拍形前倾约50°。

（2）击球时，手臂向后引拍至体前，身体重心移到左脚，在高点期或下降前期击球，利用腰髋和挺腹的力量辅助发力。

（3）触球时，球拍触球的中上部，以肘关节为轴，主要用拇指和反面三指以及手腕、前臂向上前或前上发力。快拉向上摩擦多，打少。快攻向前打多，摩擦少。

二、反手反面快挑技术

1. 特点和作用

它具有站位近、动作小、手段隐蔽，出手变化快的特点。主要运用于左方台内近网短球，可解决反手接短球不足，它是前三板争抢阶段常用的一项新技术，能从被动转为主动，能抢先上手，破坏对方发球抢攻。

2. 动作要点

（1）击球前，脚要向左前插半步到位，上身靠近球台，手臂向前伸迎球，拍形角度约50°。

（2）击球时，手腕自然下垂，身体重心移到前脚，击来球高点期。

（3）触球时，球拍触球中部，主要用拇指和反面三指向上前发力，食指自然放松。

三、反手反面快拨技术

1. 特点和作用

它主要是对付上旋球在借力中发力。通常运用在双方快攻相持中，能起到变化节奏的目的，还可运用在接发球，能起到抢先上手、变被动转主动的作用，为抢攻创机会。它具有站位近、动作小，快速、稳健的特点。

2. 动作要点

（1）击球前，站位同反手推挡，手腕外展向左斜上方稍微竖起，拍形角度前倾约50°。

(2)击球时，前臂、手腕稍微向后引拍，与大臂夹角约45°，以肘关节为轴，击来球上升期。

(3)触球时，球拍触球的中上部，主要用拇指和反面三指发力向前上挥动前臂摩擦球。

四、反手反面弹击(图3-53)

1. 特点和作用

它属于一种攻击性技术。具有动作小、速度快、突然性强等优点。从动作幅度上看是一个快速而较小的技术动作。弹击过去的球，对方很难应付，效果甚佳。它还包括反面敲打技术。

图3-53　直板反手反面弹击

2. 动作要点

(1)击球前，站位同反手反面快拨，拍形前倾角度约50°。

(2)击球时，身体重心略高，手腕向后转动引拍，以撞击球为主，在高点期或上升后期击球。

(3)触球时，球拍触球的中上部。主要运用拇指和反面三指发力，触球瞬间手腕迅速向前甩动球拍。

(4)敲打时，拍形前倾角度约45°，手腕不向后转动引拍，固定好拍形，以敲撞击球为主，不带摩擦，触球中上部或上部。

五、反手反面拉弧圈球

它是直拍反面横打最主要的一项技术，难度较大，具有反手反面出手快的特点。可运用于发球抢攻，接发球抢先上手，拉搓球，拉对方劈搓加转长球，在相持中运用反手反面快撕等。若运用得好，不仅其本身可以直接得分，还可为正手抢攻创造机会。反面拉弧圈球技术分为加转高吊弧圈球、前冲弧圈和快撕三种技术。

（一）反面加转高吊弧圈球（图 3-54）

（1）击球前，站位与快攻相同，手腕、前臂自然下垂，腰部向左下方呈弧形转动，膝关节稍弯曲、收腹，身体重心略下沉，拍形角度稍前倾。

（2）击球时，以肘关节为轴，前臂、手腕由下向上前挥拍摩擦球，利用挺腹和两脚蹬力帮助发力，击来球下降前期，身体重心从左脚移至右脚。

（3）触球时，球拍触球的中部，要用拇指和反面三指发力。

图 3-54　直拍反手反面加转弧圈球

（二）反面拉前冲弧圈球（图 3-55）

（1）击球前，站位同前，在拉底线长球时，左脚向后侧退半步，手腕、前臂向后引拍，身体重心比拉加转弧圈球略高，拍形角度前倾。

（2）击球时，以肘关节为轴，手腕、前臂由后向前上挥拍摩擦球，利用腰髋转动向前挺腹和两脚蹬力帮助发力，击来球上升后期或高点期，也可击下降前期。

（3）触球时，球拍触球的中上部，主要用拇指反面三指和手腕发力，注意发挥反手反面出手快的特点。

图 3-55　直拍反手反面前冲弧圈球

（三）反手反面快撕技术（图 3-56）

主要是用它来回击弧圈球，其特点是速度快、旋转强。

（1）击球前，前臂引拍到身前偏左侧，左脚稍前，右脚稍后或两脚平行，身体重心移到左脚，拍形前倾与台面约成 30°。

（2）击球时，以肘关节为轴，前臂向右前上方快速挥拍发力，回击来球的上升后期或上升前期。

(3)触球时,球拍触球靠近顶部,触球瞬间手腕要紧握球拍,固定拍形,拇指和反面三指向前至右前下方发力摩擦球,并有意识的拧一下。

(4)注意击球位置应保持在身前较近,击球时应防止手腕翻动。

图 3-56 直拍反手反面快撕技术

六、反手反面台内侧拧(图 3-57)

1. 特点与作用

直拍反面台内侧拧技术具有隐蔽性高,旋转强,弧线飘忽不定的特点,能够打乱对方抢攻的节奏,主要运用于接台内反手位短球,是一种有效的接发球进攻手段。

图 3-57 直拍反面台内侧拧

2. 动作要领

站位近台，击球前，右脚向前方插入台内，持拍手手臂深入台内，手腕向内屈、收下垂，手臂手腕呈“S”形，拇指和中指用力，食指放松。击球时，在球的高点期摩擦球的左侧中部偏上位置，挥拍路线从右下向左上方挥拍，发力方向呈“L”形，使球上旋过网，击球后，迅速撤步，还原成准备姿势。

3. 易犯错误及纠正方法

(1)手腕内收不充分

纠正方法：肘关节前提，带动前臂手腕放松，手腕内收充分，球拍拍头向下，手臂、手腕和球拍呈“S”形。

(2)撞击球过多，摩擦太少

纠正方法：拍形略前倾，在来球的高点期摩擦球的左侧中上部位。

(3)挥拍击球的路线过直

纠正方法：挥拍路线从左下向右上方挥拍，发力方向呈“L”形。

4. 练习方法

(1)采用徒手练习方式，体会引拍、挥拍击球时身体各关节发力的顺序和路线。

(2)一发一拧接练习。一方搓下旋短球至对方反手位近网处，练习方运用直拍台内侧拧技术回击，先练习定点，然后逐渐过渡到不定点。

(3)采用多球练习的方式，强化该技术形成。

(4)接发球抢攻练习。根据对方发球的落点和弧线，大胆采用直拍台内侧拧技术回接，提高接发球的主动性。

第六节　搓球技术

搓球类似削球动作，故又称为“小削板”。它是运用在近台和台内回击下旋球的一种过渡性的，比较稳健的技术，是初学者起步入门先行掌握的技术之一，是各种类型打法都不可缺少的技术，亦是初学削球必须掌握的入门技术。搓球动作小，力量小，球速慢，旋转和落点变化多，线路短，前进力小。通常用来控制对方的攻势，寻找或创造进攻机会。

搓球是快攻打法运动员接发台内短球很重要的一种过渡性、反控制对方的技术，而且也是某些战术的重要组成部分。如：搓中突击，拉与搓结合，搓中拉弧圈球等。对于削攻打法和弧圈球打法选手，搓球更是一项重要的基本技术。但运用必须得当，才能起到它应有的作用。

合理运用搓球,要从战略的观点来研究看待它,搓球只是一种过渡性技术,不能多用,否则会被动挨打。另外,它远不如进攻积极。因此,快攻打法选手,在战略上,应树立多攻少搓,每次只搓一板,要有积极主动抢先上手的抢攻意识。削攻打法的选手,也要不断增强提高搓中进攻的能力。

搓球技术种类繁多。按击球位置不同可划分为:正手搓球和反手搓球。按击球时间的早晚不同,可划分为:快搓和慢搓。按球的旋转强弱不同,可划分为:搓转球与不转球。按旋转方向不同可划分为:下旋和侧下旋等。

一、要求

(1)要搓得快:必须掌握好搓球的时间,掌握上升期击球。搓球时身体要跟上,步法要迅速向前,左、右移动到位,手臂要迎前。触球时出手也要适当加快。

(2)要搓得短:必须注意做到借住来球的反弹力进行回击,并要适当控制自己的发力,尽可能使搓回的球短而不跳出台外。

(3)要搓得低:应根据来球旋转的不同,适当调节拍面角度、触球部位和发力方向,使回球弧线低而又不下网。如:来球下旋强,前进力小时,可搓球的中下偏底部,并多向前发力。如来球下旋弱,前进力大时,可搓球的中下偏中部,并多向下发力。

(4)要搓得变化多:除上述要求搓得快、短、低外,还必须搓得变化多。搓球时,在速度上要有快慢结合变化,在旋转上要有搓转与不转和搓侧旋的变化,在落点上要有长、短、左右和大角度的变化。只有把旋转和落点的变化,同快、低等要求巧妙结合起来,才能使搓球收到更好的效果。

二、搓球技术系列(以右手持拍为例)

(一)反手慢搓(图3-58,图3-59)

1. 特点和作用

它是最稳健的一种搓球。其特点是:动作较大,速度较慢,利于加转与搓不转球结合,旋转差距大,对方不易进攻。同快搓和摆短相结合,能有效地改变击球节奏和落点,增加对方回击难度。可争取主动和创造进攻机会。

2. 动作要点

(1)站位近台在球台中间偏左,身体离台约50厘米,右脚稍前。

(2)击球前手臂自然弯曲,前臂略提起并内旋,引拍至身前左上方,拍面稍后仰,腰、髋略向左转,重心转向左脚。

(3)击球时,前臂和手腕向右前下方挥拍,击来球的下降期中段、触球的中下部。

(4)触球时击球瞬间手腕辅助前臂发力摩擦球，同时，上体微向右摆，重心转移到右脚或两脚之间。

(5)击球后，手臂顺势向右前下挥动，并迅速还原成准备击下一板球。

图3-58　直拍反手慢搓

图3-59　横拍反手慢搓

(二)反手快搓

1. 特点和作用

动作小，击球时间早，回球速度快，与慢搓结合可以变化节奏。它主要用来对付对方发过来和搓、削过来的近网下旋球。可以回搓近网短球，也可以回搓底线长球；为争取主动抢先上手创造条件。

2. 动作要点

(1)站位在球台中间稍偏左，离台约40厘米，右脚在前。

(2)击球前，左脚向左前方上步，重心落在左前脚掌，身体向前略向左转，手臂向左前方迅速前伸迎球，同时前臂略内旋，使拍面稍后仰。

(3)击球时，在上升前期击球，来球下旋强时，拍触球的底部，前臂和手腕向前用力要大些去摩擦球。来球下旋弱时，拍触球的中下部，前臂和手腕向下前用力切摩要大些。应根据来球旋转程度不同，调节好拍形。

(4)触球时，击球瞬间手腕辅助前臂用短促小爆发力摩擦球。

(5)击球后，手臂迅速放松，左脚掌向后蹬地，还原成准备击下板球。

（三）正手慢搓（图3-60，图3-61）

1. 特点和作用

与反手慢搓基本相同。它比反手慢搓难度大，使用率低。

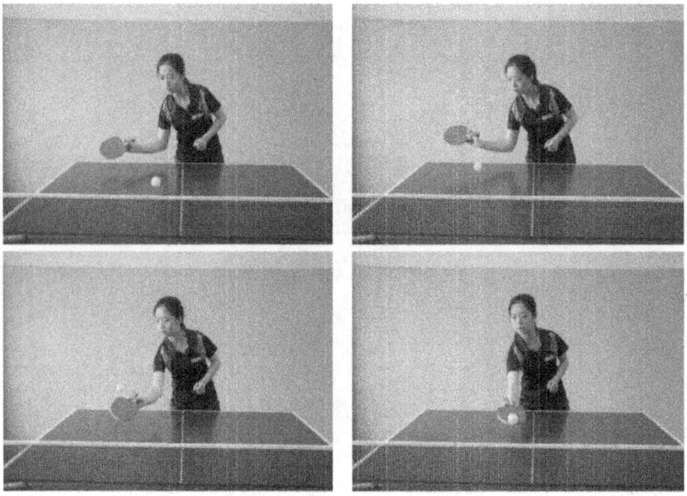

图3-60 直拍正手慢搓

图3-61 横拍正手慢搓

2. 动作要点

（1）站位稍偏左，离台约50厘米，左脚稍前，手臂自然弯曲。

（2）击球前，右脚向前上一小步，前臂略提起并外旋引拍至体前右上方，拍面后仰，上体略向右转，重心移至右脚。

(3)击球时，前臂和手腕向左前下方挥拍，击来球的下降期，球拍击球的中下部。

(4)触球时，击球瞬间手腕辅助前臂发力摩擦球，上体微向左转。

(5)击球后，手臂迅速放松，用小跳步还原成准备击下板球。

(四)正手快搓

1. 特点和作用

它与反手快搓相同。

2. 动作要点

(1)站位稍偏左，离台约40厘米，左脚在前，重心在两脚之间偏左脚。

(2)击球前：引拍时，右脚往右前方上步，重心落在右前脚掌，前臂略提起并外旋，引拍至身体右前上方，使拍面稍后仰。

(3)击球时，前臂和手腕向左前下方挥拍迎球，身体向前略向左转，在来球的上升期击球的中下部。前臂和手腕向前下切摩用力，若来球下旋强时，拍触球底部，前臂和手腕向前用力摩擦球应大些。

(4)触球时，球拍击球瞬间前臂和手腕借来球反弹力适当用力，向左前下方摩擦球。

(5)击球后，手臂迅速放松，用右前脚掌向后蹬地小跳动，还原成准备击下板球。

(五)反手搓侧旋球

1. 特点和作用

球速慢、弧线低、带右侧旋偏拐、不易“吃转”。通常在接发球和对搓中运用，对方回击时，易从右侧出界或回球较高，从而为自己创造抢攻的机会。

2. 动作要点

(1)站位稍偏左，离台约50厘米，左脚稍前，身体向前略向左转。

(2)击球前，手臂自然弯曲，前臂提起并内旋，引拍至身体左侧前方，使拍面稍后仰。

(3)击球时，前臂和手腕向左前方挥拍迎球，击来球的高点期或下降前期，触击球的中下部。

(4)触球时，击球瞬间以前臂为主向右前发力摩擦球，同时手腕辅助用力。直拍选手，手腕向右有一拧挑动作，也可以向右上拧挑出侧上旋球。

(5)击球后，手臂迅速放松，用小跳步还原成准备击下板球。

(六)正手搓侧旋球

1. 特点和作用

与反手搓侧旋相同,不同之处是带左侧旋偏拐。

2. 动作要点

(1)站位稍偏左,离台约50厘米,左脚稍前,身体稍向右转。

(2)击球前,前臂提起并外旋使拍面稍后仰,引拍至身体右侧前方。

(3)击球时,手腕外展,前臂和手腕向左前下方挥拍迎球,击来球的高点期或下降前期,触击球的中下部。

(4)触球时,击球瞬间以前臂为主向左前发力摩擦球,同时手腕辅助用力。直拍选手的手腕向左有一勾挑动作,也可以向左前上勾挑出左侧上旋球。

(5)击球后,手臂迅速放松,用小跳步还原成准备击下板球。

(七)搓转与不转球

1. 特点和作用

要尽可能做到用相似的手法,能搓出加转与不转两种球,迷惑对方,使对方不易判断出球旋转强度,对方回击时,容易下网,直接得分,或回击出较高球,可为进攻创造扣杀机会。

2. 动作要点

(1)不管是快搓或慢搓,都可搓出加转与不转两种球。

(2)搓加转球时,要适当加大球拍的后仰角度,击球瞬间充分利用前臂和手腕的力量,以快速向前下方摩擦球的中下偏下部或底部。

(3)搓不转球时,球拍的后仰角度可适当减少一些,击球瞬间球拍挥动速度要适当慢些,向前轻轻用力推送,少摩擦球。当球离拍后,前臂和手腕突然用力加快速度,以便与搓加转球动作相似。

(八)搓球摆短

1. 特点和作用

它具有动作小、回球快、弧线低、线路短、落点近网、借力搓击的特点。它是在快搓的基础上,20世纪70年代发展成一种“摆短”技术。主要用来对付近网下旋球,能遏制对方抢拉、抢攻,它和快点、快搓结合起来运用,会取得较好的效果。

2. 动作要点

(1)站位近台,引拍时向前上一步,身体前伏,重心前移。

(2)击球前,前臂向前伸的动作比快搓更快一些,使拍接近来球着台点,拍面后仰,击来球上升前期,触球的下中部或底部。

(3)击球时，动作幅度很小，前臂和手腕结合发力要小，应借助来球的反弹力。有时还要有一定的减力动作，把来球轻摆至对方网前。

(4)接长球摆短时，主要用手腕和手指发力，运用借力搓短球，注意重心要稳。因为你想把长球摆短，就要借助身体用力，可用身体带动前臂和手腕快速从右向左转一点，以减少长球过来的冲力，在来球上升期摩擦球。

(九)搓球劈长

1. 特点和作用

为配合摆短技术，又发展出一种快搓“劈长”技术。它具有速度快、线路长、弧线低、旋转强的特点。一般运用在接发球和对搓中，回球落点非常接近球台端线，使对方上手进攻时失去必要的发力距离，攻球质量下降，也不能用摆短反控制。

2. 动作要点

(1)动作要领基本和快搓相似。

(2)击球前，上体向前伸，前臂自然弯曲伸入台内，拍头略上提，击来球的上升后期或高点期。

(3)击球时，拍形稍竖起，手腕结合前臂快速用力向前下方砍球。力量集中在球上，动作幅度稍大，身体重心要随摩擦球的动作向前跟球出去。

(十)晃搓

亦可称为“晃撇”。它是搓球在接发球中运用较有效的技术。由于身体常伴由右向左的转晃动作，可迷惑对方对线路的判断。人们为了区别正常的搓球技术，而形象地称之为“晃接”。

一般是在侧身位，用正手搓侧旋球，常与搓短球，侧身挑球配合运用。用晃撇接发球，最好击球时间是在高点期，拍形基本是横状稍竖起，手腕保持外展。击球的右后中部，向左侧下部摩擦，由右上向左前下方发力，使球带有左侧下旋。

三、搓球注意事项

(1)搓球时，球拍向前伸过早，掌握不好击球时间，使球“顶”在球拍上，不能很好地借来球的反弹力，造成回球弧线偏高，手臂发不上力。

(2)搓球时，身体和手臂脱节，不能配合协调一致，应注意运用单步和重心移动，同时迎前。

(3)搓球时，前臂向前切送力量不够，容易造成回出高球或球不过网。

(4)搓球时，手腕动作过大，影响搓球提高质量。

(5)搓球时，不能依据来球旋转和高低，长短球变化，而随时调整动作和拍形，易吃对方旋转直接失误，或给对方击出机会球。

(6)初学者,开始应先学反手慢搓打基础,然后学正手慢搓和正反手结合练习。再学反手快搓,然后学正手快搓和正反手结合练习。最后练习正反手快、慢搓综合训练。

(7)识别双方在对搓球中,发生旋转的几种变化:若对方搓球比自己搓得转,回过来的球则呈下旋;若对方搓球没有自己搓的转,回过来的球,则呈上旋;若双方对搓的球,旋转基本相等,回过来的球不转。因此,应注意在双方对搓时,要分清每板球的性质。

(8)注意搓球动作不宜太大。击球时,要充分利用前臂和手腕手指的力量,向下前切、送、摩擦球。

(9)注意在学搓球的同时,还要学会运用单步向左右前后移动,并用小跳步还原。严禁不动搓球,养成坏习惯。

(10)学会搓球后,还要学会与快拉或拉加转弧圈球技术组合,这样才有进攻威力。

(11)搓球是技巧性非常强的细腻技术。它要求手上功夫要有感觉。如摩擦球时,能感到吃得住球,在拍上能停留住球。因此,要求手腕放松,握拍的手指用力均匀,在触球瞬间能发力摩擦或不摩擦球,对切、摩、送都需要通过实践努力钻研,反复体会,才能达到运用自如掌握得好。

(12)搓球的动作要迅速、灵巧、敏捷。要以快搓控制对方,不给对方有抢攻的机会,或者在被攻时也是在预知之内。如:用快搓至对方左大角,即使对手快速侧身抢攻,其落点也是在自己的左方,易于防守、相持和反攻。因为这种球对方若强行侧身攻直线,客观的条件太差了,对方是很难成功的。因此,球的变化和主动权仍在自己的搓球控制之中。

(13)要会运用搓加转与不转球迷惑对方,并与自己的突击、抢拉、抢冲密切结合。搓加转球时,能吃住球,运用前臂、手腕和手指力量使用拍面摩擦球。搓不转球时,用拍面碰送般的把球托送过去。注意二者动作要相似。

(14)搓球不仅是一种过渡性的辅助技术。它是通过控制落点,速度、旋转等变化给对方造成进攻上手的难度。除削球选手外,不可多用。一定要通过搓球的途径步入自己打法特长技术的轨道上来。过多的搓球必然形成被动防守的局面。因此,快攻型选手必须具有良好的进攻意识。要树立少搓多上手意识或限定只搓一板。即便没有机会上手进攻时,必须搓球,也一定要有意识地控制好球,为自己创造下板进攻机会。搓球训练时,一定要结合进攻,逐步建立搓球为进攻创造条件的主动意识。避免习惯性搓球,习惯性变正手等保守求稳的习惯形成。

(15)脚步移动要快。对保证合适的击球位置,击球时间尤其重要。通常搓接短球时,需要尽快上前移动步法接近来球。因为短球下降快,上前移动慢了就会失去合适的击球时间。搓接长球时,身体移动要稳,并适当放慢节奏。因为球长冲力较大，上前击球过快会失去必需的发力距离，难于控制球。

第七节　削球技术

削球技术是欧洲选手在20世纪50年代前称霸世界乒坛的重要技术，它有横拍和直拍削球之分。削球是一种积极的防御性的技术，它又是削攻打法的主要技术，具有稳健性好，冒险性小的特点，随着攻球技术的不断发展，击败了“消极防御”（即稳削），继而在与积极性防御斗争中又占了上风。如一板重扣，可以得分，而一板加转球，就未必奏效。一般人们对旋转的适应能力一直在提高，而对速度的适应能力就有一定的限度。因此，削攻打法者必须沿着“实力+积极防御+攻球”的方向发展，才能在激烈的比赛中运用削球来限制对方的进攻，用削球迫使对方被动，甚至失误，用削球为自己的进攻创造条件。

削球属于以柔克刚的技术。它的击球动作舒展大方，给人们有一种独特的美感，是乒乓球百花园中一朵奇葩。它击球时间较晚，运行弧线较长，具有球速慢，命中率高，旋转和落点变化多的特点。对方不易发力进攻，通过旋转和落点的变化，可调动对方，迫使对方失误，同时配合伺机反攻而得分。

一、削球技术系列（以右手持拍为例）

（一）正手近台削球（图3-62）

1. 特点和作用

动作较小，击球点较高，节奏和球速较快，线路和落点变化多。有利于近削逼角，能使对方左右移动，回击困难，可伺机反攻。主要运用在对方拉球力量不大，旋转不强时使用。

2. 动作要点

（1）站位一般离台约一米以内，左脚在前，重心放在右脚，身体稍向右转。

（2）击球前，手臂自然弯曲，前臂略向右上方提起并外旋，引拍至身体右上方，拍面稍后仰同时右脚向右后上一步。

（3）击球时，前臂和手腕向左前下方迅速挥拍迎球，击来球高点期或下降前期。

（4）触球时，触球的中部偏下，击球瞬间大臂带动前臂和手腕协调用力，向左前下方摩擦切削击球。

（5）击球后，手臂顺势挥动并放松，用跳步迅速还原成准备击下板球。

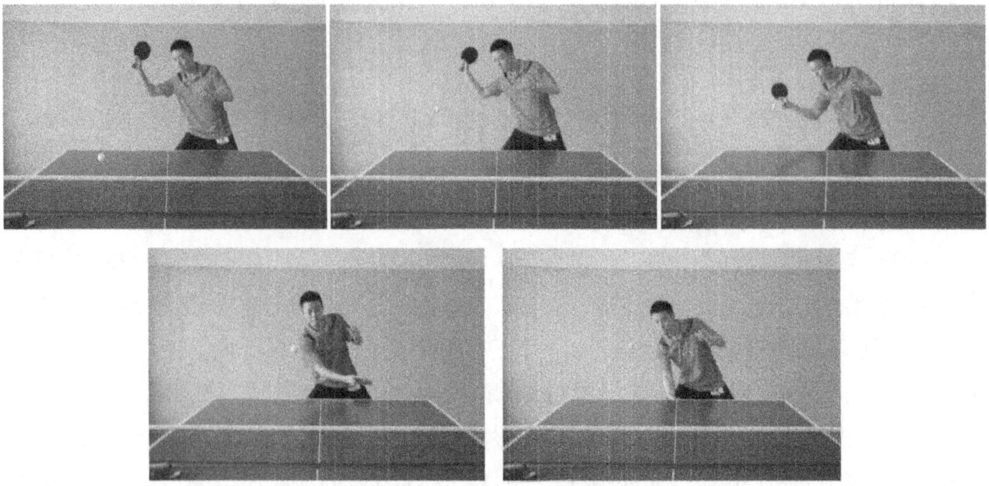

图 3-62　横拍正手近台削球

(二)正手远台削球(图 3-63)

1. 特点和作用

动作较大,击球点较低,球速较慢,飞行弧线较低而长,比较稳健。可运用旋转变化控制对方,通常在接弧圈球时使用。

图 3-63　横拍正手远台削球

2. 动作要点

(1)站位一般离台约一米以外,左脚稍前,重心放在偏右脚,身体向右稍转。

(2)击球前,上臂外展前臂略提起并外旋,引拍至身体右上方,拍形稍后仰,同时右脚向右后上一步。

(3)击球时,前臂带动手腕向左前下方迅速挥拍迎球并外旋、击来球的下降后期。

(4)触球时,触球的中下部,击球瞬间身体和手臂同时协调用力,向左前下方摩擦球。

(5) 击球后,手臂顺势挥动并放松,用跳步还原成准备击下板球。

(三)反手近台削球(图3-64)

1.特点和作用

同正手近台削球。

图3-64 横拍反手近台削球

2.动作要点

(1)站位一般离台约一米以内,右脚稍前,身体略向左转。

(2)击球前,左脚向左后上一步,前臂略提起并内旋,引拍至左上方约与肩平,拍面稍后仰。

(3)触球时,击球中部或中下部,击球瞬间以前臂和手腕发力为主,向右前下方摩擦切削击球。

(4)击球后,手臂顺势挥动并放松,用跳步迅速还原成准备击下板球。

(四)反手远台削球(图3-65)

1.特点和作用

同正手远台削球。

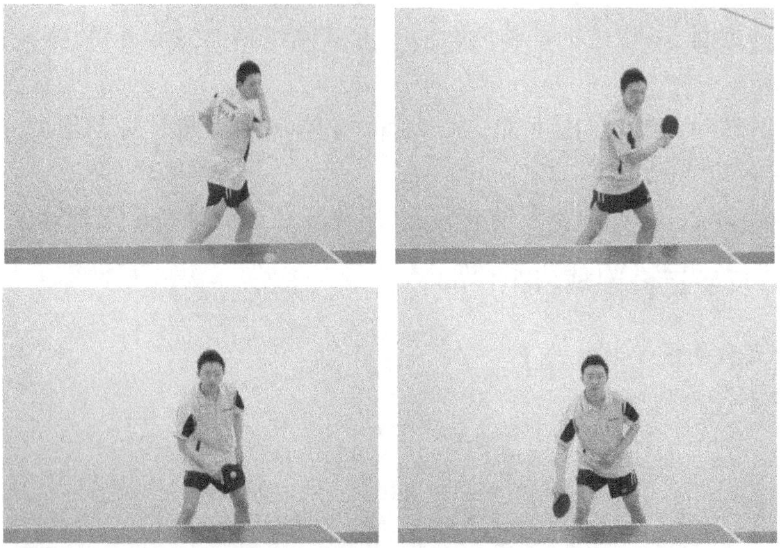

图 3-65　横拍反手远台削球

2. 动作要点

(1)站位一般离台约一米以外,右脚在前,左脚稍后,身体略向左转。

(2)击球前,左脚向左后撤一步,前臂略提起并内旋,引拍至身体左后上方与肩高处,拍形后仰。

(3)击球时,上臂带动前臂向右前下方挥拍迎球,击来球的下降期。

(4)触球时,触球的中下部,击球瞬间身体、手臂、手腕协调用力,向右前下方摩擦切削击球。

(5)击球后,手臂顺势挥动并放松,用跳步还原成准备击下板球。

(五)扑接近网短球

扑接近网球短球的关键,在于警惕性高,判断准确,反应快,步法移动灵活。一般是在对方猛攻之后,或当削球的落点接近球网附近时,对方放短球。如,能在扑接近网短球时,能够控制好回球落点,或能够进行反攻则更好。通常可由被动变为主动,甚至能直接得分。

1. 动作要点

(1)在扑接近网短球时,首先应根据当时自己站位离球台的远近来调整回接位置。如离球台较近时,可用跨步或跳步去回接;如离球台较远或更远时,可用前冲步或小碎步结合跨步上前去接球。当身体靠近球台时,要注意用前脚掌撑地,并以屈膝来控制向前的冲力,保持身体的稳定。

(2)回接近网短球时,常用有以短制短的方法,即用搓短球和控制落点来压抑对方发动进攻。采取轻搓来接短球时，手臂伸进台内用力要适当，球拍触球后不能再前送，要利用来球的反弹力，将球轻轻地回接到对方近网处。回接短球的高度，主要由球拍后仰的角度大小来决定。为了避免回出高球，除了减小拍面后仰角度外，有时还可用前臂略微向下用点力，去控制回球的高度，并用手腕的内屈和外展来调整拍面的偏斜角度，用以控制斜线或直线。如需搓底线长球，则球拍触球时，手臂适当向前送。

(3)在掌握用搓球回接近网短球的基础上，还要掌握用快拨、快点、快拉等打台内球的方法。

(六)削加转弧圈球

1.特点和作用

因加转弧圈球上旋力强，第二弧线较低、下滑快，削球难度大，易吃旋转反弹出界或削出高球。因此，削加转弧圈球时，击球时间要晚，应在下降后期，手臂向上提，拍形竖起，动作幅度较大，利用来球上旋反弹力，手臂向下压球用力，压低弧线。

2.动作要点

(1)站位应根据来球落点的远近和前冲力大小，迅速移动选择合适的击球位置，一般离台约一米左右。如落点接近端线，前冲力大，应向后移步；如落点在台面中间，前冲力小，应向前移步。击球点一般选在右腹前(指正手)左侧前(指反手)为宜。

(2)击球前，手臂上提向后上方引拍幅度要稍大些，拍形垂直，保持球拍与击球点之间有足够的加速距离，以利于发力击球。

(3)击球时，协同身体重心的移动力量，上臂带动前臂向下用力大于向前用力。触球瞬间先压后摩擦再送，触球的中下部，手腕相对固定。

3.提示

(1)以前削加转弧圈球大多在下降后期，随着技术的发展，为了提高回球的质量和稳健性，现在提倡在下降前中期击球，注意向下做切的动作较多。

(2)为了提高控制弧圈球的能力和加大削球旋转，应特别重视运用身体重心的移动力量，即腿膝、腰髋、腹等部位的协调配合。

(七)削前冲弧圈球

1.特点和作用

因来球速度快、力量大、旋转强、弧线下沉快，削接这种球难度比较大，它是削球中的一项重要技术。因而要削好前冲弧圈球，除了要有快速的反应和判断外，还必须要有灵活的步法和较好的控制球的能力。因为来球快，相应回球速度也快。如能控制好回球弧线并配合落点变化，不仅可以有效地压制对方的进攻，而且还会迅速地变被动为主动。

2. 动作要点

(1)站位离台约一米以外，根据来球速度快，前冲力大的具体情况，首先要迅速向后移动步法，一般是运用单步或跳步进行移位。

(2)击球前，身体保持稳定，前臂迅速向上提起引拍(不要向后上引拍)，拍形竖起略后仰。

(3)击球时，前臂发力要快、短促，并增加向下力量，手腕固定，由上往下前用力压球，抵消来球向上反弹力和控制回球弧线高度。重心转移要快。

(4)触球时，触球的中下部，击球瞬间身体转动，腰髋、腿膝辅助向下用力。以前臂为主向下前用力，并借冲力和反弹力切削。

(5)击球后，手臂顺势挥动并放松，用跳步迅速还原成准备击下板球。

3. 提示

手臂压球用力的大小，主要是根据来球的情况及站位的远近来决定。

(1)如来球速度快，站位离台较近时，则手臂向下用力要大些。

(2)如来球速度虽快，但站位离台较远时，则手臂向下用力要小些。

(3)如来球速度快，站位离台较远，并且击球点又比较低。则手臂向下用力的同时还要适当附加向前的力量，用于调整回球弧线的高度。

(八)削突击球

1. 特点和作用

削突击球的由来是在对方进攻时，突然加力或突然袭击过来的球叫突击球，或叫低球突击，削球者称为“顶重板”。其特点是：力量重、速度快、突发性强。对削者有较大的威胁性，它是削球难度很大的技术，但也是战胜对方的一项主要技术。其种类大致有发球后突击，搓中突击，拉中突击，放短球后突击等。要接好突击球，必须判断准确，迅速移动步法，掌握好拍形和用力方向。整个削球动作要小而迅捷，才能顶得住来球的攻势，争取变被动为主动。

2. 动作要点

(1)站位，根据来球速度快、冲力大，可运用跳步迅速向后退选位，一般都选在中台。

(2)击球前，上体转动和前臂向上提起，引拍要快(不要向后上方引拍)，拍面接近垂直。

(3)击球时，手臂向下前快速挥拍迎球。击来球的下降期，触球的中部偏下，向前发力要快、短促。

(4)触球时，击球瞬间整个动作小而快，身体转动，腰膝辅助用力。以前臂为主向前下用力，并借冲力反弹力切削摩擦球。

（5）击球后，手臂顺势挥动并放松，用跳步迅速还原成准备击下板球。

3. 提示

手臂压球用力的大小，应根据来球的速度、力量及站位的远近来决定。

（九）削中路追身球（图 3–66）

1. 特点和作用

这种球回接难度较大，因来球逼近身体，受到身体的妨碍而影响击球动作。因此，削球容易削出偏高球，造成对方攻击，或削球直接失误。要削好追身球，根据来球速度、力量、落点运用不同的迅速移动让位方法。尽可能使击球点离身体能远一些，并注意控制好回球的弧线和落点，尽量避免对方连续攻击。

图 3–66　横拍削中路追身球

2. 动作要点

（1）移步让位法

1）单步让位反手削：来球在中路偏左的位置，或本人善于用反手削中路球者，采用此法。左脚向右后方撤半步或一步，腰带动身体略向左转，并收腹。上臂靠近身体右侧，前臂上提引拍至胸高，拍形垂直。触球瞬间，前臂内旋，肘稍支出，前臂随身体重心向右下前方下切削出，压低弧线。

2）单步让位正手削：来球在中路偏右的位置，或习惯用正手削中路球者，采用此法。右脚向左后方撤半步或一步，腰带动身体向右转动并收腹。上臂靠近身体，前臂向右上方提起引拍，拍形垂直。触球瞬间，前臂随身体重心向下用力为主，手腕控制好拍形，并有一个摩擦球动作。

3）换步让位反手削：右脚先向右移半步，左脚再随之向右后方移半步或一步。腰带动身体略向左扭转，可腾出位置用反手削球。这种让位方法比单步让位法，腾出的空间大，利于手臂动作，但无单步让位快。

4）换步让位正手削：许多削攻打法选手采用此法。因为正手削球调节出的空间比反手大。左脚先向左跨半步，右脚再随整个身体的右转向右后方移半步或一步。

(2)收腹含胸法:如来球速度极快、力量大,直冲中路,来不及移步让位时,采用此法。应迅速收腹、含胸、提踵,甚至双脚跳起,同时提拍上举,再向前下方用力切削。整个击球动作比较小快,而且回球速度也较快。

(十)削加转与不转球

1. 特点和作用

在提高削球技术质量的要求下,能用相似的动作手法,削出加转与不转两种球。可使对方不易判断出球的旋转强弱,可造成对方击球下网和出界失误,或者出现较高球,为自己进攻创造出扣杀机会。但要在掌握上述各种削球技术的基础上,正手削球和反手削球都要学会削加转与不转球。

2. 动作要点

(1)削加转球时,球拍触球瞬间前臂和手腕要集中突然用力,加快摩擦摆速,从来球的中下部快速往下部摩擦。摩擦球要"薄"(即作用力要远离球心)。

(2)削不转球时,球拍触球瞬间前臂和手腕向前下方推送,轻托来球的中下部,适当增加撞击力,减少摩擦力。摩擦球要"厚"些(即作用力要接近球心)。待球出手后,前臂和手腕要突然用力加快摆速,以便与削转球时的动作基本相同,使对方难以判断旋转强弱。

二、削球应注意的问题

(1)初学者一般是在学习掌握了推挡技术,搓球技术、攻球技术之后,可作为辅助技术学习削球技术。个别选手确定了削攻打法后,再进行削球技术训练。

(2)必须学会掌握使用正、反手削球技术的结合。

(3)注意加强步法移动练习。应根据来球弧线的高低、落点的长短和左右,及时的向前、向后、向左、向右移动。确保合适的击球位置和稳定的击球时间。绝不能形成用手够球,以手法迁就步法的坏习惯。

(4)引拍时要注意球拍的上提动作,如果对球拍动作上提不够,则容易出现回球过高和不过网或回球下旋不强的现象,导致失分或被攻。

(5)削球时,应注意步法、手臂、腰腹、腿等全身紧密配合以协调用力,不能脱节。

三、使用球拍的性能问题

由于各种球拍性能的不同,其击球的技术动作也就有所不同。因此,就需要了解它,并在实践运用中去掌握它。

(1)使用海绵反贴胶球拍,削球则应以摩擦为主。推挡和扣杀球、杀高球除外。

(2)使用长胶拍击球,因为颗粒细长,颗粒触球即向不同方向倒伏,不易摩擦球。因此,要注意发力集中,在触球时,多撞击少摩擦,借对方来球的旋转、力量来加转或变不转。

(3)使用海绵正贴生胶球拍(弹性高,颗粒较软的正胶)击球时,以撞击球为主,摩擦较少。

(4)使用海绵正贴熟胶球拍(弹性略低,颗粒较硬的正胶)击球时,摩擦要较生胶多,对“击”与“擦”要求能较好地协调结合。

四、综合练习方法

(1)原地做徒手模仿正反手,远近台削球技术动作挥拍练习。

(2)运用单步移动击球,跳步还原做徒手模仿正反手、远近台削球技术动作挥拍击球练习。

(3)上台练习。采用多球练接发平球,先练正手削球,后练反手削球,再练正反手结合削球。先练原地,后练移动削球。

(4)练习正手和反手连续削回对方用轻拉过来的球,并结合单步、跳步移动。先练固定落点,后练不固定落点削球。

(5)练习正反手结合连续削球。方法同上。

(6)练习近削和远削逼角。一人轻拉陪练,运用正反手削球到对方左角,然后到对方右角。

(7)逼角后结合变线练习。可连续削逼左角,突然变线削回右角;或连续削逼右角,突然变线削回左角。

(8)一人轻拉、扣杀再结合放短球。可练到三种不同来球。先练正手接三种不同来球,后练反手接三种不同来球,最后练正反手结合接三种不同来球。

(9)削、挡、攻结合练习。先练正手单线削、挡、攻结合,后练反手单线削、挡、攻结合,最后练正反手削、挡、攻综合。

(10)练习比赛。削攻型打法对快攻型打法比赛或削攻型打法对削攻型打法比赛。

第八节　其他技术

一、放高球

(一)特点和作用

站位远、弧线长、曲度大、回球高,带有上旋或则上旋。它是在防御时所采用的一种手段。放高球最好能将球击到对方的端线,利用上旋和侧旋的变化,造成对方回球困难或直接得分。同时,可利用球的飞行时间长,从而争取到时间,调整自己站位和准备动作,以取得主动或反攻的机会。

(二)动作要点

1. 正手放高球

(1)站位远离球台一米以外,左脚在前,上体右转。

(2)击球前,持拍手臂向右后下方引拍,球拍呈半横状,拍面垂直或略前倾,重心放在右脚。

(3)击球时,手臂手腕向前上挥拍迎球,击来球的下降后期,触球的中部略偏上。

(4)触球时,击球瞬间前臂和手腕向上前用力摩擦提拉球。若要拉侧上旋,则球拍向上提拉的同时增加向右摩擦球动作的力量。

(5)击球后,手臂手腕顺势向前上方或侧前上方挥动并放松,运用跳步还原成准备击下板球。

2. 反手放高球

(1)站位远离球台一米以外,右脚在前,上体左转。

(2)击球前,持拍手上臂和肘关节靠近身体,前臂向左下方引拍,拍面略后仰,重心放左脚。

(3)击球时,前臂和手腕向右上方挥拍迎球,击来球的下降后期,触球的中部偏下。

(4)触球时,击球瞬间前臂和手腕向上前用力摩擦提拉球。若要拉侧上旋则球拍向上提拉的同时,增加向左摩擦球动作的力量。

(5)击球后,手臂顺势向前上方或侧前上方挥动,放松。运用跳步迅速还原成准备击下板球。

(三)注意事项

放高球靠近对方端线、旋转强才有威胁。

二、杀高球

1. 特点和作用

通常杀高球多使用正手,因正手杀高球不受身体妨碍,最为顺势,便于集中发力(图3-67)。其特点是站位较远,动作幅度较大,力量重,命中率高。它是攻击高球的一种技术是直接得分的手段。击来球的上升期,俗称“落地开花”,速度快、威力大,对方不易提防,但力量稍小些。击来球的高点期或下降期,俗称“盖顶扣杀”,命中率高,力量也大。

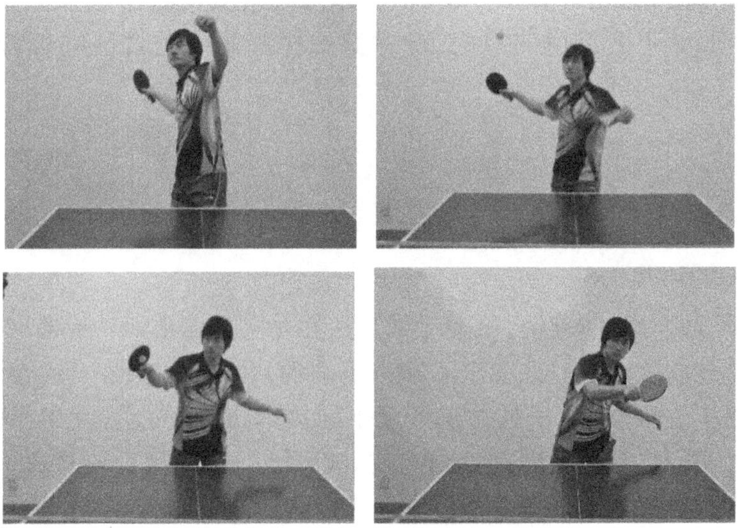

图3-67　横拍正手杀高球

2. 动作要点

(1)站位应随来球位置而定,一般离台较远,左脚在前。

(2)击球前,整个身体和手臂随着腰髋向右转动,手臂尽量向身体右后方引拍,同时前臂内旋,使拍面前倾,重心转到右脚。

(3)击球时,随着右脚用力向前上蹬地、伸腿,开始转重心,腰髋亦向左前转动。整个手臂由后下方向前上方挥动,身体重心逐渐上升,然后逐渐转向前下方挥拍迎球,当来球飞至头与肩之间高度时,以前倾拍形猛击球的中上部。

(4)触球时,球拍击球瞬间,手臂快速收缩加速,由前上方向左前下方用力压落打击。同时,腰髋积极配合用力,触球的中上部。

(5)击球后,手臂顺势向左前下方挥拍,重心从右脚移到左脚上,全身放松,用跳步还原成准备击下板球。

杀高球还有一种击来球上升期,"落地开花"的打法,又称为"截打"。当来球弹起上升到明显超过网高时,手臂从后上方向前下方猛烈击球中上部。注意必须使击球位置与对方台面有直射线,而不被球网阻挡。这种打法要对来球弹起后的上升路线有精确判断,否则容易扑空,造成直接失误。

(三)注意事项

(1)注意区别来球长短,不要发死力。若来球近网或中台时,应以前臂发力为主,并配合击球落点,要保证击球命中率。

(2)注意引拍时,前臂不要沉得太低,以免人为制造弧线,影响力量的发挥,甚至击球出界。

(3)注意掌握适当的击球高度,应在来球飞落到与自己头部与肩部之间的位置击球。扣杀上升期的来球时,应注意选择来球飞到自己胸部较高的位置击球。

三、放短球

1. 特点和作用

站位近,动作小,回球快,落点近网。它是乒乓球运动中一项辅助技术,常用于攻球对削球的争夺中。在突击和扣杀进攻后,当对方退到中、远台防守时,运用正手或反手放短球,可使对方来不及上前接球,造成失误;或在扑救短球时,因位置不合适而出现机会球,从而为自己扣杀创造出条件。放短球一般只宜在来球近网和落点不太远时运用,但动作要突然、要快、落点要短,这样才会取得好的效果。

2. 动作要点

(1)站位近台,前臂迅速向前伸迎球,击来球的上升期。

(2)击球时,要根据来球的不同旋转性能,确定拍面角度和触球部位。如来球下旋强度大时,拍面稍后仰,轻击球的中下部。如来球下旋强度小时,拍面接近垂直,轻轻向前击球中部。

(3)触球时,球拍击球瞬间以前臂和手腕为主,轻轻发力,利用来球的反弹力回击到对方近网处。

(4)击球后,手臂顺势向前挥动幅度要小,并迅速还原成准备击下一板球。

(5)提示:如能做到击球前以快拉或突击的假动作,突然改变放短球,效果会更好。

第九节　发球结合技术配套组合

凡将两种或两种以上单项技术结合起来运用，称之为组合技术或称为基本战术。结合技术是通往战术的桥梁，是战术的基础。而战术是由多套的组合技术所构成的。结合技术的运用，在于各种击球技术和步法的有机配合。结合技术的范围广、种类多，本书只选择主要的同类结合技术配套组合和不同类结合技术配套组合给予介绍。发球结合技术配套组合主要有以下几种。

（1）反手低抛发急上、急下旋球组合，以及结合发近网短球配套组合；反手低抛发下旋转与不转球配套组合；反手低抛发右侧上、右侧下旋球配套组合；反手高抛发右侧上、右侧下旋球配套组合。

（2）正手低抛发右侧上旋、左侧上旋急球“奔球”组合，以及结合发近网短球配套组合；正手低抛发左侧上、左侧下旋球配套组合；正手低抛发下旋转与不转球配套组合；正手高抛发下旋转与不转球配套组合。

（3）侧身正手低抛发下旋转与不转球配套组合；侧身正手高抛发左侧上、左侧下旋球配套组合；侧身正手高抛发直线上旋急球结合发近网短球配套组合。

（4）下蹲式正手低抛发右侧上、右侧下旋球配套组合；下蹲式正手低抛发左侧上、左侧下旋球配套组合；下蹲式正手盖发上旋、侧旋球配套组合。

（5）直拍反面反手低抛发下旋转与不转球配套组合；直拍反面反手低抛发右侧上、右侧下旋球配套组合；直拍反面反手低抛发急上、急下旋球组合，以及结合近网短球配套组合。

（6）正手低抛抖动式发下旋转与不转球和上旋球配套组合。

第十节　推挡、攻球、搓球、削球结合技术配套组合

推挡、攻球、搓球、削球结合技术配套组合主要按照同类结合技术配套组合和不同类结合技术配套组合给予分类（具体内容见表3-1）。

表 3-1 推挡、攻球、搓球、削球结合技术配套组合

技术名称	同类与不同类结合技术	结合技术配套组合
推挡球	同类推挡球结合技术配套组合	1. 反手快推结合加力推配套组合
		2. 反手快推结合推左侧上旋球配套组合
		3. 反手快推结合推左侧下旋球配套组合
		4. 反手快推结合推左侧旋球配套组合
		5. 反手快推结合推下旋球配套组合
		6. 反手加力推结合减力挡配套组合
		7. 反手加力推结合推下旋球配套组合
		8. 反手快推结合正手快推配套组合
	不同类推挡球结合技术配套组合	1. 反手快推结合正手快攻配套组合
		2. 反手加力推结合侧身攻配套组合
		3. 反手快推结合反手攻配套组合
		4. 反手推下旋球结合侧身攻配套组合
		5. 反手推左侧上旋球结合侧身攻配套组合
		6. 反手推左侧下旋球结合侧身攻配套组合
		7. 反手推左侧旋球结合侧身攻配套组合
		8. 反手快推变直线结合正手攻配套组合
		9. 反手加力推变直线结合正手攻以及连续攻配套组合
		10. 反手快推结合侧身攻后扑正手配套组合
		11. 反手挡切下旋球转反手搓球结合侧身突击配套组合
		12. 正手、反手推挡球结合正手、反手顶扣杀球配套组合

续表 3-1

技术名称	同类与不同类结合技术	结合技术配套组合
攻球	同类攻球结合技术配套组合	1. 反手快攻结合正手快攻技术配套组合
		2. 反手快拉结合正手快攻技术配套组合
		3. 反手快点结合正手、反手快攻技术配套组合
		4. 反手快拨结合正手、反手快攻技术配套组合
		5. 反手快攻结合正手侧身扣杀技术配套组合
		6. 反手快拉结合正手侧身扣杀技术配套组合
		7. 反手快点或弹球结合侧身正手扣杀技术配套组合
		8. 反手快拉结合侧身攻后扑正手中远台攻球配套组合
		9. 反手拉加转弧圈球结合正手扣杀技术配套组合
		10. 反手拉加转弧圈球结合侧身正手扣杀技术配套组
		11. 反手拉加转弧圈球结合正手前冲弧圈球技术配套组合
		12. 正手快攻结合正手扣杀技术配套组合
		13. 正手快拉结合正手扣杀技术配套组合。
		14. 正手拉小弧圈球结合正手扣杀技术配套组合
		15. 正手拉加转弧圈球结合正手扣杀技术配套组合
		16. 正手拉加转弧圈球结合正手拉前冲弧圈球配套组合
		17. 正手拉前冲弧圈球结合正手连续攻配套组合
		18. 正手快点结合正手快攻和正手扣杀或连续攻配套组合
		19. 正手快挑结合正手快攻和正手扣杀或连续攻配套组合
		20. 正手快带结合正手快攻和正手扣杀或连续攻配套组合
		21. 正手拧挑结合正手快攻和正手扣杀或连续攻配套组合
		22. 侧身正手快攻结合正手扣杀技术配套组合
		23. 侧身正手快拉结合正手扣杀或连续攻技术配套组合
		24. 侧身正手扣杀结合正手连续攻技术配套组合
		25. 正手中远台对攻结合反手中远台对攻技术配套组合
	不同类攻球结合技术配套组合	1. 发短球、摆短或台内球对方抢先上手击过来的左边或右边球结合正手、反手快攻打回头配套组合
		2. 对推对方变过来的直线球结合正手快攻打回头配套组合
		3. 对推对方侧身快拉过来直线球结合正手快攻打回头配套组合
		4. 对推对方侧身扣杀过来直线球结合正手快攻打回头配套组合
		5. 对推变直线，对方正手快攻击过来右边斜线球，结合正手快攻打回头配套组合
		6. 推挡对方连续进攻结合正手快攻打回头配套组合
		7. 正手轻拉削球，对方削中反攻结合正手快攻打回头配套组合
		8. 正手快拉削球，放短球，对方反攻结合正手快攻打回头配套组合
		9. 正手快拉削球，放短球，结合正手低球突击配套组合
		10. 正手快拉削球结合正手低球突击配套组合
		11. 拉加转弧圈球攻削球结合正手扣杀配套组合
		12. 正反手对搓结合正手低球突击配套组合
		13. 正反手对搓结合侧身正手低球突击配套组合

续表 3-1

技术名称	同类与不同类结合技术	结合技术配套组合
搓球	同类搓球结合技术配套组合	1. 反手慢搓结合正手慢搓配套组合
		2. 反手快搓结合正手快搓配套组合
		3. 正手反手慢搓结合正手快搓配套组合
		4. 反手慢搓结合反手搓推左侧下、上旋配套组合
		5. 反手慢搓结合正手搓推左侧下、上旋配套组合
		6. 反手搓转不转球结合正手慢搓配套组合
		7. 正手搓转不转球结合反手慢搓配套组合
		8. 正反手搓转不转球结合正反手快慢搓配套组合
		9. 反手慢搓结合反手搓球摆短配套组合
		10. 正手慢搓结合正手搓球摆短配套组合
		11. 正手快慢搓结合正反手搓球摆短配套组合
		12. 正反手快慢搓结合搓球劈长配套组合
	不同类搓球结合技术配套组合	1. 正反手慢搓结合正手快拉配套组合
		2. 正反手快搓结合反手快拉配套组合
		3. 正反手快慢搓结合正手拉小弧圈球配套组合
		4. 正反手快慢搓结合正手低球突击配套组合
		5. 正反手快慢搓结合侧身正手低球突击配套组合
		6. 正反手搓转不转球结合正手扣杀配套组合
		7. 反手搓推左侧上旋球结合侧身正手扣杀配套组合
		8. 反手搓推左侧下旋球结合侧身拉加转弧圈球配套组合
削球	同类削球结合技术配套组合	1. 正手近台削球结合反手近台削球配套组合
		2. 正手远台削球结合反手远台削球配套组合
		3. 正手近台削球结合正手远台削球配套组合
		4. 反手近台削球结合反手远台削球配套组合
		5. 正手削加转球结合正手削不转球配套组合
		6. 反手削加转球结合反手削不转球配套组合
		7. 正手近台削球结合正手削中路追身球配套组合
		8. 反手近台削球结合反手削中路追身球配套组合
		9. 正手近台削球结合正手远台削突击球配套组合
		10. 反手近台削球结合反手远台削突击球配套组合
		11. 正手削加转弧圈球结合正手削前冲弧圈球配套组合
		12. 反手削加转弧圈球结合反手削前冲弧圈球配套组合
		13. 正手远台削球结合正手扑接近网短球配套组合
		14. 反手远台削球结合反手扑接近网短球配套组合

续表 3-1

技术名称	同类与不同类结合技术	结合技术配套组合
削球	不同类削球结合技术配套组合	1. 正手近台削球结合正手推挡球配套组合
		2. 反手近台削球结合反手推挡球配套组合
		3. 正手近台削球结合正手中远台攻球配套组合
		4. 反手近台削球结合反手中远台攻球配套组合
		5. 正手中远台削球结合正手扑打近网短球配套组合
		6. 反手中远台削球结合反手扑打近网短球配套组合
		7. 正手削突击球结合正反手搓球以及搓球突击配套组合
		8. 反手削突击球结合正反手搓球以及搓球突击配套组合
		9. 正手削前冲弧圈球结合正反手搓球配套组合
		10. 正反手削前冲弧圈球结合正反手搓球配套组合
		11. 正手削突击球或削前冲弧圈球结合反手放高球配套组合
		12. 反手削突击球或削前冲弧圈球结合正手放高球配套组合

【本章小结】

乒乓球技术包括发球、接发球、推挡、快攻、拉弧圈球等基本技术，还有与之相对应的结合技术。只有掌握了这些基本技术及相应的结合技术，才能实施相应的战术。没有技术做支撑的战术是不可能实施的。

【课后练习】

1. 拉加转弧圈球的注意事项有哪些？
2. 直拍横打与直拍横拉的动作有什么不同？
3. 横拍侧拧技术的动作要领有哪些？

【知识拓展】

一、练球小提示

1. 发转与不转发球时，在比赛中若要达到好的效果需做到两点：一要动作相似，二要旋转差别大。所以一定要在把球发转的基础上，再学习用极相似的动作发不转球。所谓动作相似包括抛球动作都要相似。

2. 拧拉球的初学阶段多摩擦球的侧面，也就是先找到球的线速度最慢的部位，而后通过练习逐渐把力量向前发，提高球的速度。

3. 提高阶段的组合练习通常会遇到的问题

(1) 拉完下旋拉上旋时的衔接问题：拉下旋时击球时间不能太晚，这样能避免上下旋衔接时重心起伏太大；还要注意步法的调整。

(2) 处理近网短球后，再后退处理长球的问题：例如右手握拍的运动员上步处理右前近网短球后，退回到左后处理长球。通常要养成右脚落地后马上做支撑退回的习惯步法。

二、切削机器绍勒尔

20世纪20年代到50年代削球打法占据国际乒坛的主导地位，尤其欧洲选手清一色的削球。到了50年代末欧洲出现了少数以攻为主的运动员，然而大部分仍是以稳削为主。在众多的削球运动员中有一名被乒坛誉为“切削机器”的选手，他就是原西德优秀运动员绍勒尔。

绍勒尔一头金发、一米八的个子，身高臂长，本是得天独厚打攻球身材。可他却反其道而采用两面稳削的打法，不管对手是攻球、削球还是左推右攻，绍勒尔都以不变应万变，一律用两面削球应对，而且从不攻一板球。动作只有两个——正手削球和反手削球，每个动作都是不差分毫。在削球过程中一个球比一个转、一个比一个更近网、更低，让对方越攻越费力，越打越着急，心理产生急躁，造成动作变形而失误。

绍勒尔的经典之战是1965年在原西德卢布尔雅那举行的第28届世界乒乓球锦标赛，男子单打八进四时与我国优秀运动员张燮林的一场“世纪削球大战”。一个是欧洲横板“切削机器”，一个是亚洲直板削球“魔术师”。他俩的对阵引起全场万余名观众的极大兴趣。一个球要在绿色球台上来回打几十个，甚至上百个回合。全场观众以极大的兴趣数着球的回合数。前四局打成2：2，决胜局比分交替上升，难分伯仲，一直打到27：25绍勒尔取胜。这场马拉松式的削球大战长达2小时，绍勒尔荣获季军。

三、国际乒联的积分办法

进入奥运会、世界和洲际锦标赛、国际乒联职业巡回赛和一些其他赛事单打最后阶段比赛的运动员将获得奖励积分。这些奖励积分在12个月内有效，除了奥运会奖励积分每年递减25%，世界比赛每年递减50%，每2年1次的洲际比赛每年递减50%。

排名表的第二列（　）中显示运动员上一次排名，(〈〈)表明名次未发生变化。(unr)表示在前次的排名中未出现。

运动员在战胜2名根据以往4年中的成绩取得排名的运动员后，将被给予启始积分并进入排名表。“新运动员”将用如下方式来标明：“n”说明他们首次进入排名表；“r”表明他们启始积分重新计算的时段，亦即从他们获得两场比赛胜利之时到他们获得5场胜利5场失败的时间；“f”表明他们的起始积分终止。

在12个月或更长时间内没有成绩的运动员将被取消排名（除非参加了世界锦标赛，则排名保留至下届锦标赛为止）。“＊”说明该运动员6个月没有成绩，“＊＊”说明该运动员1年没有成绩。这些运动员在今后取得成绩后可以重新进入排名表。在4年内没有成绩的运动员将被视为新运动员。

第四章 乒乓球战术

【学习任务】

通过本章的学习，了解乒乓球战术的分类以及各个战术的目的。乒乓球战术的最终目标是在比赛中为给对手制造困难，并为自己得分创造条件。通过对几大战术的学习，掌握各类战术的特点和设计思路以及具体的步骤实施，并以获得的理论知识指导日常的训练和比赛。

【学习目标】

1. 了解乒乓球战术的分类。
2. 掌握各类战术的目的。
3. 掌握各类战术的应用。
4. 学会双打战术的配合运用。
5. 掌握乒乓球比赛战术的实战运用。

【学习地图】

发球抢攻战术→对攻战术→拉攻战术→削中反攻战术→搓攻战术→双打战术→实战运用

第一节 发球抢攻战术

发球抢攻，是我国乒乓球运动员各种类型打法技战术中的重要战术之一，亦是前三板技术中最具威胁性的技术之一。发球后抢攻的有效率越高，造成对方接发球时心理压力越大，从而迫使对方在接发球时，不得不提高回球难度，或者采取接发球凶抢，希望以此摆脱接发球后被攻的被动局面。这样一来就能有效限制对方接发球的方法与变化，还会增加对方接球失误。如果抢攻技术跟不上，再好的发球也会被对方逐渐适应，对方会发现即使接球不够严谨也无大碍，这样一来发球的作用也会很快降低。因此，练好发球抢攻技术是练好前三板技术的关键。

一、发球的目的

发球不只是为了让对方接球失误或出高球，而是为了更方便地抢攻。因此，应注意发球与抢攻技术配合。发球必须与自己的特长进攻技术互相协调一致，才能形成有效的发球抢攻技术。

（1）快攻选手擅长进攻上旋或不太转的下旋球，就应该采用发急下旋长球或不转短球，为自己的特长进攻技术创造机会。如果过多地发下旋球，让对方轻易抢拉在先，或加转劈长，快搓强下旋长球回接，将不利于自己的快速进攻。

（2）弧圈球进攻选手擅长进攻下旋球，就应该采用发旋转强烈的下旋转球为主，配合其他发球来为自己的特长进攻技术创造机会。否则，对方轻易拉、挑、快速进攻台内球，形成对攻局面，将不利于自己弧圈球进攻威力的发挥。

（3）左推右攻打法，擅长侧身进攻，希望对方将球回接到自己能侧身进攻的左半台，所以，他们经常发左侧上、下旋球到对方左半台中路或左大角。因为对方要将这样的发球接回到自己的右半台比较困难。

（4）擅长两面进攻的选手，希望对方回球到自己左右适合于正、反手进攻的位置。所以，他们经常发反手右侧上、下旋短球，发到对方的中间偏右或偏左的位置。因为这样对方将球回接到两边，才容易有更好的进攻机会。

（5）擅长台内和近台进攻的选手，应该以发短球为主，这样才有可能出现较多的台内和近台球的机会。反之，擅长台外进攻长球或攻防相持能力强的选手，就应该以发长球为主，这样才能获得较多的进攻机会。

二、发球限制对手接球方法和接球范围

（一）高质量发球

发球质量的高低，是直接影响对方接球的主要因素。对手由于受技术水平和身体能力的限制，在回接高质量的发球时，往往会感到慌乱而力不从心，经常会出现接球方法单一，范围无变化，回球质量不高，容易出高球等现象。

（二）发球变化配合

发球能有效地变化配套对接发球也有限制作用。如果自己的主要发球不仅质量高，而且变化配套又恰到好处，即使面对高水平的对手，也能大大限制其接

球方法与接球质量，争取到更多的有效抢攻机会。

掌握发球配套运用变化，是提高发球抢攻有效率的重要手段。要做到这一点就必须坚持适合自己特长进攻技术为主的主要发球。从而保证发球与抢攻的协调组合，同时在主要发球技术取得明显效果时，及时变化运用配套发球牵制对手的注意力，然后再回到自己主要的发球抢攻组合上来。应注意避免发球的无序变化，如：一球一变。这样不利于发挥自己的特长进攻技术，也不利于吸引对手的注意力，为后面的配套变化创造条件。还应该注意避免发球配套变化太晚，当发球已经被对手适应才想起配套的变化，这将不利于掌握抢攻的主动权，并会加大自己抢攻的难度。

变化的方法：敌变我变，我变在先。即对手将变（即将适应），自己先变（变化发球），要变在对手适应之前（即变化时机）。因此，必须在发球抢攻运用中，学会观察对方的变化，才能把握住恰当的时机，牵着对手打，不断限制对手的接球方法，打好自己的发球抢攻。

（三）制造假象，误导对手接球

如自己擅长发不转球抢攻，但是一上来比赛却连续发两个转球，给对方留下深刻印象后，立即转变发不转球抢攻；若自己擅长抢攻右半台正手位的台内短球，但在发球时故意选择站在球台左侧外边，做出要侧身抢攻的姿势，来引导对手有意识地回接到自己的右半台，也可以故意向对手有接球习惯的位置发球，以便有准备地抢攻。

三、发球抢攻与发球抢控制

（一）发球抢攻的目的

发球抢攻，一是抢攻得分，二是努力控制比赛的主动权。由于不是每次发球都能获得抢攻的绝好机会，因此，发球抢攻不能与发球抢控制脱节。如果对手有较强的防御和相持能力，想通过发球后的一两板抢攻解决问题是不容易的。因此，在训练中不仅应该努力提高抢攻的威力，而且还应该将前三板技术与三板后的连续进攻技战术，包括控制对方，能继续制造机会的其他技术紧密结合起来加强练习。也就是说，在发球抢攻的训练中必须加入“发球抢控制”的意识。

在发球抢攻训练中，不仅应该要求努力提高抢攻的速度、力量和旋转等有效的技术质量，而且还应该努力提高发球的不同旋转、速度，抢攻的不同落点，弧线及节奏变化的有效战术配合运用，使发球抢攻的主动权始终能够牢牢把握在自己手中。

（二）发球抢控制

在发球抢攻的运用中，不仅应该只加强凶狠的强攻意识——强上手，而且更应该加强积极的控制意识——上手强。既要力争抢先上手进攻,抢先进攻发力,又要避免勉强上手被对方看死,勉强发力造成不必要的失误。

四、发球抢攻战术配套运用

每个运动员都应有两套特别突出的发球抢攻,多而不精或只有一招,都不够好。现将主要的具体发球抢攻战术配套运用介绍如下,供参考选用。

(一)正手发转与不转球后抢攻

一般是以发至对方中路或右方短球为主,配合左方长球。开始先发短的下旋球为好,以控制对方不能抢攻或抢拉,然后再发不转球抢攻。不转球,一般也先发短的或发至对方攻势较弱的一面。如果对方"吃",还可适当发些长的到其正手。若能发到似出台又未出台的落点,则效果更好。

欧洲拉弧圈球的选手,往往是发不转球到直拍选手的左方或中路近网,配合左长的下旋球。因为直拍选手反手遇强烈下旋多数不敢起板,只能以搓回接,欧洲选手正好抢拉弧圈球。也可以有计划地发短球后,先快搓两大角长球,再伺机抢攻或抢拉(冲)。这样,既可避免盲目抢攻,还可打乱对方接发球后就准备防守的战术。

(二)侧身用正手发高、低抛左侧上、下旋球后抢攻

侧身用正手发高、低抛左侧上、下旋球的落点为:发至对方中左短、左大角、中左长、中右(向侧拐弯飞行正好至对方怀中)和右短,配合一个直线奔球。左手执拍的选手,采用此套发球抢攻的战术,威胁更大。一般多用侧身发高抛至对方右近网,对方轻拉至反手,可用推挡狠压(也可用侧身攻)一板直线。可直接得分,或为下板球的连续进攻制造机会。若对方撇一板正手位球,可用正手攻一斜线至对方反手。

由于近年来高抛发球的运用越来越普遍,却又没有什么新的发展,所以,它的威力已大不如前。为了增强高抛发球的效果,除应使其本身有所发展外,还应强调与低抛发球及其他发球配合运用。

(三)反手发右侧上、下旋后抢攻

此战术尤其适合擅长反手进攻的选手运用。一般多发至对方中右近网或半出台落点,然后用正、反手抢攻对方反手,亦可发长球到对方两大角。一般发至对方正手时,对方常会轻拉直线,可用反手抢攻斜线。若发至对方反手位时,还可伺机侧身抢攻。

对横拍削球手,以发至中右半出台球为好。因为横握拍用正手接右侧旋球

不便发力，控制能力低。注意对反手发右侧上、下旋球时，应强调出手动作要快。对方接发球的一般规律是：你发短球，对方接回的球也短。发球抢攻者应有这方面的准备意识。

(四) 反手发急上、下旋球后抢攻抢推

(1) 反手发急上旋球至对方反手后，侧身抢攻。要求急球必须发得快、力量大、线路长。最好能有一个直线急球配合。

(2) 擅长反手推挡的选手，或遇到对方反手推攻较差的选手，可发急下旋后，用推挡紧压对方反手，再伺机侧身攻的战术。

为了增加上述战术的效果，可与发右方小球配合运用，以长短互相牵制对方，相得益彰。

(五) 反手发高抛右侧上、下旋球后抢攻

一般在运用时，发到对方正手位或中右近网为主，配合发两大角长球，伺机抢攻。前世界女子单打冠军曹燕华擅长用此战术，收到了良好的效果。

(六) 下蹲式发球后抢攻

它可以将左侧上、下旋球与右侧上、下旋球结合运用。在落点上要有长、短变化。对付只会搓接发球的选手，应以发上旋球为主。抢攻落点以中路为最佳，往往是能直接得分。当然，还要注意灵活变化，攻击对方的弱点或声东击西。

第二节　对攻战术

对攻是进攻型选手相遇时，从发球、接发球转入相互对抗，形成攻对攻的局面。双方利用速度、旋转、落点变化和轻重力量进行控制与反控制对方，力争主动的一种重要手段。快攻打法的对攻战术主要是发挥其快速多变的特点来调动对方，以达到攻击对方的目的。快攻对付弧圈为主的打法，其作战方针主要是用速度、落点和轻重力量的变化迫使对方难以发挥旋转的作用，拉不出高质量的弧圈球。快攻对付快攻为主的打法，其作战方针主要是用速度、力量和落点变化，迫使对方难以发挥速度和力量的作用，从而陷于防守的地位。快攻打法的各种具体对攻战术主要是依靠左推右攻或正、反手攻球结合变化落点和轻重力量组成的。

弧圈类打法的对攻战术，主要是利用旋转的弧圈球，配合速度和落点变化，力争主动。弧圈打法对付快攻打法，其作战方针主要是运用强烈旋转球的特点，配合速度变化来牵制对方难以发挥快速的特长，从而达到攻击对方的目的。

弧圈打法对付弧圈打法，其作战方针主要是抢先用强烈旋转球来压住对方，迫使对方难以发挥旋转与速度的作用，从而达到攻击对方的目的。弧圈打法的各种具体对攻战术，主要是依靠正、反手拉弧圈球和反手快攻，正手扣杀以及变化旋转、落点、速度组成的。

一、压对方反手，伺机正手攻或侧身攻

一般用于对付反手较弱或进攻能力不强的对手。如：在第 35 届世乒赛时，匈牙利的选手就用正、反手弧圈球压住中国选手的反手，乘中国选手挤出较高的球后即发力猛冲。压对方反手时，可用推挡，反手攻或弧圈球。压对方反手准备侧身前，应主动制造机会，或突然加力一板，或攻压一板中路，或攻压一板大角度，尽量避免盲目侧身。

二、压左调右

（一）适用范围

（1）自己反手不如对方反手时，主动变线避实就虚。

（2）对方侧身攻的意识很强，用变其正手的方法，既可偷袭空当，又可牵制对方的侧身攻。

（3）对付正手位攻击力不够强的选手。

（4）自己正手好，主动变对方正手后伺机正手攻。

（5）自己反手攻击力很强，可在变对方正手位时直接得分或取得主动。

（6）左手执拍的选手用此战术较多。因变线的角度大，右手执拍的选手往往被动。

（二）注意事项

（1）变线的这板球应有质量。如：推挡变线应凶一点，这样对方跑过去难于发力，自己侧身抢攻就比较容易。

（2）避免习惯性变线，被对方适应，反遭被动。

（3）应是主动变线，切忌被动变线。否则易给对方提供抢攻的机会。

三、压左等右

多在对方采用压左调右的战术时使用。运用此战术时，压对方反手要凶些，否则对方变线较狠，自己往往被动。

上述三个战术应经常结合运用。如:对方反手较弱或准备不足时,先用压对方反手的战术。但对方注意了反手,或增多了侧身攻后,就应改用变对方正手的战术。而当自己在反手位得到后(包括侧身攻),对方往往会频频变线到自己正手,此时自己又应采用压左等右的战术。

四、调右压左

(一)运用方法

先打对方正手,将其调到正手位并被迫离台后,再打其反手位。

注意,调整正手位的这板球要凶,否则易遭对方攻击。

(二)适用范围

(1)对方左半台进攻能力比较强。对方左半台进攻能力比较强,压对方反手位则很难占据优势,在对付擅长侧身抢攻(冲)的单面攻选手时常采用此战术。

(2)对付正手位进攻能力不很强,或反手位只能近台,不擅离台的直拍快攻选手。这是目前欧洲选手对付不会反手攻球的直拍快攻手的主要战术。

五、用加减力量压对方反手,中路后迅速抢攻

用于对付站位中台的两面拉(攻)的选手。运用此战术时,一般应先用加力推(攻)将对方压下去,再用减力挡将其诱上来,然后伺机加力扣杀。如果仅有减力挡,无有加力推就容易招来被动。

六、连压对方中路或正手,伺机抢攻

一般在下列情况下运用此战术。

(1)对方的反手攻击力量较强。

(2)对方属两面拉(攻)打法,但反手强,正手弱。

(3)对方虽为两面攻选手,但于中路球习惯于侧身攻者。

第三节　拉攻战术

拉攻战术是进攻打法对付削球打法的主要战术。快攻的拉攻战术主要是运

用拉球的落点变化创造机会，进行突击和扣杀，迫使对方后退防守，从而达到控制对方，赢得主动的目的。拉攻战术首先要求拉的稳，并有落点和轻重力量的变化，以便为突击创造机会，有时还能直接得分。拉攻的主要得分手段是突击和扣杀，尤其是中等力量的突击技术，体现了快攻打法的快速特点，经常会使对方措手不及而失分，或回出高球。

一、拉一角为主，伺机突击自己的特长线路或中路追身

具体拉哪一角，可从两方面考虑。

(1)选择对方削球较弱(不稳或旋转变化不强)的一面。

(2)拉对方攻势较弱的一面。

选择这样的拉球线路，既容易寻找突击的机会，又可避免(或减少)对方的反攻。突击的难度比拉球大，应以自己最擅长的线路突击，可以提高命中率。中路追身，是削球手的共同弱点，易出高球或直接失误。所以，突击中路是更好的线路。但是，突击中路的技术难度较大，应注意在平时训练中狠抓这一技术的训练。

二、拉中路杀两角或拉两角杀中路

(1)拉中路杀两角，从中路找机会，然后杀两角得分。对付站位较近或控制落点较凶的削球手效果尤好。中路球不好削，更难于削出落点很凶的球。所以，突击的机会就比较多。

(2)拉两角杀中路，从两角找机会，然后突击中路得分(或是突击中路后，使对方削出更高的机会球，再大力扣杀两大角)。

三、拉左杀右或拉右杀左

这两个基本战术实际是拉一角杀另一角。一般是拉对方削球或反攻较弱的一角，扣杀另一角。由于拉与杀线路的变化，常使对方不适应而招来被动或失误。

四、拉直杀斜或拉斜杀直

这两个基本战术各具特点。拉斜线，比较保险、稳健；杀直线，突然性强、速度快，但技术难度较大。拉直线，仅从线路讲技术难度较大，但拉球本身技术难度小，较稳健；杀斜线，比杀直线容易多了，命中率也高。比赛中，具体采用哪个

战术，还需依对方和个人的情况而定。一般说来，拉斜杀直比拉直杀斜战术运用得多。

五、拉长球配合拉将出台的球，伺机突击

（1）先拉长球至对方端线处（包括小上旋和弧圈球）迫使对方后退削球，再突然拉一板中路偏右的短球（将出台），使对方难以控制而削出高球，突击得分。

（2）先拉将出台的轻球，再发力拉接近端线的长球，使对方因来不及后退而削出高球或失误。

若能拉出将出台的强烈上旋的弧圈球，再配合前冲的长球，则效果更好。

六、变化拉球的旋转、伺机突击

拉弧圈球的选手，可拉真（强烈上旋）假（不转）及侧旋弧圈。一般拉球的选手，可拉上旋和侧旋球，用旋转的变化来增加削球的困难。如能将侧旋球拉至对方中路，则效果更好。

七、拉搓、拉吊结合，伺机突击

运用此战术时，一定不要搓，吊过多，否则自己越搓（吊）越软，对方还会利用此机会反攻。

为防对方的反攻，搓和吊球的弧线一定要低并讲究落点。一旦对方反攻后，应坚决回击好第一板，使其难于连续进攻。

八、拉、搓、拱结合，伺机突击

此战术多为一面使用长胶，一面使用反胶球拍的运动员在对付削球打法时运用。一般先用弧圈球（包括小上旋及一般拉球）将对方拉下台去削，然后用搓球又将其引上台来，对搓中再突然用拱球找机会，伺机发力突击。

九、稳拉为主，伺机突击

这是使用胶皮拍的直拍削球手或攻削结合打法运动员，在对付削球时的一种战术。他们一拉就是十几板，然后，再伺机发力攻。遇反攻能力较强的削球选手时，应慎用。

十、攻中防御

在运用拉攻战术时，不可避免地会遇到对方的反攻。此时，必须加强积极的防御。当对方进行削中反攻时，应尽量采取推挡变线和正手打回头来压住对方的第一板攻球，使他不能连续进攻。若对方两边能攻的可压其中路，对方单面攻的可压其两角。如对付攻、守结合打法则要经常做好对攻的准备。

以上的拉攻战术，可根据自己的特长线路和对手的具体情况，灵活运用。在实战中，有时往往是几套战术交替在一起运用，有时则会专用其中某一套，这些都要根据当时的具体情况而决定，除非对方有明显的缺陷，否则不宜运用得太死板。

第四节　削中反攻战术

削中反攻战术是用削球变化旋转和落点，迫使对方在走动中回击失误或接出机会球，伺机进行反攻。运用削中反攻战术的基础是削球，要求削球具备能与对方拉攻形成相持或主动的局面，能为进攻创造条件；同时，还要求具备走动中的进攻能力，以便不失时机地进行反攻。把削球和攻球有机地结合起来，配套成龙，便是削中反攻的各种具体战术。

一、削转与不转球，伺机反攻

这是削球中反攻常用的基本战术。一般是先削加转球，使进攻型选手难于抢冲，并使拉得手臂发硬后，突然送出不转球伺机上前反攻。在具体运用中，有时还采用削加转球至对方反手，削不转球至对方正手，伺机进行反攻。还有人以连续削球接近端线的不转长球为主，使对方拉球失误或自己伺机反攻。使用不同性能球拍的削球选手，应充分发挥武器的特点，不仅反手擅长倒拍削球，正手亦应掌握此项技能。著名削球手陆元盛当年使众多攻球手败北，其重要原因就是他正手的倒拍削球使对方很难适应。

二、逼两角，伺机反攻

一是先逼左角，再逼右角；二是先逼右角，再逼左角。对手右方攻势强的，先逼其左角。对手左方攻势强的（如擅长侧身拉攻）先逼其右角。使对方不能站定等着打。此战术若能和旋转变化相结合则更好。如先逼对方右角,再突变其左角,配合转与不转的变化,对方在来不及侧身攻时,多以搓球过渡,判断不清就容易出高球或下网,削球选手可伺机反攻。

三、接对方突击时,逢斜变直,逢直变斜

削球选手在接突击球时,往往是接过去就算,结果常遭对方连续攻击,最终难免失分。为在被动中争得主动,应采用“逢直变斜、逢斜变直”的战术,使对方不能站在一个固定的位置上击球,增加了连续进攻的难度。

四、破对方长短球

(1)如对方吊的小球较高,位置也合适,削球手应果断地上前反攻。

(2)如对方吊的小球又短又低,很难反攻,可采用摆短,劈两大角或控制一板到对方攻势较弱的地方,不让其起板突击,争取自己抢攻。

(3)如果发现对方在有意识实施吊小球的战术,可主动削出对方端线的不转长球。这样对方很难再吊小球,若硬要放小球也很容易出机会球,削球选手可上前抢攻之。

五、攻、削、挡结合

(一)削、挡结合

(1)主动运用削、挡结合战术。一般是异线变化。如先用削球连逼对方反手大角度,对方侧身拉,再突然上前挡一板至其正手空当,伺机反攻。

(2)被动运用。在对方搓中突击,发球抢攻或吊小球后打突击时,皆可在台前挡一板。既可缓解来不及后退削球的燃眉之急,又可变化击球节奏,变被动为主动。

(二)拱、挡、削结合,伺机反攻

此战术多为使用长胶球拍的直拍选手采用。在近台,用反手拱斜,直线后,伺机用正、反手抢攻。当对方轻拉时,可轻挡对方两大角(一般多挡至对方反手),对方被迫改搓或轻轻将球托起后,迅速反攻。若对方发力拉时,一般以削球回接,伺机变挡或攻。这种打法在回球的旋转、落点、力量、节奏上皆有变化。所以,往往使对方心里很不踏实。

第五节　搓攻战术

搓攻是削中反攻和攻守结合类打法的主要进攻战术，又是快攻类打法对付攻球和削球打法的辅助战术。它主要是利用搓球的旋转和落点变化控制对方，为进攻创造机会，以达到攻击对方的目的。使用两面不同性能球拍的选手，利用倒拍搓球来创造机会，更是加强主动进攻的重要手段。

由于弧圈球技术的不断发展，对搓球的要求也相应提高，不仅要有旋转和落点变化，还要加上速度才能控制对方，使自己能抢先拉起或突击。

一、先搓反手大角，再变直线，伺机进攻

主要用来对付反手不擅长进攻的选手。先逼住对方反手大角，视其准备侧身攻或将注意力都放到了反手后，就变线至其正手，伺机抢攻。

二、搓转与不转球后，伺机反攻

一般先以搓加转球为主，然后用相似的动作搓不转球，对方不适应或一时不慎就会将球搓高，为自己进攻创造机会。在运用旋转变化时，最好能与落点相结合，二者相辅相成。

三、以快搓（或摆短）短球为主，配合劈两大角长球，伺机进攻

短球，特别是加转短球，对方抢攻的难度比较大，但光是短球对方又容易适应。近年来欧洲选手攻台内短球的技术，有很大提高，所以，应注意用两大角长球配合。

对付进攻型选手（尤其是弧圈球选手）时，应特别讲究搓球的速度和落实，并应尽量少搓，树立搓一板即攻的指导思想。

四、搓中转快攻

（1）主动变上旋，迫使对方打快攻。

（2）搓中突击，直拍正胶快攻选手，在遇到旋转不特别强烈或位置比较合适的搓球时，应大胆运用搓中突击或快点的技术，由此而转入连续进攻。

(3)搓中变推,遇对方搓过来的不转球(包括长胶,防弧圈球拍搓过来的球),直拍进攻型选手可用推挡对之,由搓变推,转为快攻。

第六节　双打战术

双打比赛是个十分活跃又很有兴趣的项目。运动员不但要有熟练的技术,良好的身体素质与灵活的步法,更重要的是两个人必须紧密配合,相互了解,共同合作,充分发扬集体主义精神,才能取得好的成绩。一般来讲,单打好,双打也应该好,但并不是绝对的。单打好不一定双打就好,而单打不是很好的运动员,也可能是一个好的双打运动员。两个高水平运动员配对,在双打比赛中不能取得最好的成绩,原因是双打和单打比较,有以下不同的特点。

(1)二人并肩作战,必须互相信任,鼓励、谅解。不能光顾自己,更不能互相埋怨。

(2)在技术与战术上,应充分发挥自己的优点,攻击对方的弱点。掩护同伴的缺点,为发挥同伴的优点创造条件。

(3)步法移动次数多、范围大。

(4)双打是以单打技术为基础的,但又有自己的特殊要求。所以,双打绝不是两名单打选手技术的算术之和。双打比赛时,同伴间可以互相帮助,不像单打那样孤军奋战。所以,在一般情况下,双打比赛的精神压力比单打轻,心理状态比单打稳定。但在关键时刻,如 10 平或争夺有重大意义的冠军赛时,双打运动员的紧张度要比单打大。因为在双打比赛时,每一个运动员在场上要注意三个人,一是攻击自己的人,另一个是被自己攻击的人,再一个是自己的同伴。双打比赛的比分有时起伏比单打大。因为两个人运用一个战术,如在某一轮配对或某一环节上不顺手时,常会出现比分的连胜连负,大起大落的现象。这在男女混合双打中尤为多见。

(5)台面的右半区,规定为双打的发球区,所以,双打的发球不如单打威胁大,双打的接发球却比单打有利。

一、双打的配对

(一)双打的配对原则

1. 配对运动员之间的感情融洽

由于双打是两个人,相互信任与感情交流显得尤为重要。平时双方感情融洽，信任感强，那么在比赛中遇到困难挫折时，就会相互鼓励，互补长短。如果相互不信任，比赛中你丢几分，我丢几分，不是互相弥补，而是互相埋怨，这种球肯定是输。

2. 打法风格的配对

从打法风格上讲，最好的配对应该是速度和旋转的配对。如果两人打法相同，在相互走位中容易发生碰撞或让不开位子，不管是一左一右还是两左两右的配对，都存在这个问题。从技术角度考虑，速度快的人站位靠前，以旋转为主的人站位稍后，这样一前一后，一快一慢就形成了区域性的立体攻防转换体系。另外，还要考虑打法凶与稳的搭配。最好是一凶一稳，达到平衡。若两个人都凶无谓的失误多，若两个人都稳，缺乏杀伤力。这样的配对不成功。

实践证明从往年的蔡振华和李振恃、韦晴光和陈龙灿，到现在的王涛和吕林、刘国梁和孔令辉等人的双打配对都体现了上述的特点，获得了好成绩。

3. 确立配对后的技术风格

双打的配合不能各自为政，而是要有一个人占主导地位，起到发动进攻和得分的主要作用。另外一个人就要想办法为同伴的进攻和得分创造条件，根据同伴的需要来决定自己处理球的方式。

比如王涛和吕林的技术特点，确立了一凶一稳的技术风格。王涛的反手弹压和正手快带是发动进攻和得分的主要手段，吕林则以控制球，中台稳健的对拉作为过渡球为王涛的进攻创造机会。两人在第25届奥运会的双打比赛中配合很成功，夺取了冠军。

4. 左右手的配对

目前世界上最佳配对是一左一右，这是由双打的性质决定的。由于比赛是一人击一次球，这就给运动员发挥正手进攻能力带来很大的空间。而一左一右的配对，正好可以解决双方在移动中相互走位的补位，能充分发挥正手的威力。但这也并不是绝对的，两个右手或两个左手的配对，重大的难点是必须解决好反手位的走位问题，对技术打法要求很高，两个人当中必须有一个反手好。

比如刘国梁和孔令辉的配对，刘国梁可以充分发挥近台的速度，而孔令辉的正、反手实力都很强，可以站中间两面上手，减少了移动范围。从第36届到44届世乒赛以来，男子双打冠军有8次是一左一右配对的运动员，只有一次是两个右手配对的运动员，这充分说明了一左一右配对的优势。如果打法比较合拍，也不排除采用两个右手或两个左手的配对。

（二）双打的几种配对

1. 左右式配对

这种配对主要选用一个左手执拍选手和一个右手执拍选手，这种配对可以发挥二者正手的威力，所谓得正手者得天下，在双打比赛中使用正手直接影响到己方的主动性。

2. 直横式配对

这种配对方法主要考虑到兼顾台内和台外的因素，直板在台内球的处理和正手搏杀有着先天性的优势，而横板有着兼顾正反手以及出台球的优势，由于双打比赛过程中是间隔击球，横拍不仅可以为直拍的搏杀创造机会，而且还可以保护他的反手位，直拍可以为横拍减少台内球的处理难度。

3. 全攻全守型配对

这种配对方法一般是两个攻击选手配对或是两个削球手进行配对。

二、双打的站位

在乒乓球双打比赛中，运动员的站位和走位处于同样重要的位置，站位合理，移动迅速，让位方便，避免相互冲撞，利于发挥每人特点。双打的走位，应以有利于自己击球，又不妨碍同伴击球为原则。其要求是：击球后，应迅速移位，避免对方打追身球。走位的方向、路线不能妨碍同伴击球，站位应尽量接近下次击球最有利的位置。

1. 发球员及其同伴的站位

(1)平行站位：多为进攻型选手发球时采用，发球员站位偏右，让出3/4的位置给同伴居中并近台站位。

(2)前后站位：多为削攻型选手发球时采用。发球员站位偏右稍前，其同伴站位居中略后。

2. 接球员及其同伴的站位

(1)平行站位：多为一左手一右手执拍的进攻型选手采用。进攻型选手用反手接发球时亦常取此种站位。

(2)前后站位：①进攻型选手用正手接发球时采用，接球员站于近台偏中位置，以利于正手进攻，其同伴稍后错位站立。②削攻型选手无论用正、反手接发球均以前后站位为宜。

三、双打的走位

(一)“八”字形走位

适用于一个左手和一个右手执拍的进攻型选手配对。两人击球后均向自己反手侧后斜线移动，既确保了同伴的击球空位，又有利于发挥自己正手攻球的威力。一般运用跳步、换步、小碎步较多,也可用交叉步(图4-1)。

(二)环形移动

适用于两名右手执拍的选手配对时,多采用此种走位法(图4-2)。

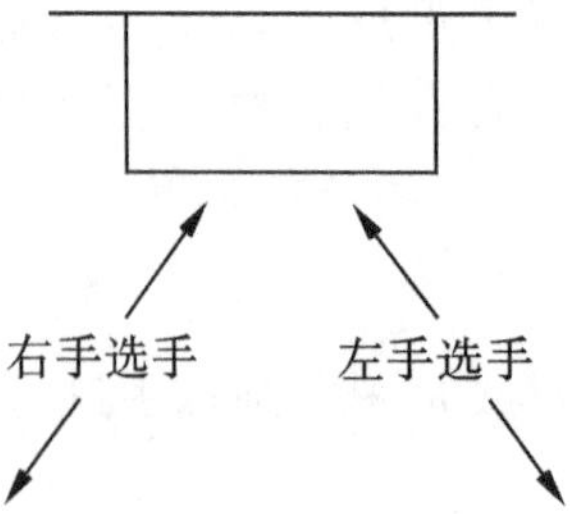

图4-1 "八"字形走位

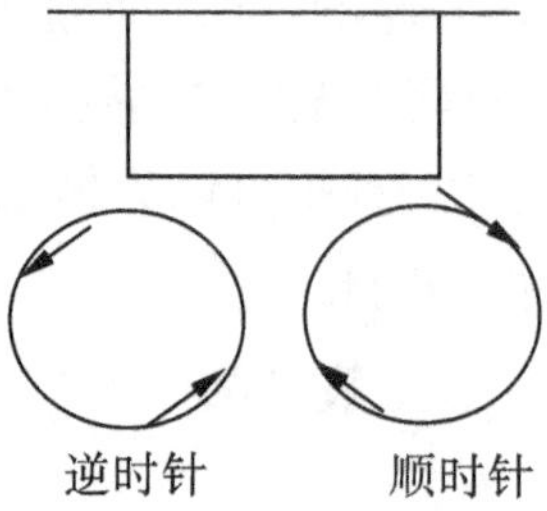

图4-2 环形移动

(三)"T"字形移动

适用于一名站位近台与一名站位中远台选手配对时,多用此种走位法。如,一名快攻选手与一名弧圈球选手配对,一名近台快攻与一名中远台攻球手配对,一名近台削球手与一名远削选手配对,一名快攻手与一名削攻结合打法搭配时,皆采用此种移位法(图4-3)。

(四)横"∞"字形移动。

对方有意识地针对本方一名选手交叉打两角时,其移动路线多为"∞"字形(图4-4)。

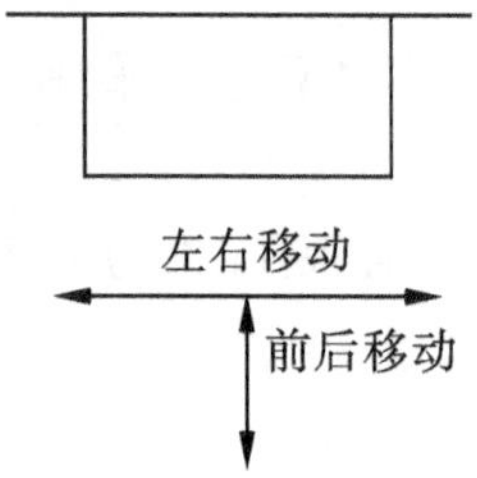

图4-3 "T"字形移动

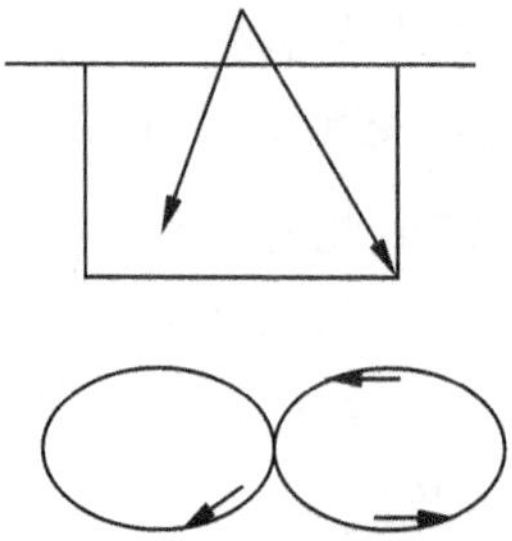

图4-4 横"∞"字形移动

以上只是双打移位的几种基本方法,实践中常常是几种方法的结合运用。在比赛中情况千变万化,固定不变的移位方法是没有的,运动员应灵活运用。

四、双打技战术

由于双打比赛的发球是在指定的区域进行，限制了发球的变化，主要以发近网短球为主。因此，双打的前三板以及第四、五板的技术是双打比赛的核心。相持球则围绕着攻防转换以及中远台对拉进行。双打技术可分为两大块：一是前三板技术以及第四、五板技术；二是相持球技术。

在双打比赛中采用每人间隔击球，但由于场地区域限制，在击球过程中很容易造成撞车的情况，所以在双打比赛中战术的运用要比单打比赛中更为重要。

1. 中签时，优先选择接发球

在双打比赛时，一般应优先选择接发球，以选择有利的发、接球次序。

（1）以强对强，以强打弱。这是在混合双打中最常见的接球次序，即选择男接男球的次序。因为男选手比女选手强，女接男的次序，女方吃发球太多，又极易被打死。但在女选手使用不同性能或长胶球拍时，亦可选择女打女的次序。因为长胶打过去的球易被对方男选手抢攻，而用长胶磕过去的球，对方女运动员很容易吃。

（2）以强对弱，以强打强。弱者的攻击力和控制对方的能力都不如强者，便于从中寻找更多的机会攻击对方的强者，使对方强者攻击力难以发挥。在男子或女子双打比赛中常选择此种接球次序。

（3）选择接对方比较适应的一名运动员打另一名运动员的次序。如果己方B特别适应对方A的球路，己方就应选择己方B接对方A的次序。

在不了解对手的情况下，亦可在中签时选择发球。当对方选择了接发球时，应由我方发球技术好的选手为第一发球员，以争取开局主动。如在混合双打中，一般选择男选手为第一发球员。

2. 发球与发球抢攻

（1）因为发球区固定，接发球者可以站好位置等待，所以，对发球提出了更高的要求。双打的发球应出手快，弧线低，落点以近网或似出台又未出台接近中线的球为好。因为接近中线的球，对方不易打大角度。但接发球为左手执拍时，可发近右边线的小球。

（2）双打的发球抢攻比单打难度大，在运用此战术时，既要敢于在发球后果断地抢攻，又要有对方接发球抢攻后自己积极防御的准备。不能只想抢攻，不准备防御。即使在抢攻时，也要有两手准备。一是发力抢攻或抢冲；二是一旦发现对方接过来的球难于抢攻时，不要盲目搏杀，可改用中等力量打对方弱点（或严密控制一板），为同伴创造下一板抢攻的机会。

（3）必须注意和同伴的配合，发什么球，要告诉同伴（用手势表示即可）。

3. 接发球

(1) 双打的接发球应特别强调积极主动，力争抢攻或为同伴创造抢攻机会。遇长球，尽量争取抢攻或抢冲。遇短球，最好以快点为主，配合摆短或撇一板。据国内、外统计资料双打选手接发球抢攻的使用率1/3左右。如对方发球质量很高，可变化接发球手段，控制好弧线和落点，避免因盲目硬攻造成失误。双打的接发球虽比单打难度小，但要求高。

(2) 注意同伴间的配合。如同伴接小球搓多、挑少，自己就要注意防御。

4. 注意事项

(1) 连续紧盯一角，逼使对方两人挤到一起，伺机打另一角或追身中路。一般先紧盯对方较弱的一角。

(2) 追打击球员的身体(如甲击球过来，乙方就专门向甲的身体方向打)促使对方二人相撞，继而攻打空当。

(3) 有意识地将球击向对方二人的各自弱点，寻机扣杀。

(4) 交叉打两角，使对方在移动中造成紊乱，再打空当。

(5) 将速度、旋转和落点相结合，不断变化，调动对方。

(6) 在相持对攻中，明确主攻手和副攻手的职责，一般由主攻手首先发动进攻，力争直接得分或为同伴创造连续进攻的机会。

第七节　乒乓球比赛战术的实战运用

乒乓球比赛中双方运动员在技战术的运用上不仅体现在一球一板的较量，而且还体现在运动员双方打法特点优劣的把握上，体现在运动员根据场上的战局和比分形势实施技战术的能力。尤其是新规则实施以来，比赛中运动员的攻防转换频率加快，搏杀场面更加精彩，比赛结果的随机性加大。因此运动员在比赛中对以上几点的掌控也极为重要。

一、不同打法类型和特点的乒乓球战术运用

(一) 快攻类选手与快攻或弧圈类打法的战术运用

1. 发球抢攻的战术

发球抢攻的实施大多是从通过本方发球的速度、落点和旋转的出其不意，造成对手回接球质量不高开始的，多以侧上(下)旋或转与不转的近网短球为主，

配合发长球到对方的左角和中路偏左的位置，适当结合偷袭正手底线来进行抢攻，根据回球的落点、长短及旋转要及时预判并快速移动步法，击球时动作小，抢得快，发力猛，落点活，在不失误的前提下追求击球的高质量，抢攻落点以对方空当为主，使对方无法回击造成失误。

2. 接发球抢攻的战术

能够清晰地判断对方发球的旋转、落点和速度，是接发球直接抢攻的前提，使用正手或侧身位的抢拉，或正反手的快拉、快带都会收到较好的效果，进攻一般选择对方空当，速度要快、旋转要强、落点要活，一方面争取主动得分，另一方面也为下次进攻创造机会，当接发球不能准确判断来球性质时，一般采用搓接、摆短等过渡，意在控制对方的上手抢拉，加强对方强攻难度，伺机进行抢攻。

3. 攻追身球战术

比赛中实施追身球战术是逼迫对方在回球时必须迅速让位，造成回击困难或被动，然后伺机进行抢攻。当双方实力差别较大，对方技术水平高、攻击力强，特别是在正反手都能拉出强烈弧圈球时，可以选择从中路突破，先摆短控制，机抢先突击，也可以在对对方大角度的调动中，主动回击追身球，使对方不能顺利防守，造成失误。该战术不宜在防守中过多使用，容易造成被动。

(二)弧圈球选手对付快攻类打法的战术运用

1. 发球抢攻战术

弧圈球选手抢攻的前提就是以发下旋较强的短球控制对方的抢先上手进攻，一般以发下旋或侧下旋不出台短球为宜，迫使对方以搓回接，伺机拉弧圈球到对方中路或空当。

2. 接发球抢拉的战术

接发球时尽量多用摆、撇或劈的回球方法，主动扰乱对手的战术部署，打乱对方节奏，争取与对手展开对攻、对拉，形成相持局面，伺机找机会冲或连续冲杀空当。若本方对攻能力较弱，则可多用摆短控制，伺机拉弧圈争取主动。

3. 相持阶段战术

相持阶段多通过拉弧圈到对方的反手或中路遏制对手的较强进攻，伺机再突然拉、冲对方的空当，对攻中尽可能把球拉到对方的中路或左右大角，从中找机会变线拉、冲，争取主动，被迫退台时，可用放高球或拉侧旋球作为防御，再伺机进行反击。

(三)快攻类、弧圈类对付削攻结合打法的主要战术运用

1. 拉中找机会突击或扣杀的战术

在拉球中实施线路、落点的变化，结合节奏变化，如：高吊和前冲弧圈球的使

用，是对付削攻选手时常用的战术。如先拉对方一点，突击或扣杀相反方向，拉球中找机会冲对方不同的空当，调动对方左右移动使其出现漏洞，伺机扣杀或抢冲得分。

2. 搓、拉、吊结合，攻两大角或中路的战术

利用拉球连续拉对方一点或不同落点，调动对方大范围、大角度地跑动后，突然放短球伺机拉冲近身或两大角。在搓球中配合拉球的旋转落点变化，使对方在不同的节奏及变化中击球，造成回球质量下降，伺机抢冲或扣杀。

3. 拉中路杀两大角的战术

拉中路杀两角，一般以连续的拉球或弧圈球至对方中路，并采用长短结合，迫使对方回击时增加移动和让位的难度，回球质量不高，伺机扣杀、冲两大角或空当。

4. 发球抢攻战术

一般以发球的旋转、落点和线路的变化，造成对方回球质量不高，然后采取突然冲拉对方空当或薄弱技术点，会收到较好的效果。发球以近网短球为主，配合转与不转，抢攻近身或空当，使对方难以退台到位，当对方回球质量不高时，再伺机扣杀或冲两大角。

（四）削攻结合对快攻、圈类的主要战术

1. 变化落点的战术

削球通过连续削一点的加转球，把对方逼调到同一位置上，当对方拉球力量减小或摆短质量不高时，伺机进攻对方空当，以削球交叉落点至不同的空当，使对方不断地移动，造成回球质量下降再伺机反攻对方空当或近身。

2. 逼左（右）压右（左）战术

以削球逼住对方左（右）角后，再突然压至对方的右（左）角，伺机进攻、抢攻。

3. 发球抢攻战术

通过以相似的动作发出不同旋转的近网球，造成对方回球过高，再配合急球扰乱对方伺机抢攻。

4. 接发球抢攻战术

一旦准确地判断出对方发球的性质，就要积极抢先上手进攻谋求优势，这样不仅可以打乱对方的战术意图，对增强削球的主动性有良好的作用，甚至可能直接抢攻得分。

(五)削攻结合对付削攻结合的主要战术

1. 拉、搓结合的战术

应以拉攻为主,配合搓球,使对方不断前后移动接球,然后自己进行突击或冲抢。

2. 发球抢攻与接发球抢攻战术

可采用自己的特长发球寻找机会,伺机进行抢攻。接发球时,大胆地采用突然性的接发球抢攻,以争取主动。

二、不同战局下乒乓球战术的运用

比赛中,运动员不仅要对技战术的使用精益求精,更要对场上局势的判断、战局的发展,有极为清晰的认识,比赛中双方运动员都会对对方即时采用的技战术手段和方法进行综合分析后,确定下一分的技战术使用,因此双方技战术的实施就会不断变化。这就要求我们必须善于根据战局的发展,及时采用相应的战术来转换比赛中强与弱、胜与负的关系,被动中及时控制对方的上手,相持中积极调动对方的跑动,主动中毫不手软,争取得分。

运动员如果在战局转换时未能认清形势并及时改变打法,就极易失利。例如;比赛中对节奏的把握就极为重要,比赛打得顺手,连续得分时,可适当加快比赛节奏,争取迅速结束战斗,赢得最终胜利;当比赛打得不顺手时,则应适当放慢比赛节奏,有意识地遏制一下对方上升的强盛势头,降低对方"火热"手感,争取扭转场上局势。

三、不同比分下乒乓球战术的运用

比赛中胜负显现的重要标志就是比分,它还是比赛双方较量结果的现实反映,比分直接影响运动员的心理状态,而运动员的心理状态又会直接影响其技战术的发挥。因此运动员在不同比分下的技战术使用也应有所区别。

(一)比分领先时战术的运用

场上比分的领先说明运动员在这一时段的技战术实施占有相对的优势,一般应坚持下去而不主动寻求变化,当然也可以针对对方的某个弱点,使用不同的战术方法继续进行针劝长的进攻以扩大优势。而落后的一方往往会主动变化,极有可能采用搏杀、拼抢的方式,力图扭转局面,这时要及时而严密地控制住对方,加强攻势,不给对方翻盘的机会。

若比赛中对方多发不转、上旋或长球时,应大胆挑打进攻;对方侧身运用较多时，应及时变线调动对方；对方在相持中发力多时，应加强控制，增加对方发力攻的难度，并力争抢先上手，牢牢把控场上局面和比分。

（二）比分落后时战术的运用

比分落后时要及时冷静地分析场上技战术运用的不足，以“变”化解暂时的不利局面抓住主要矛盾，果断改变战术。比赛中要处理好控制和上手的比例，不要一味凶狠，或是稍微改变一下回球落点，加强旋转的利用，就可能扭转战局。同时要充分利用发球轮的机会，大胆变化，敢于抢攻，争取重新掌握比赛的主动权，就有可能逐渐缩小比分，力争达到双方均衡的比赛局面。

（三）比分相持时战术的运用

比赛中双方处于胶着状态，比分交替上升时运动员要及时冷静地寻找对方的弱点，发现对方的意图，争取通过攻击弱点来打开局面。相持的比分说明双方运动员实力相当，技战术发挥和使用也在同等水平上，形成了相互克制的抗衡局面。因此在这一阶段，运动员在技战术思维上主要考虑对方赢在何处，通过什么手段，在回球落点、线路和旋转方面有什么特点，继而通过控制和变化的结合，扰乱对方的战术实施，同时结合使用自己的得分套路，争取尽早打破僵局，取得优势局面。

四、新规则下乒乓球战术的运用

（一）11 分制下乒乓球战术的运用

2001 年后 11 分制的实施使得比赛的时间缩短，偶然性增大，由于每局比分减少，客观上要求运动员进入状态一定要快，前 4 分开局以打个人特长技术为主，以自己的战术变化为主，重视技术的严密性，减少无谓失误，争取开局领先。中局时由于双方对彼此的技战术已有所了解，这时应继续实施最有效的得分战术，争取拉开比分，尽早掌控比赛局面。一般可采用以长打短、以长打长或以短打短的战术、争取扩大优势，在抓住机会的情况下，可以适当凶狠，打出高潮。在气势上压制对方，不给对方调整的机会。收官阶段应根据场上情况，领先时可以继续大胆进攻保持优势，争取最终的胜利。

另外，11 分制的比赛关键球数量相对增加，因此在对关键球的处理上要冷静大胆，注意力要特别集中，在技战术的实施上要清晰果断，一方面要用落点和旋转严控对方上手，同时，要在出现机会球时敢于进攻，敢于在相持中变线变节奏。

此外 11 分制比赛中发球变为两个一轮，而且每局局分变少，客观上要求运动员要充分用好发球轮，争取在发球轮中连续得分。因此在每一个发球轮中要特别注意发球的配套，突出变化，强调意外，在发球的真假动作、落点、线路和旋转上做足文章，再根据对手和场上的具体情况，加以灵活运用，争取发球轮较高的得分率。

（二）大球时代乒乓球战术的运用

改用大球后，由于球的半径增大使得球的旋转变弱、速度变慢，因此发球的威胁性降低而回球率提高，比赛进入相持段的现象日益增多，因此相持段的战术变化能力成为运动员能否得分的关键点。原来的小球时代，球速快，回合少，战术较为简单。当前对运动员在相持中根据对手的情况而灵活多变地调整和运用战术的能力提出了更高的要求。在旋转、速度变慢后，抢先主动发力、积极调动大角、击球线路多变，成为战术运用的主要方面。另外，由于大球的应用，比赛中单一战术或特长战术获胜的比重降低，而接发球抢攻战术、左推右攻和两面拉战术在比赛中运用增多，制胜作用更加明显。

（三）无遮挡发球下乒乓球战术的运用

1. 发球抢攻战术的运用

无遮挡发球的实施使得对方较为容易判断出发球旋转的性质，因此在接发球时会更多地采用挑打、拧拉、抢拉等进攻性技术，因此运动员要尽量减小发球时被攻的可能性。同时对于对方挑打或拧拉过来的质量不高的上旋球要敢于上手拉攻。当然，也可以根据自己发球时制造的旋转，迫使对方挑打或拧拉的落点大致在某个区域，从而提前预判，快速移动抢拉抢攻。无遮挡发球使得以前要以抢拉下旋球为主的战术改变为抢拉上旋球为主，因此发球时又旋转、落点等的控制要更加严密，只有通过积极主动、灵活多变的战术运用，才能做到真正意义上的抢先上手，争取在前三板、前五板得分或力争进入主动相持阶段。

2. 接发球抢攻战术的运用

无遮挡发球为正确地判断出对方发球的旋转提供了较大的可能，准备时间也较为充分。因此，在接发球时就要以进攻手段的多样、回球质量的提高和落点线路的多变给对方施以更大的威胁。如：在手段上要突破以摆短为主的被动接发球模式，改为以挑打、侧拧、抢拉等进攻型手段为主，结合主动劈长、适时摆短的新模式，争取直接得分。由于接发球技术变得越来越重要，一旦回接不好，极易造成被攻被动，因此在接发球时与下一板的衔接要形成技术上的一体化、合理化，即接发球时的处理就要包含下一板衔接的战术意图，只有这样才能得接发球抢攻更具攻击性，更能增加对方回球难度导致其最后失分。

【本章小节】

本章主要讲解了乒乓球五大基本战术和乒乓球比赛战术的实战运用，分别介绍了各个战术的特点、战术目的、适用范围和战术使用方法等，从不同打法类型、不同战局、不同比分和新规则的情况下介绍了乒乓球战术的合理运用。

【课后练习】

1. 战术的定义是什么？
2. 战术有哪些基本要素构成？
3. 试述战术与技术的关系。
4. 乒乓球五大基本战术有哪些？
5. 不同类型打法的运动员如何使用战术？

【知识拓展】

乒乓球战略与战术的区别与联系

一、乒乓球比赛的战略

战略是统管全局的，它对全局的胜负，往往起着关键的作用。乒乓球比赛的战略，是在正确分析乒乓球技术、战术发展动向的基础上，对双方实力做出客观的估计，根据“以己之长，攻彼之短”的原则，对自己的行动做出正确的决策。

二、乒乓球比赛的战术

战术是为战略服务的，是实现战略意图的一种手段。而战术运用能否奏效，则决定于战术制定与运用得是否正确和战术质量的高低。“以己之长，攻彼之短”，不仅是制定乒乓球战略的基本原则，同时也是制定乒乓球战术的基本原则。中国乒乓球队凭借发球强攻一直傲视群雄，如果想练习好乒乓球，要有持之以恒的信心和毅力！

【推荐阅读】

[1]唐建军，刘丰德. 乒乓球运动教程[M]. 北京：北京体育大学出版社，2013.

[2]吴健，刘杰，洪国梁. 乒乓球[M]. 北京：化学工业出版社，2012.

[3]郝光安. 乒乓球技战术训练与提高[M]. 北京：金盾出版社，2010.

[4]张西良，韩志忠. 乒乓球技战术与训练之一(发球与接发球)[M]. 北京：人民体育出版社，2006.

第五章 乒乓球裁判

【学习目标】

使学生了解并掌握《乒乓球竞赛规则》主要内容及临场裁判操作程序，重点掌握规则中的基本概念并在执裁过程中充分理解和熟练运用。

【学习任务】

1. 熟练掌握《乒乓球竞赛规则》。
2. 熟练掌握乒乓球裁判员临场操作程序，重点是裁判手势和术语。
3. 了解并掌握裁判长与裁判员的相关职责。
4. 了解并掌握乒乓球裁判过程的工作技巧。

【学习地图】

乒乓球竞赛规则→乒乓球裁判员临场操作程序→乒乓球裁判过程的工作技巧

第一节　比赛规则

一、乒乓球比赛的物质条件

（一）球台

球台的上层表面，叫比赛台面。比赛台面应为与水平面平行的长方形，包括球台上面的边缘，不包括上面边缘以下的侧面。长2.74米，宽1.525米，离地高0.76米，沿每个2.74米的比赛台面边缘各有一条2厘米宽的白线，叫边线。沿每个1.525米的比赛台面边缘各有一条2厘宽的白线，叫端线。一条与边线平行将球台划分为两个相等“半区”的 3 毫米宽白线,叫中线。

比赛台面由一个与端线平行的、与比赛台面垂直的球网,将比赛台面划分为两个相等的台。各台区的整个面积应是一个整体。

双打时,各台区应由一条 3 毫米宽的白色中线,划分为两个相等的“半区”。中线与边平行,并应视为右半区的一部分。

(二)球网装置

包括球网、悬网绳、网柱及将其固定在球台上的夹钳部分。整个球网的顶端距离比赛台 5.25 厘米。整个球网的底边应尽量靠近比赛台面,其两端应尽量贴近网柱。

(三)球

应用塑料制成,呈白色或橙色,且无光泽。球应为圆球体,直径为 40 毫米,重量为 2.7 克。

(四)球拍

球拍的大小、形状和重量不限,但底板应平整、坚硬,用来击球的拍面或用一层颗控向外的普通颗粒胶覆盖连同黏合剂,厚度不超过 2 毫米;或用颗粒向内或向外的海编胶覆盖,连同黏合剂、厚度不超过 4 毫米。海绵胶是指一层泡沫橡胶上覆盖一层普通颗粒胶、普通颗粒胶的厚度不超过 2 毫米。

球拍两面不论是否有覆盖物,必须无光泽,且一面为鲜红色,另一面为黑色,拍身边缘上的包边应无光泽,不得呈白色。比赛开始时及比赛过程中运动员需要更换球拍时,必须向对方和裁判员展示他将要使用的球拍,并允许他们检查。由于意外的损坏、磨损或褪色,造成拍面的整体性和颜色的一致性出现轻微的差异,只要未明显改变拍面的性能,可以允许使用。

(五)比赛的条件

(1)赛区空间应不少于 14 米长、7 米宽、5 米高;赛区应由 75 厘米高的颜色相同的深色挡板围起,并与相邻的赛区及观众隔开;残疾人轮椅组的比赛场地不得小于 8 米长、6 米宽、5 米高。

(2)在世界锦标赛和奥林匹克比赛中,从比赛台区高度测得的照明度不得低于 1000 勒克斯,且整个比赛台区照明度均匀,赛区其他地方的照明度不得低于 500 勒克斯;其他比赛中,比赛台区的照明度不得低于 600 勒克斯,且整个比赛照明度均匀,赛区其他地方的照明度不得低于 400 勒克斯。

(3)使用多张球台时照明水平应是一致的,比赛大厅的背景照明不得高于比赛区域的最低照明度;光源距离地面不得少于 5 米。

(4)场地四周一般应为暗色,不应有明亮光源,或从未加掩盖的窗户等适过的日光;地板不能颜色太浅成反光强照成打滑,而且表面不得为砖、水泥成石头,在世界锦标赛和奥林克比赛中、地板应为木质成国际后联批准的菜品牌和种类的可移动塑料地板。

(5)比赛条件的可接受性应由裁判长最后决定、但通常是裁判员首先意识到可能存在的缺陷,尤其是那些开赛后才出现的缺陷,因此裁判员必须熟悉有关规则、规程,以便能及时向裁判长报告他无权纠正的任何缺陷。

二、乒乓球比赛规则中的基本概念

(一)定义

回合:球处于比赛状态的一段时间。

比赛:从球被抛起前静止状态的最后一瞬间,球即处于比赛状态,直到这个回合被判为重发球或得1分。

重发球:不予判分的回合。

1分:判分的回合。

执拍手:正握着球拍的手。

不执拍手:未握着球拍的手。

击球:用握在手中的球拍或执拍手手腕以下部分触球。

阻挡:对方击球后,在比赛台面上方或向比赛台面方向运动的球,在没有触及本方台区、也未越过端线之前即触及本方运动员或其穿戴(带)的任何物品。

发球员:在一个回合中,首先击球的运动员。

接发球员:在一个回合中,第二个击球的运动员。

裁判员:被指定管理一场比赛的人。

副裁判员:被指定在某些方面协助裁判员工作的人。

运动员"穿或戴(带)"的任何物品:包括他在一个回合开始时穿或戴(带)的任何物品,但不包括比赛用球。

"越过或绕过"球网装置:除球从球网和比赛台面之间通过以及从球网和网架之间通过的情况外,球均应视作已"越过或绕过"球网装置。

球台的"端线":包括端线两端的无限延长线。

(二)合法发球

(1)发球开始时,球自然地置于不执拍手的手掌上,手掌张开,保持静止。

(2)发球员须用手把球几乎垂直地向上抛起,不得使球旋转,并使球在离开不执拍手的手掌之后上升不少于16厘米,球下降到被击出前不能碰到任何物体。

(3)当球从抛起的最高点下降时,发球员方可击球,使球首先触及本方台区,然后越过或绕过球网装置,再触及接发球员的台区。在双打中,球应先后触及发球员和接发球员的右半区。

(4)从发球开始,到球被击出,球要始终在比赛台面的水平面以上和发球员的端线以外,而且不能被发球员或其双打同伴的身体或他们所穿戴(带)的任何物品挡住。

(5)运动员发球时,应让裁判员或助理裁判员看清他是否按照合法发球的规定发球。

1)裁判员或副裁判员对运动员发球是否合法有怀疑,在一场比赛中第一次出现时将行警告,判重发球不罚分。

2)在同一场比赛中,如果该运动员或其双打同伴发球动作的合法性再次受到怀疑,不论是否出于同样的原因,均判接发球方得1分。

3)无论是否是第一次或任何时候,只要发球员明显没有按照合法发球的规定发球。接发球方将被判得1分,无须警告。

(6)运动员因身体原因而不能严格遵守合法发球的某些规定时,可由裁判员做出决定免于执行。

(三)合法还击

对方发球或还击后,本方运动员必须击球,使球直接越过或绕过球网装置,或触及球装置后,再触及对方台区。

(四)比赛次序

(1)在单打比赛中,首先由发球员合法发球,再由接发球员合法还击,然后两者交替合法还击。

(2)在双打比赛中,首先由发球员合法发球,再由接发球员合法还击,然后由同伴合法还击、再由接发球员的同件合法还击,此后,运动员按此次序轮流合法还击。

三、乒乓球比赛的胜负机制

(一)重发球

回合出现下列情况应判重发球。

(1)如果发球员发出的球,在越过或绕过球网装置时,触及球网装置,此后成为合法发球或被接发球员或其同伴阻挡。

(2)如果接发球员或其同伴未准备好时,球已发出,而且接发球员或其同伴均没有企图击球。

(3)由于发生了运动员无法控制的干扰,而使运动员未能合法发球、合法还击或遵守规则。

(4)裁判员或副裁判员可以在下列情况下暂停比赛:①由于要纠正发球、接发球次序或方位错误;②由于要实行轮换发球法;③由于警告或处罚运动员;④由于比赛环境受到干扰,以致该回合结果有可能受到影响。

(5)双打比赛中,运动员错发或错接。

(二)得1分

除被判重发球的回合,下列情况运动员得1分。

(1)对方运动员未能合法发球。

(2)对方运动员未能合法击球。

(3)合法发球或合法击后,对方运动员在击球前,球触及了除球网装置以外的任何物体。

(4)对方运动员击出的球已越过本方端线或比赛台面,且始终没有触及本方台区。

(5)对方阻挡。

(6)对方故意连击。

(7)对方运动员用不符合规定的拍面击球。

(8)对方运动员或其穿戴(带)的任何物品使球台移动。

(9)对方运动员或其穿戴(带)的任何物品触及球网装置。

(10)对方运动员不执拍手触及比赛台面。

(11)双打比赛中,对方运动员击球次序错误。

(12)实行轮换发球法时,接发球方连续十三次合法还击,包括接发球。

(三)一局比赛

在一局比赛中,先得11分的一方为胜方。10平后,先多得2分的一方为胜方。

(四)一场比赛

一场比赛应由奇数局组成。

四、轮换发球法

如果一局比赛进行了10分钟仍未结束(双方比分总和达到18分除外),或者在此之前任何时间应双方运动员要求,应实行轮换发球法。轮换发球法一经实行,该场比赛的剩余部分必须继续实行,直至该场比赛结束。

时限到时,球处于比赛状态,裁判员应暂停比赛,由被暂停回合的发球员发球,继续比赛;球未处于比赛状态,应由前一回合的接发球员发球继续比赛。此后,每个运动员都轮发 1 分球,直至该局结束。如果接发球方进行了 13 次合法还击(包括接发球),则判发球方失 1 分。

轮换发球法一经实行,一直使用到该场比赛结束。

五、比赛官员

(一)裁判长

每次竞赛应指派一名裁判长,其身份和工作地点应告知所有参赛者及队长,裁判长应对下列事项负责。

(1)主持抽签。

(2)编排比赛日程。

(3)指派裁判人员。

(4)主持裁判人员的赛前短会。

(5)审查运动员的参赛资格。

(6)决定在紧急时刻是否中断比赛。

(7)决定在一场比赛中运动员是否可以离开赛区。

(8)决定是否可以延长法定练习时间。

(9)决定在一场比赛中运动员能否穿长运动服。

(10)对解释规则和规程的任何问题做出决定,包括服装、比赛器材和比赛条件的可接受性。

(11)决定在比赛紧急中断时,运动员能否练习,以及练习地点。

(12)对于不良行为或其他违反规程的行为采取纪律行动。

裁判长或在其缺席时负责代理的副裁判长,在比赛过程中自始至终应亲临比赛场地。如果裁判长认为必要、可在任何时间更换裁判人员,但不得更改被更换者在其职权范围内就事实问题做出的判定。

运动员从抵达比赛场地开始至离开场地,应处于裁判长的管辖之下。

(二)裁判员

每场比赛均应指派 1 名裁判员和 1 名副裁判员。裁判员应坐或站在球台的一侧,与球网成一直线。副裁判员应面对裁判员坐在球台另一侧。

1. 裁判员的职责

（1）检查比赛器材和比赛条件的可接受性，如有问题向裁判长报告。

（2）需要时指定比赛用球。

（3）主持抽签，并确定发球、接发球和方位。

（4）决定是否由于运动员身体伤病而放宽合法发球的某些规定。

（5）控制方位和发球、接发球次序，纠正上述有关方面出现的错误。

（6）决定每一回合得1分或重发球。

（7）根据规定的程序报分。

（8）在适当的时间执行轮换发球法。

（9）保持比赛的连续性。

（10）对违反场外指导或行为等规定者采取行动。

2. 副裁判员的职责

副裁判员决定处于比赛状态中的球是否是触及距离他最近的比赛台面的上边缘。

3. 裁判员和副裁判员共有职责

（1）运动员发球动作不合法。

（2）合法发球在球越过或绕过球网装置是否触及球网装置。

（3）运动员阻挡。

（4）比赛环境受到意外干扰，该回合的结果有可能受到影响。

（5）掌握练习时间、比赛时间及间歇时间。

4. 其他职责

（1）执行轮换发球法时，副裁判员或另外指派的一名裁判人员均可当计数员，计接发球运动员的击球板数。

（2）裁判员不得否决副裁判员或计数员在其职权范围之内所出的决定。

（3）从抵达比赛区域开始直至离开，运动员应处于裁判员的管辖之下。

六、乒乓球比赛的服装与广告

（一）服装

比赛服一般包括短袖运动衫、短裤或短裙、短袜和运动鞋；其他服装，如半套或全套运动服，不得在比赛时穿着，得到裁判长许可时除外。短袖运动衫（袖子和领子除外）、短裤或短裙的主要颜色应与比赛用球的颜色明显不同。

运动员比赛短袖服装的后背可印有号码和文字，用于标明运动员、运动员所属的协会，或在俱乐部比赛时，标明运动员所属俱乐部，但必须符合规则中有关的广告规定。如果短袖比赛服装的背后印有运动员的姓名，应该在紧靠衣领下的位置。

在短袖运动衫背部的中间位置应优先考虑佩戴被组织者指定的用于标明运动员身份的号码布，而不是广告。这个号码布应是长方形，面积不大于600平方厘米。

在运动服前面或侧面的任何标记或装饰物以及运动员佩戴的任何物品，如珠宝装饰等，均不应过于显眼或反光，以致影响对手的视线。

服装上不得带有可能产生不悦或诋毁本项运动声誉的设计和字样。有关比赛服的合法性及可接受性问题，应由裁判长决定。

团体赛同队运动员，或同一协会运动员组成的双打，应穿着同样的服装，鞋袜除外。比赛的双方运动员应穿着颜色明显不同的运动衫，以使观众能够容易地区分他们。当双方运动员或运动队所穿服装颜色类似，且均不愿更换时应通过抽签决定某一方必须更换。

运动员参加世界、奥林匹克或国际公开锦标赛时，穿着的短袖运动衫、短裤或短裙等应为其协会批准的种类。

(二)广告

在赛区内，广告只能在规定设置的器材和装置上展示，而不能单独设置广告。赛区内任何地方不准使用荧光或发光的颜色。挡板内侧的字样禁止使用白色或橙色，亦不得超过两种颜色，其总高度应限制在40厘米以内；建议使用比底色深些或浅些的颜色。地板上和球台端面、侧面上的标记物颜色应深于或浅于底色，或者是黑色。

比赛域地面最多可有4个广告，球台的每个侧面和每个端面可各有1个广告，每个广告的总面积不得超过25平方米；广告与挡板的距离不得少于1米，两端的广告与挡板的距离不得超过2米。

球台两个侧面各1/2处和端面均可有一个临时性广告，该广告不得是其他乒乓球器供应商的广告，而且和永久性广告必须有明显区别；每个广告总长度不得超过60厘米。

球网上的广告应深于或浅于背景颜色，与球网顶端的距离不少于3厘米，并且不得过盖网眼。赛区内裁判桌或其器材上的广告，其任何一面的总面积不得超过750平方厘米。

运动员服装上的广告应受下列限制：①制造厂家的正常商标、标记或名称，所占总面积不得超过24平方厘米；②短袖运动衫前面、侧面和肩部不得有6条以上的广告，总面积不得超过600平方厘米，每条广告必须明显分开；而且在短袖运动衫正面的广告不得超过4条；③短袖运动衫的背后不得有2条以上的广告，总面积不得超过400平方厘米；④短裤和短裙上可有不超过2个、总面积不超过 80 平方厘米的广告。

运动员号码布上的广告总面积不得超过 100 平方厘米。裁判员服装上的广告总面积不得超过 40 平方厘米。比赛服和号码布上的广告不得有烟草制品、含酒精饮料或者有害药品的广告。

七、纪律

(一)场外指导

团体比赛,运动员可接受任何人的场外指导;单项比赛运动员只能接受一个人的场外指导,而这个指导者的身份应在该场比赛前向裁判员说明。如果一对双打运动员来自不同的协会,则可分别授权一名指导者。如发现未经许可的指导者,裁判员应出示红牌,并令其远离赛区。

在局与局的休息时间或经批准的中断时间内,运动员可接受场外指导,但在赛前练习结束后到比赛开始前不能接受场外指导。如果合法的指导者在其他的时间里进行指导,裁判应出示黄牌进行警告;如在警告后再次违犯,应出示红牌将其驱逐出赛区。

在一个团体赛或单项比赛中的一场比赛中,指导者已被警告过,如任何人再进行非法指导,裁判员将出示红牌,并将其驱逐出赛区,不论其是否曾被警告过。在团体比赛中被驱逐出赛区的人不允许在团体比赛结束前返回,除非需要其上场比赛。在单项比赛中,不允许在该场单项比赛结束前返回。如被驱逐出赛区的指导者拒绝离开在比赛结束前返回,裁判员应中断比赛,并立即向裁判长报告。

以上规定只限于对比赛的指导,并不限制运动员或队长就裁判员的决定提出正式申诉,或阻止运动员与所属协会的代表或翻译就某项判决的解释进行商议。

(二)不良行为

运动员和教练员应避免那些可能不公平地影响对手、冒犯观众或影响本项运动声誉的不良行为。诸如辱骂性语言,故意损坏球或将球打出赛区,踢球台或挡板和不尊重比赛官员等。

任何时候,运动员或教练员出现严重冒犯行为,裁判员应中断比赛,立即报告裁判长;如果冒犯行为不太严重,第一次,裁判员可出示黄牌,警告冒犯者,如再次冒犯将被判罚。除严重冒犯、运动员在受到警告后,在同一场单项比赛或团体比赛中,第二次冒犯裁判员应判对方得 1 分,再犯,判对方得 2 分。每次判罚应同时出示黄牌和红牌。在同一场单项比赛或团体比赛中,运动员在被判罚

3 分后继续有不良行为，裁判员应中断比赛，并立即报告裁判长。

在一场比赛中如果运动员要求更换没有损坏的球拍，裁判员应停止比赛，向裁判长报告。

双打配对中任何一名运动员所受到的警告或判罚，应视作是该对双打运动员的，但未受警告的运动员在同一场团体比赛随后的单项比赛中不受影响；双打比赛开始时，配对运动员中任何一名在同一场团体比赛中已经受到的最严重的警告或判罚，应视作是该对双打运动员的。

除教练员或运动员出现严重冒犯行为外，教练员在受到警告后，在同一场单项比赛或团体比赛中再次冒犯，裁判员应出示红牌将其驱逐出赛区，直到该场团体赛或单项赛中的该场单项比赛结束才可返回。

无论是否得到裁判员的报告，裁判长均有权取消有严重不公平或冒犯行为运动员的比赛资格、包括取消一场比赛、一项比赛或整个比赛的比赛资格。当他采取行动时应出示红牌。

如果一名运动员在团体（或单项）比赛中有两场被取消了比赛资格，就自动失去了其参加团体（或单项）比赛的资格。

裁判长有权取消已经两次被驱逐出赛区的任何人在本次竞赛剩余时间里的临场资格。

非常严重的不良行为的事例应报告冒犯者所属协会。

第二节　乒乓球裁判员临场操作程序

一、裁判员赛前准备工作

在到达比赛区域前，裁判员要检查是否带齐了比赛所必需的器材，包括挑边器、量网尺、红黄白牌、比赛用球、记分单、秒表、夹板、笔，并确信知道记分单的正确填写方法。裁判长会通知裁判员参加赛前短会，通报比赛进行情况、注意事项等。赛前短会可以是固定时间，也可以是临时通知。

裁判员应向裁判长报到或在指派的副裁判长处报到领取裁判员任务书。团体赛提前 75 分钟（单项赛提前 45 分钟）领取任务书（有时任务书由裁判长排好后提前发给裁判员）。领取任务书后，裁判员应尽快到达比赛区域，挂好队名牌和大分牌，检查球台的高度和平整度，调节好球网的高度和张度，擦拭球台，保持地面干净，挡板整齐，将翻分器调整至比分无显示。

团体赛前 45 分钟，在指定的抽签区抽签，挑选主客队，填写排名表，挑选比赛用球，挑选指导席的位置，同时问清楚双方运动员服装的颜色（双方服装的颜色不能和球的颜色一样，同队队员的服装要相同，双方队员服装的主体颜色要有明显区别，如果比赛双方服装颜色类似且均不愿更换，裁判员将抽签决定一方必须更换）。如果一方队长没有在规定的时间到场，该队可被认为放弃挑选（A/B/C）或（X/Y/Z），同时放弃挑球、指导席和服装相似情况下的抽签。

团体赛前 30 分钟，裁判员将队长填好并签名的排名表送到编排组打印团体记分单。赛前 15 分钟，裁判员和副裁判员拿着团体记分单和挑好的比赛用球，带领比赛运动队（5 名运动员和 1 名教练员），在指定的区域集合，等候统一入场。赛前 10 分钟，在值班裁判长的指挥下，同时进入比赛区域。

进场之前，裁判员和副裁判员应该协商和讨论分工的问题，然后整队入场。他们应决定谁监控时间、练习时间、局与局之间的间歇时间。由谁监控暂停时间（通常由裁判员负责）、谁将暂停牌放在适当的位置（通常由副裁判员负责）。他们应当清楚在比赛的分与分之间和局与局之间如何默契配合而不需要用肢体动作。

裁判员和副裁判员都不能带任何与执行本场比赛任务无关的物品进入比赛场地。裁判员和副裁判员需要带进场地的比赛器材是挑边器、量网尺、红/黄/白牌、比赛备用球、秒表、笔、毛巾，这些东西应在裁判员工作包内，不能挂在腰上或套在脖子上。自己的手包应放在裁判长或裁判员工作台的桌下或其他不显露的地方。

当裁判员队伍即主裁判员和副裁判员准备好，他们应沿直线整队入场，大家要与第一个人的步调一致，由裁判员领路到达指定区域。在最后一天的特定比赛中，他们可以随着宣告后的入场曲入场，并介绍入场的比赛官员。不管有没有入场曲，裁判员队伍应平静、步伐整齐地走成一条直线。这样做并不是要像军队一样的队形，只是以一种团队统一的精神来执行指定的任务。

每一名裁判员不应随意跨越挡板，他出入场地时应该在挡板之间打开一个空隙，轻轻地绕过去，通过后立即把挡板关好。

二、裁判员到达赛区

裁判长或主管的副裁判长将指定每块场地的入场地点。进入赛场，裁判员和副裁判员一起走向指定位置。根据需要，广播会向观众和媒体介绍裁判员所属协会和姓名。

在宣告每一个名字时，这名官员要向前迈出一小步再退回一步到原位，不要向后转向另一面观众和媒体，不要举手示意。不管有还是没有向观众宣告，裁判员都应站在相应的位置上 5 秒钟，这是每场比赛开始前的操作程序。

三、赛前操作程序

1. 裁判员职责

(1)完成球拍检查。

(2)再次检查服装颜色,不管在选球时是否已经做过。

(3)检查运动员号码布或人名布,如果裁判长或组委会要求。

(4)确定场外指导者并记录在记分单上(在不是团体比赛时)。

(5)用挑边器挑边,确定运动员的方位。

(6)为准备练球开表计时,一般让副裁判员做这事。

(7)在比赛记分表上记下发球员、方位等有价值的信息。

(8)然后裁判员坐上裁判椅,等候练球时间。

2. 副裁判员职责

(1)检查球网高度和张力。

(2)清洁球台和地板,捡去没用的碎屑。

(3)整理四周的挡板。

(4)将比分显示器的局分调整至0∶0,在双方运动队到达比赛区域时。

(5)调整队名牌和大分牌,如果裁判长或组委会要求。

(6)当开始练球时,副裁判员坐回裁判椅。

四、比赛开始

当时间到时,副裁判员举手报告“时间到”。裁判员指向发球方同时看着接发球方准备好。

当发球方准备好时,裁判员宣布“第一局比赛,××发球,0 比 0”。副裁判员将比分显示器的比分调整为0∶0,开秒表计时,比赛开始。

五、比赛中的操作程序

(1)清晰大声报分,让运动员和坐在指导席上的人能够听清和听懂。

(2)控制比赛时间,一般请副裁判员掌控。

(3)监控和执行有关发球规则。

(4)监控和执行有关行为规则。

(5)确保在局与局之间运动员将球拍留在球台上。

(6)确保比赛连续进行,在擦汗和暂停比赛时不要拖延时间。

(7)监控和执行有关场外指导的规则,在分与分之间,在 2 分钟练习后,在交换发球和交换方位时，裁判员应转头看着指导者。当然，裁判员和副裁判员应在赛前商量好，谁监控哪个教练比较方便，在他的视线中或是在他的右边。

六、比赛结束

(1)比赛结束，裁判员宣布“11 ∶ ×，第×局比赛××胜”，同时用手指向获胜方。

(2)将比赛记分单填写完整。

(3)裁判员找运动员签名，如果裁判长要求。

(4)副裁判员收回乒乓球，将赛场恢复到入场前的基本情况。

(5)副裁判员将比分显示器回至光板。

七、裁判员退场

裁判员和副裁判员到裁判椅前集合一起退场。裁判员左手拿记分表走在前面，副裁判员跟在后面步调一致。

裁判员把比分表直接送到裁判长席请值班裁判长签名，值班裁判长应检查比赛记分表的填写是否完整、精准，签名后传给编排记录组处理。

裁判员在完成指定的任务后不要在比赛场地周围走动和闲逛。如果他们希望看下面的比赛，应当退出比赛场地，到指定区域观看比赛。

第三节　乒乓球裁判过程的工作技巧

一、裁判员所用物品

裁判员应有基本的、必要的器材和工具。这些包括比赛用球，裁判椅(主裁判椅和副裁判椅)，抽签器，量网尺，鸡毛掸，毛巾盘，记分表格，团体赛排名表，文件夹，记分板，队(人)名单，圆珠笔，复写纸，咫尺，计时表，曲别针，秩序册，裁判桌，记分器(人工，机械或电子的)，以及裁判长主持抽签时所需用的器具，各类签卡(可用扑克牌代替)等。

二、裁判制

一般情况下，每次乒乓球竞赛时，裁判长都会根据比赛的性质和实际抽调的裁判员人数，确定该次比赛采用什么裁判制。目前，国际、国内重大比赛均采用一种叫作“一贯制”的方法。这种“一贯制”有“一台一贯制”和“一团一贯制”两种形式。“一台一贯制”，即在一张球台上，确定该台裁判员从比赛开始至结束一直负责到底。“一团一贯制”，即在一次团体赛中，被确定的该场裁判员和副裁判员从比赛开始至结束，一直负责到底。这些方法，对于裁判员的要求很高，常有中间无空上厕所的情况。“一台一贯制”常常是在单项比赛时采用。

三、裁判员的操作过程

(1)到达赛场，检查挡板，球台安放是否正确，球网是否调节好(若在比赛中，任何设备被扰乱，必须恢复原状后再继续比赛)。

(2)将比分显示器调到无比分状态。

(3)运动员到场后，在他们开始练习前，检查号码簿和球拍。否则，如果是错误的运动员或是一块不符合规则的球拍，就将浪费练习时间。

(4)双打比赛中，检查运动员的服装是否相同，双方服装是否显不同。如有不服从，报告裁判长。

(5)监控练习时间，时间到时告诉运动员。劝阻运动员不要在练习后与教练磋商而延误比赛时间。

(6)当着双方运动员的面，用掷边器或硬币决定发球，接发球和方位，在记分表上记下发球方，或双打中的第一发球员。

(7)比赛开始前，检查毛巾是否放在裁判员附近的容器里，不允许挂在挡板上，任何其他物品，如包，必须放在赛场外。

(8)当运动员准备后，宣告或手指向发球方，报“0 比 0”，将比分翻到“0∶0”。

(9)发球开始时，开动计时器，比赛因擦汗、球飞出赛区中断时，停止计时器，并重新开动。

(10)每一回合结束立即报分，或用手势示意，或两者兼用。如果换发球，手指向或报出下一个发球员的名字。

(11)劝阻运动员不要在发球前停顿太长或老是拍球浪费时间，必要时提醒他们继续比赛。

(12)一局比赛中，确保运动员不得接受任何场外指导，不管是通过语言还是手势，第一次非法指导，用黄牌警告指导者，如其再犯，亮红牌，令其离开赛区。

(13)一局结束,宣布胜者和当时的局分,将显示器上的局分保留一会,在记录表上记录成绩后,除去记分器上的比分。

(14)每局结束后,捡回比赛用球,或带在身边,或放在赛台上,以备下一局比赛。掌握局间休息时间,时间一到立即招回运动员。

(15)一场比赛结束,宣布比赛结果以及团体赛中当时的场分,填写记分表,并请运动员或团体赛结束请队长签名。

(16)每节比赛全部结束后,将所有文件和器材交回有关比赛工作人员。

(17)离开赛场时,收好所有比赛用球,将比分显示器调回到无任何显示,检查是否有衣服、毛巾或其他物品遗留在场内。

【本章小结】

《乒乓球竞赛规则》是国际乒乓球联合会制定的、在所有正规比赛中供大家共同遵守的制度或章程,根据乒乓球运动的发展情况不断进行修订和完善,使得比赛逐渐趋于公平、公正与合理;乒乓球裁判员临场操作程序规定了乒乓球比赛中裁判员在临场执裁时的相关流程,裁判长与裁判员的相关职责使得我们更加清楚裁判长和裁判员的职责范围,在裁判员职责范围内的工作一定要做好,超出裁判员职责范围之外的一定要报告裁判长;乒乓球裁判过程的工作技巧重点讲述了主裁判和副裁判之间配合的相关技巧,默契的配合是比赛顺利进行的重要保障。

【课后练习】

1. 乒乓球比赛中裁判员如何保持比赛的连续性?
2. 如何理解乒乓球临场裁判执裁的准确性与艺术性?
3. 红黄牌的使用技巧。

【知识拓展】

裁判员基本原则:严肃、认真、公正、准确。

裁判员八种能力:组织能力、理解能力、判断能力、分析能力、反应能力、研究能力、应变能力、自控能力。

第六章 乒乓球竞赛的基本方法

【学习目标】

使学生了解并掌握循环制和淘汰制这两种乒乓球竞赛的基本方法，其中循环赛场数和轮数的计算、逆时针轮转法、比赛名次的确定，以及淘汰赛场数和轮数的计算、轮空、抢号等内容是本章的学习重点；同时要掌握竞赛编排工作的内容和程序，熟练掌握赛前（主要工作是拟订竞赛规程，接受报名，组织安排赛前练习，抽签，编排比赛秩序，印发秩序册，做好公布成绩的准备等）、赛中（主要是检录和公布成绩，印发成绩公报和秩序单，协助裁判长掌握比赛进程等）及赛后（主要是编印成绩册，竞赛资料归档和总结等）等三个阶段工作的主要内容，并在比赛中能够熟练运用。

【学习任务】

1. 熟练掌握乒乓球竞赛循环制和淘汰制这两种基本方法，并在比赛中能够根据实际情况灵活结合运用；

2. 熟练掌握竞赛编排工作的内容和程序，重点是赛前、赛中及赛后等三个阶段工作的主要内容，并在比赛中能够熟练运用。

【学习地图】

循环制→淘汰制→竞赛编排工作内容→竞赛编排工作程序

第一节 比赛基本方法

乒乓球比赛的项目可分为团体和单项比赛两大类。团体赛有男子团体、女子团体；单项赛有男子单打、女子单打、男子双打、女子双打和混合双打。

团体赛和单项赛的办法，主要有循环制和淘汰制两种。有时把两种方法结合起来使用，例如：第一阶段采用分组单循环赛，第二阶段进行单淘汰赛。

一、循环制

循环制是乒乓球竞赛的一种基本比赛方法。

(1)单循环:就是使参加比赛的各方相互之间都要直接比赛一次,故又称单循环赛。

(2)双循环:采用重复比赛两次循环,即参加比赛的各方相互之间都要直接比赛两次,称为双循环赛。

特点:这种比赛方法能够使参加比赛的各队或各个选手,相互之间都能得到比赛的机会,有利于通过比赛全面地交流经验;比赛的结果偶然性机遇也少,因而基本上能反映出参加比赛的各队或各个选手之间的真正的技术水平。从优选的角度来看,比较合理。

(一)单循环赛

1.单循环赛场数和轮数的计算

在循环赛中,各队(或运动员)普遍出场比赛一次,称为"一轮"。每两个队员之间比赛一次,称为"一场"。

(1)单循环赛场数的计算(团体赛为次数):采用循环赛时,参加比赛的队(或运动员)的数量和需要比赛的场数的关系,是属于"组合"性质的数学问题。

$$场数 = n(n-1)/2$$

单循环赛轮数的计算:n 为偶数时,轮数 = n-1 = 队数-1;n 为奇数时,轮数 = n = 队数。

2.单循环比赛顺序的确定

要考虑比赛场次进度的一致,避免连场;要注意每一轮强队和弱队的搭配,并尽量使各队(运动员)机会均等;另外还要使强队在最后相遇,从而使比赛逐步形成高潮。确定单循环比赛顺序的方法有很多,经常采用的是"逆时针轮转法"。

例如有六个队参加比赛,比赛顺序如图 6-1 所示。

第一轮	第二轮	第三轮	第四轮	第五轮
1—6	1—5	1—4	1—3	1—2
2—5	6—4	5—3	4—2	3—6
3—4	2—3	6—2	5—6	4—5

图 6-1 六个参赛队单循环比赛顺序

这种方法是一号位固定不动,其它号位每轮按逆时针方向轮转一个位置,即可排出全部轮次的比赛顺序。

当队数或人数为单数时用“0”补成双数，然后用逆时针轮转法排出各轮比赛的顺序。其中遇到“0”者即为该场轮空。

例如有五个队参加比赛，比赛顺序如图 6-2 和图 6-3 所示。

第一轮	第二轮	第三轮	第四轮	第五轮
1—0	1—5	1—4	1—3	1—2
2—5	0—4	5—3	4—2	3—0
3—4	2—3	0—2	5—0	4—5

图 6-2　五个参赛队单循环比赛顺序 1

为了使实力接近的三场比赛在最后一轮出现（使比赛达到高潮），也可以先确定最后一轮（第五轮）的比赛顺序，然后用 1 号位不动的“顺时针轮转法”倒推出前四轮的比赛顺序。再从第一轮起采用 1 号位固定不动的“逆时针轮转法”进行轮转。

根据需要，还可以把第一轮的三场比赛和第三轮的三场比赛互相调换，或者把第一轮中三场比赛互相调换。这是大轮转基础上进行小调动的办法。

第一轮	第二轮	第三轮	第四轮	第五轮
1—4	1—6	1—5	1—3	1—2
2—6	4—5	6—3	5—2	3—4
3—5	2—3	4—2	6—4	5—6

图 6-3　五个参赛队单循环比赛顺序 2

3. 单循环比赛名次的确定

乒乓球比赛规则规定：单循环比赛中以获胜次数多者名次在前。在任何分组或阶段内，如有两个队获胜次数相等，则谁胜就名次列前。在团体赛中，如有两个或两个以上的队获胜次数相等，则根据他们相互之间比赛的胜负比率（胜/负）来决定名次：首先计算次率，其次计算场率，再次计算局率，最后计算分率，直至算出全部名次为止。

在单项比赛中，如有两个或两个以上的运动员（对）的获胜次数相同，则他们的相关名次应首先由他们之间场数的胜负比率来决定，其次按局数的胜负比率来决定，然后按分数胜负比率来决定，直至排出全部名次。

当分数胜负比率也相同时，用抽签的方法决定名次。

当计算进行到某一级时，如果其中一个成员的名次可以确定，在以后的计算步骤中应删除他的成绩。

表 6-1 以六名队员 A、B、C、D、E、F 为例，表中　　比分为胜一场，　　代表

负一场，胜一场积分为 2 分，负一场积分为 1 分，弃权为 0 分。

表 6-1　六名队员比赛成绩

	A	B	C	D	E	F	积分	计算	名次
A		3 : 2	1 : 3	2 : 3	0 : 3	3 : 1			
B	2 : 3		3 : 1	2 : 3	1 : 3	3 : 2			
C	3 : 1	1 : 3		2 : 3	2 : 3	3 : 0			
D	3 : 2	3 : 2	3 : 2		3 : 0	1 : 3			
E	3 : 0	3 : 1	3 : 2	0 : 3		1 : 3			
F	1 : 3	2 : 3	0 : 3	3 : 1	3 : 1				

计算过程见表 6-2 至表 6-4。

（1）计算六名队员的积分，分别为 7、7、7、9、8、7 分，D 的积分为 9 分，名次为第 1 名，E 的积分为 8 分，名次为第 2 名。其余队员的积分均为 7 分，留在后面计算，见表 6-2。

表 6-2　名次计算过程 1

	A	B	C	D	E	F	积分	计算	名次
A		3 : 2	1 : 3	2 : 3	0 : 3	3 : 1	7		
B	2 : 3		3 : 1	2 : 3	1 : 3	3 : 2	7		
C	3 : 1	1 : 3		2 : 3	2 : 3	3 : 0	7		
D	3 : 2	3 : 2	3 : 2		3 : 0	1 : 3	9		1
E	3 : 0	3 : 1	3 : 2	0 : 3		1 : 3	8		2
F	1 : 3	2 : 3	0 : 3	3 : 1	3 : 1		7		

（2）将 D 和 E 的比分删除，只剩下 A、B、C、F 四名队员的成绩，积分均为 7 分，算它们的积分，分别是 5、5、5、3 分，E 的积分为 3 分，最少，为最后一名，也就是第 6 名。其余三名队员的积分均为 5 分，留在后面继续计算，见表 6-3。

表 6-3　名次计算过程 2

	A	B	C	D	E	F	积分	计算	名次
A		3∶2	1∶3	2∶3	0∶3	3∶1	7	5	
B	2∶3		3∶1	2∶3	1∶3	3∶2	7	5	
C	3∶1	1∶3		2∶3	2∶3	3∶0	7	5	
D	3∶2	3∶2	3∶2		3∶0	1∶3	9		1
E	3∶0	3∶1	3∶2	0∶3		1∶3	8		2
F	1∶3	2∶3	0∶3	3∶1	3∶1		7	3	6

(3)将 F 的成绩也删除，只剩下 A、B、C 三名队员。在计算它们之间的积分，通过计算，它们的积分均为 3 分。则计算它们之间的场比率，通过计算：A=4/5=0.8，B=5/4=1.25，C=4/4=1，B 最大，为第 3 名，C 为第 4 名，A 最小，为第 5 名，见表 6-4。

表 6-4　名次计算过程 3

	A	B	C	D	E	F	积分	计算	名次
A		3∶2	1∶3	2∶3	0∶3	3∶1	7	5,3,4/5	5
B	2∶3		3∶1	2∶3	1∶3	3∶2	7	5,3,5/4	3
C	3∶1	1∶3		2∶3	2∶3	3∶0	7	5,3,4/4	4
D	3∶2	3∶2	3∶2		3∶0	1∶3	9		1
E	3∶0	3∶1	3∶2	0∶3		1∶3	8		2
F	1∶3	2∶3	0∶3	3∶1	3∶1		7	3	6

(4)至此，全部名次计算完毕。

需要说明的是，有些比赛到这一步还计算不出来，需要计算分比率，也就是在场比率和局比率仍然相同的情况下，用胜分的和除以负分的和，得数大的排名在前。

还有更为特殊的情况，也就是分比率也相同，这就只好用抽签的方法来决定了。

(二)分组循环赛

这种比赛方法，常在参赛队数很多的情况下采用。它可以不过多地增加比赛次数和延长比赛日期，又能照顾排定各队的名次。

在一般情况下，分组循环赛是在分阶段比赛中采用，第二阶段或第三阶段可以采用循环赛，也可以采用淘汰赛。

（三）循环赛有三个矛盾

1. 比赛秩序中的机会不均等

要合理地安排好比赛秩序，处理好在循环赛比赛办法中依然存在的部分机会不均等的因素。

（1）主要表现在以下几个方面：①各队（或选手）比赛进度快慢的问题；②实力相当的两个队（或选手）之间的一次决定性比赛前各自体力消耗多少的问题；③强弱对手的相遇时间的先后问题。

（2）解决方法如下。

1）1号位固定不动的逆时针轮转法。特点：①最可能成为冠军和亚军决赛的最重要的一场比赛安排的整个比赛秩序的最后一轮，使比赛在最后阶段进入高潮；②对最强的队“1”来说，比赛对手的实力由弱到强，逐步地加强，最后一个对手是“2”队，在最后一轮相遇，体现了对理论上可能获得冠军的最强的队的照顾；③各轮比赛强弱的搭配相当均匀，各轮实力指数的差非常小，且分布相当均匀。这种办法使用非常广泛。

2）最后一轮安排实力指数最接近的比赛的逆时针轮转法。特点：在最后一轮安排了实力指数最接近的比赛，将使比赛的最后一轮走向最高潮。缺点：各轮比赛中实力指数强弱的搭配很不均匀。这种办法有时被采用。

3）大轮转，小调动。比如，可以调整轮数，使有举办单位参加的队放在开幕式后第一场进行；也可把重要的比赛或有著名运动员参加的比赛放在某一个日子（如节假日或周末等）；还可以把轮次打乱，让单位队员提前打比赛，避免后期让球的嫌疑。这时就体现小调动的优势了。这种办法在特殊情况下使用。

2. 理论与实际应用不符

计算名次办法的理论说明和实际计算方法的不完善。要科学地计算比赛名次，尽可能地解决好比赛名次计算的复杂问题。

3. 应用范围有很大的局限性

要尽量扩大应用范围，克服循环赛实际应用的局限性（特别是在乒乓球竞赛中）的缺点。

（1）缺点：场数太多。

（2）解决办法：①采用分小组的办法，使每个小组的队数减少到可以接受的数量；②采用循环赛和淘汰赛相结合的办法；③采用多阶段循环赛。

二、淘汰制

(一)单淘汰赛

单淘汰赛将所有参加比赛的选手(或队)编排成一定的比赛秩序,由相邻的两名选手(或队)进行比赛,败者淘汰,胜者进入下一轮比赛,直到淘汰成最后一名选手(或队),这个选手(或队)就是这次淘汰赛的冠军,比赛也就全部结束。

特点:强烈的对抗性,非胜即败。

可以在很短的时间内,安排大量的选手(或队)进行比赛,而且比赛逐步引向高潮,并在冠亚军决赛后结束整个比赛。

例如:男单比赛128名选手,采用淘汰赛,只需7轮,127场比赛,每人打7场比赛;若采用循环赛,将进行127轮8 128场比赛。

1. 单淘汰赛选择号码位置数

采用单淘汰赛的比赛方法时,应先根据参赛人数选择最接近的较大的2的乘方数(即2自乘若干次的积数)作为号码位置数。比赛中常用的号码位置数是:2的n次幂。

如参赛运动员的人数不等于号码位置数时,需要在比赛的第一轮设置一定数量的"轮空"位置。使参加第二轮比赛的运动员人数正好是2的乘方数。

轮空数=号码位置数-运动员人数

如参赛人数稍大于2的成方数时,再用排轮空的方法则轮空人数太多,这时可用"抢号"的方法来解决。以最接近较小的2的乘方数作为号码位置数,安排一部分运动员进行抢号。抢号就是两名运动员使用一个号码位置先进行一场比赛。抢号和轮空在性质上是完全相同的,抢号位置可查轮空位置表。

例如:35名运动员参加比赛,若使用32个号码位置数,有3个号码位置(6名运动员)进行抢号。这三个抢号位置可在轮空位置表上查得32个号码位置数的3个位置,也是64个号码位置数时最后三个轮空位置(2,31,18),见表6-5。

表6-5 轮空位置

2	255	130	127	66	191	194	63
34	223	162	95	98	159	226	31
18	239	146	111	82	175	210	47
50	207	178	79	114	143	242	15
10	247	138	119	74	183	202	55

续表 6-5

42	215	170	87	106	151	234	23
26	231	154	103	90	167	218	39
58	199	186	71	122	135	250	7
6	251	134	123	70	187	198	59
38	219	166	91	102	155	230	27
22	235	150	107	86	171	214	43
54	203	182	75	118	139	246	11
14	243	142	115	78	179	206	51
46	211	174	83	110	147	238	19
30	227	158	99	94	163	222	35
62	195	190	67	126	131	254	3

2. 单淘汰赛轮数和场数的计算

(1)计算轮数:单淘汰赛所采用的号码位置数(2 的乘方数)其指数(自乘的次数)即为轮数。2 的几次方即为几轮(4 个号码位置数=22=2 轮;8 个号码位置数=23=3 轮……)。

例如:14 名运动员参加单淘汰赛,则按 16 个号码位置数计算,比赛轮数为 4 轮。

(2)计算场数:场数=人数-1

例如:16 人参加单淘汰赛,比赛场数为 16-1=15,比赛 15 场。

在单淘汰赛中,每进行一场比赛即淘汰一名运动员,所以,当淘汰剩最后一名运动员即冠军时,实际比赛场数为参赛人数减一。单淘汰赛只能确定冠军、亚军、两个并列第三名、四个并列第五名。

但用增加附加赛的办法,则可进一步排出前八名的各个名次:进入前八名的运动员,每一轮的胜者与胜者,负者与负者之间进行比赛,直到排出第一至第八名的全部名次。比赛顺序如图 6-4 所示。

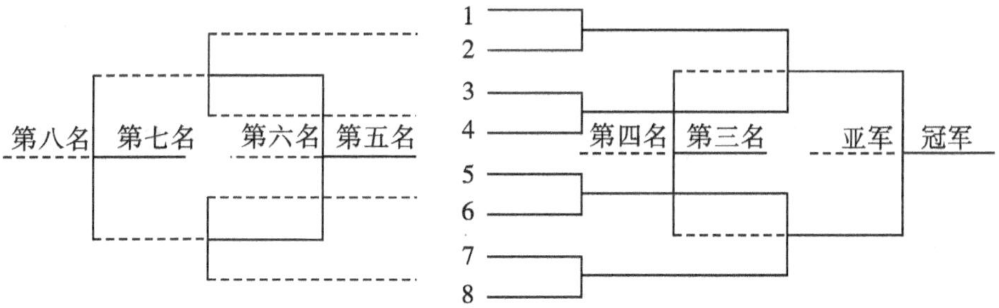

图 6-4 1-8 名单淘汰比赛顺序

(二)双淘汰赛

运动员按编排的秩序进行比赛,失败两场即被淘汰,最后失败一场为亚军,不败者为冠军,这种比赛方法称为双淘汰赛(现在很少使用)。

1.双淘汰赛轮数和场数的计算

(1)计算轮数:胜方轮数与单淘汰赛的计算方法相同,即所选用的号码位置数(2 的乘方数)其指数(自乘的次数)即为轮数;负方的轮数,在第一轮当中一半在胜方,另一半在负方,故其轮数本应为 n-1,而在第一轮的胜方中,从第二轮到最后一轮,每一轮要把负者推到左边的负方,共推 n-1 次。

负方轮数=(n-1)+(-1)=2n-2

总轮数=n+(2n-2)　　(公式中 n 为号码位置数的指数)

(2)计算场数:场数=2x-3　(x 为参加人数或队数)。这个公式实际上是胜方场数与负方之和。胜方场数为参加人数-1,负方场数为参加人数减 2。设 x=参加比赛人数(或队数),则双淘汰赛比赛场数=胜方比赛场数+负方比赛场数,即(x-1)+(x-2)=2x-3。双淘汰比赛如图 6-5 所示。

例如:8 人参加比赛,选用 8 个号码位置,指数为 3,则:

轮数= n+(2n-2)=3+(2×3-2)=7;场数= 2x-3=2×8-3=13。

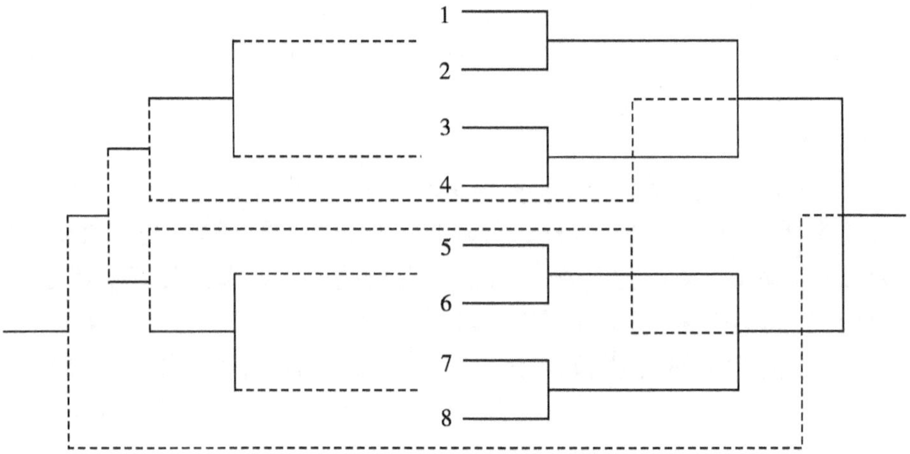

图 6-5　1-8 名双淘汰比赛顺序

第二节　竞赛编排工作的内容和程序

竞赛编排工作大体可分为赛前、赛期和赛后三个阶段。

赛前阶段主要工作是拟订竞赛规程;接受报名;组织安排赛前练习;抽签;编

排比赛秩序,印发秩序册;做好公布成绩的准备等。

比赛期间主要是检录和公布成绩;印发成绩公报和秩序单;协助裁判长掌握比赛进程等。

赛后阶段的工作主要是编印成绩册、竞赛资料归档和总结等。

一、拟订竞赛规程

竞赛规程,一般由比赛主办单位根据比赛的目的、性质、规模、时间和场地情况来制定。比赛以前,应尽早发给参加比赛的单位,以便做好准备。

竞赛规程的主要内容包括:竞赛名称、目的、日期、地点、比赛项目、比赛办法、报名人数、报名截止日期、报到日期、录取名次、采用的竞赛规则以及其他特殊规定等。

二、接受报名

报名表是竞赛编排工作的重要依据,其内容填写是否正确,直接关系到抽签和编排工作的进度和质量。另外,如报名表过迟寄到,那不仅会给抽签工作和印发秩序册造成困难,甚至可能影响比赛的如期举行。因此,及时催寄报名表也是接受报名的一项主要工作。利用网络和传真是现在最为快捷的方式,但是通过邮寄可以显示单位加盖公章和负责人签字,这两种办法同时进行最好。报名表收到后,应逐项审核是否合乎规则规定和填表要求。如有问题,必须立即与有关单位联系解决。审核完的报名表,应及时填入"报名汇总表",并在报名表汇齐后,迅速提出参加各项比赛的队(人)数、领队和教练员姓名、运动员号码对照表作为抽签、编排比赛秩序和编制秩序册的依据。报名汇总表必须反复审核,力求准确。

已经寄出报名单的单位,如在抽签之前要求更换运动员或更换配对,应予同意。但应由该单位提出书面申请。如在抽签之后再提出变更申请,应按"变更抽签"的规定处理。

三、组织安排赛前练习

运动员到达新的比赛地点以后,对当地的气候、场地等比赛环境有一个适应过程。因此,主办单位必须在规定的报到日期到比赛开始之前这段时间里,安排练习场地。运动队报到后,主办单位应发给赛前练习日程表,使之尽早参加练习。这项安排要有专人负责,并将日程发给场地、交通、生活、竞赛等有关部门,以便各部门都能密切协作。

安排赛前练习时,应尽量使各队机会均等,并对运动队提出的合理要求尽可能地予以满足。此外还应注意以下几个问题。

(一)赛前练习场地的安排

练习场地有主要场地(正式比赛场地)和练习场地两种。安排时,应保证各队至少在主要场地进行一次练习。

(二)时间安排

(1)如准备每天按三节六段安排时,应只安排三节五段,以便留出一段机动时间,其中20:30—22:00可留作机动时间,以备迟到的运动队临时使用。

(2)每队每天可安排2个小时(一次)至3小时(分为两次)的练习,并尽可能使每个队练习的时间相等。

(三)球台的安排

(1)原则上每两个运动员安排一张球台。如一个队有9名运动员(男5女4)时,应安排5张球台。但如主场只有6张球台,则应分别给两个队进行练习(可不按两人一张球台计算)。

(2)如果一个队一次练习需要5张球台,以13个队计算,每天练习一次需要65个台次,遇到这种情况则准备15张球台即可满足需要。这样,一段时间能有15张球台可供使用,5段时间即有75个台次。除各队练习的65个台次外,尚有10个台次可作机动使用。

四、抽签

乒乓球比赛由于参加的人(对、队)数多,一般采用分阶段分组单循环赛和单淘汰赛的办法。这种办法虽可以在较短的时间内赛完,但运动员(队)在比赛过程中只能与较少的运动员(队)相遇。因此,运动员(队)在比赛中所处的号码位置,不宜人为指定,而应采用抽签的办法。

(一)抽签准备工作

1. 接受、审核和汇总报名

(1)接受报名单:要有专人负责接受各单位按规程规定时间进行的报名。

(2)接到一份报名单以后,首先应依据竞赛规程的规定进行认真的审核,其中包括报名资格审核、人数和项目审核、特殊规定的(如男子团体赛采用女子团体赛的办法)、报名单排列顺序,等等。

(3)汇总报名单:汇总各项参加的总人数和队数,以便最终确定具体的抽签方案和编排方案。

在汇总报名单上，应能清楚地看出每个参加单位各个比赛项目的队数、人数和对数；也能清楚地看出各个比赛项目参加的总队数、总人数和总对数。

汇总报名表不仅编排组在进行抽签准备工作时需要，裁判长和编排组进行其他方面准备工作的人员及竞赛部门的其他有关人员也需要，应打印若干份发给各有关部门和有关人员，以利工作。

2. 研究抽签方案

(1)各参加单位的报名情况和竞赛规程中对比赛办法的规定，是准备抽签方案的两个基本依据。

如果团体赛采用目前世界锦标赛的方法，一个级别(指第一级和第二级)的16个队，要按各队的名次顺序分批进行抽签，均分为两组，每组8个队，进行单循环赛。然后，在第二阶段两个小组的第一和第二名进行交叉淘汰，决定1～4名；用同样的办法决出其他各名次。

如有45个队参加比赛，规程规定采用分阶段循环赛的话，可以采用第一阶段分9个组，每组5个队先进行单循环赛；各组同名次的9个队再分成3个组，每组3个队进行第二阶段的单循环赛；然后第二阶段获得同名次的各3个队，再进行第三阶段的单循环赛，产生45个队的全部名次。

如果采用上述比赛办法，则抽签方案中可考虑设立9个种子队。先将1～3号种子抽入1、4、7组，再将4～6号抽入2、5、8组，最后将7～9号种子抽入3、6、9组。若再设9个副种子队，则可一批抽入各组的第二个位置，然后再将其他非种子队抽入各个组内，使每个队各有5个队。

至于单项比赛，一般采用淘汰赛。如单打项目采用两阶段比赛，则第一阶段可先进行分组循环赛，第二阶段再进行淘汰赛。也要妥善考虑分组的原则和办法。

(2)确定号码位置数和轮空位置：单项比赛在一般情况下采用淘汰赛，需要确定比赛顺序表的号码位置和轮空位置。应选择最接近的、大于运动员人数(或队数)的一个2的某次幂乘方数，作为该项目的号码位置数。而号码位置数和运动员人数(或对数)的差数，即为轮空位置数。

如107名运动员参加男子单打，应选用128个号码位置，安排21个轮空位置。只有运动员人数略多于2的某次幂乘方数时，才采用“抢号”的办法。如138名运动员参加比赛，仍选用128个号码位置，而在10个位置上安排抢号。

(3)确定种子数和种子名单

1)确定种子数量：采用单淘汰赛，种子数量一般是2的乘方数，并且是运动员总人数的1/6～1/12，即每6～12名运动员中安排一名种子选手，这是国际比赛规程和国内竞赛规程的基本规定。在具体确定种子数量时，除了考虑种子数量和总人数之间的比例关系外，还可以根据参赛优秀运动员的数量多少，决定种子数的增减或不设种子；在某些非传统性比赛或变迁很大的比赛中，如很难确定种子；也可以考虑各单位的第一号选手为种子选手。由于确定种子是一件相当复杂的工作，很难做到十分精确。所以，在考虑种子序号时，以分批办法为宜。

比如16名种子，其序号不必从1排到16，可列为1号种子、第2号种子、第3、4号种子、第5~8号种子、第9~16号种子。在第3与第4号种子之间、5~8号种子之间，不具体分种子序号，作为一批处理。这样既可以减少矛盾，使确定种子的工作相对容易些，而且也符合抽签的实际情况。现在最新的抽签方法，把9~16号种子分为两批进行抽签，9~12和13~16两批。

2）确定种子名单：确定种子名单的主要依据是选手以往的比赛成绩，或者是各级带有积分比赛。

（4）研究分区控制的理论方案。在汇总了报名单，明确了比赛的参加队数、人数和对数以后，就可以根据竞赛规程规定的比赛办法，具体确定比赛方案。凡需要抽签的比赛项目，要选择采用位置号码数及轮空位置，确定种子数量和具体种子名单。在这个基础上，要研究分区控制的理论方案。

3. 准备抽签用具，进行抽签实习

（1）抽签用具：抽签的主要用具有名签（单位名、人名）和号签（区号、组号、位置号）。签卡可用一面有图案另一面空白的卡片制作。名签和号签分别使用两种不同颜色的卡片。

（2）表格和材料：在一般情况下，主抽人对各个比赛项目的抽签应准备一个比较详细的抽签说明词。一个项目的抽签说明词应包括选手的人数、比赛秩序表使用的位置号码、轮空（或抢号）的数量和位置分配、比赛办法、种子名单及序号、各个区的固定数和机动数，以及种子选手、非种子选手（按确定的单位顺序）等。说明词的繁简程度可根据主抽人对抽签工作掌握的水平来确定。如果主抽人对抽签原理理解比较深刻，对抽签的操作比较熟练，思路比较清晰，反应比较快，也可以只准备几个基本数字，而不用事先准备抽签说明词。要强调的是，主抽人的全部签卡应该准备得完全准确和有秩序。按抽签程序准备好的一整套签卡，实际上就是主抽人一目了然的说明词。

控制员需准备每个项目的分区控制表。

记录员要事先填好种子位置和轮空位置的各项记录表格，准备好团体赛抽签以及单打种子队员抽签结果的公布表。

抽签人员还需预备一些专用表格，如抽签结果登记表等。签卡需按不同项目分别放装不同的地方。非种子运动员分区亦需要四个盘子。

（3）抽签实习：抽签实习是一项重要的准备工作。事先进行抽签实习，有利于摸索规律，发现问题。

报名情况稍有变动也可能对整个抽签造成很大影响，因此，要有一套完整的工作程序,以免在抽签中出现差错。

团体赛与单项赛的种子抽签结果,在可能的情况下最好当场公布。

进行抽签实习时,首先由主抽人对每一个比赛项目的抽签进行研究,目的是熟悉情况、摸索规律、检查抽签方案的正确性,从而对这个项目的抽签工作做好思想上的准备。

其次是主抽人、号签员及控制员进行抽签实习。这种小型配合实习是全体抽签人员总实习的基础,抽签的成败主要决定于他们的工作性质。

下一步是进行总实习。抽签前、后台的全体工作人员按正式抽签的要求和分工,严格实行岗位责任制,进行总实习。总实习要体现出强有力的管理水平,原则上是一气呵成,没有特殊情况,不要中途停顿。有问题可到总实习结束后再讲。为了搞好总实习,参加抽签的每个工作人员,事先也应像主抽人、号签员和控制员那样,进行自我实习和小范围的配合实习。在总实习前,各个工作环节对已经预见到的各种问题,应有妥善的解决办法。

如果对抽签的理解比较透彻,一般只要进行一次实习即可解决问题。每个人都应把在实习中发生的问题和规律记录下来,进行分析研究,找出解决的办法,以便在正式抽签中运用。

实习以后,必须将各个项目的签卡完全按抽签顺序整理好。

(二)抽签实施方法

乒乓球比赛单淘汰赛抽签的前提是:第一,国际乒联手册国际竞赛规程规定:1 号种子应安排在上半区的顶部,2 号种子安排在下半区的底部,3、4 号种子抽入上半区的底部和下半区的顶部,5 ~ 8 号种子抽入单数 1/4 区的底部和双数 1/4 区的顶部,以下 16 名种子抽入单数 1/16 区的底部和双数 1/16 区的顶部;第二,国际竞赛规程还规定,一个协会的选手按下列要求进行抽签,第一、二号选手应抽入不同的半区,第三号选手抽入第二号选手同一半区(但不在同一 1/4 区),第四号选手抽入第一号选手同一半区(但不在同一 1/4 区),第五至第八号选手分别抽入前四号选手不在的 1/8 区,第九至十六号选手分别抽入前 8 名选手不在的 1/16 区。这两大规定,可以归结为两点:一是种子选手要按种子序号合理分开,较后轮次相遇(前 16 名种子只有在最后淘汰成 16 名选手时才可能相遇),以此类推,第一、二号种子只有在最后决赛时才可能相遇;二是同一单位的选手按排列的技术序号合理分开,较后轮次相遇(本单位的前四名运动员只有在半决赛时才有可能相遇,第一、二号运动员只有在决赛时才可能相遇)。

抽签工作的这两个基本要求,说明抽签的结果不是任意的、无条件的,而是有相对确定性的。我们既要用“机遇”的办法来适应淘汰赛的强机遇性,保证每个选手在机遇面前机会均等;又要用控制的办法来保证抽签所需要的相对确定性,使淘汰赛更加合理。因此,用完全任意的碰机会的办法来抽签,是不可能实现抽签的这种要求的。

为了叙述方便，我们通过一个实例来说明乒乓球竞赛抽签的实施方法（表6-6）。

假设有12个队的57名选手参加男子单打淘汰赛，各队的选手人数分别是：

表6-6　57名选手单打淘汰赛各队人数

队名	A	B	C	D	E	F	G	H	I	J	K	L
人数	8	7	7	6	6	5	5	4	3	3	2	1

用64个号码位置安排比赛秩序。7个轮空位置是2、63、34、31、18、47、50号。除第一个1/4区有一个轮空位置外，其余3个1/4区都是2个轮空位置。

8个种子选手及其顺序是：第1号种子：A1；第2号种子：D1；第3、4号种子：C1、A2；第5至8号种子：F1、B1、C2、A3。

1. 种子选手抽签方法

单淘汰赛抽签分种子选手抽签和非种子选手抽签两部分。种子选手一次抽签"定位"；非种子选手先抽签"分区"再抽签"定位"。

首先进行种子选手的抽签"定位"。

第一步，确定第一、二号种子选手的号码位置。第1号种子A1进入1号位置，第2号D1进入64号位置。

第二步，确定第三、四号种子选手的号码位置。第三、四号种子应通过抽签方法分别抽入32、33号位置：由于A1已经进入第1号位置，同单位的A2应抽入没有A1的另一个1/2区，所以不能进入32号位置，只能进入22号位置，C1也只能进入32号位置。

第三步，确定第五至第八号种子选手的号码位置。在第五至第八号种子选手中，F1和B1不存在同一单位选手的限制问题，A3和C2则有同单位选手的限制问题。

A3应抽入A2同一半区的另一个1/4区的49号位置（A3不能在没有A1的1/4区的17号位置，而应抽入没有A2的1/4区的49号位置）。C2应抽入没有C2的另一个1/2区的48号位置。再抽F1和B1，他们可以任意抽入剩余的其他两个种子位置：16号和17号。

种子选手抽签时，号签员要根据主抽人的说明词出示相应的号签，洗乱后（背面向上）放在桌子上；主抽人再出示种子名签，同样洗乱后（亦背面向上）任意放在号签上（一个号签只能放一个名签）。然后揭开名签和号签，看每个种子选手抽入的号码位置。

2. 非种子选手抽签分区和抽签定位

非种子选手的抽签要分两步走：先"分区"，后"定位"。分区原则上每个区内每个单位只有1名选手(少数或个别单位有2名选手)。在这个基础上,再进行非种子选手的定位就方便了。

(1)非种子选手抽签分区:首先按照各参加单位的选手人数,确定各队的类型:A、H为“整队”,B、C、I、J为“品队”,D、E、K为“吕队”,F、G、L为“口队”。然后在各种类型的队中找出全部“R”型选手;人数在4名以上的品队、吕队、口队中,人数为4的整数倍的那部分选手(B、C、D、E、F、G各队均有4名),也是R型选手。R型选手应平均抽入各个1/4区。所以,应预先留出空位,即固定4项进入各个1/4区,我们称之为“固定数”。R型选手用“○”代表画入抽签分区控制表的各个相应的小格内。A队有8名R型选手,每个1/4区有2个R型选手;B、C、D、E、F、G和H队各有4名R型选手,每个1/4区内有1名R型选手,需在每个1/4区的位置数中预先留出9个固定数(从抽签一开始就留出)。只有抽各个队的R型选手时,才能使用这些固定数,因而R型选手的“机遇”完全有保证,不需要任何“控制”,即使最后一个抽签也同样有保证。

各个1/4区的位置数减去该1/4去的轮空数和R型选手预留的固定数,剩下来的数叫机动数。机动数供各队“S”型选手使用。用“●”代表S型选手,并将其画在各个1/4区或1/2区的交界线上。品队的S型选手,分别画在第一、二两个1/4区的交界线上和第三、四两个1/4区的交界线以及上、下半区的交界线上各一个;吕队的S型选手,分别画在第一、二两个1/4区的交界线和第三、四两个1/4区的交界线上各一个;口队的S型选手,画在上、下半区的交界线上。

然后,对画在各个1/4区格内的R型选手和画在各条交界线上的S型选手进行“预算”。凡是R型选手,对于1/4区来讲是固定数,对于1/2区来讲也是固定数,都必须留出足够的位置。因此,在抽R型选手时,与各个1/4区和1/2区的机动数无关,可以自由抽签进入1/4区,不受任何“控制”,充分体现了“机遇性”。先抽后抽也完全机会均等,互相没有任何制约作用。本例中57名选手有36名R型选手是不受控制的。36名R型选手对于每个1/4区来讲,各占9名固定数;对于上、下半区来讲,各占18名固定数。各个1/4区或1/2区的位置数,减去轮空数和固定数,即为各个1/4区或1/2区的机动数。

其余21名S型选手有三种情况:品队的3名S型选手将分别抽入3个1/4区,如果该队没有R型选手,则将第二和第三号选手抽入同一半区的两个不同的1/4区,不论有无“R”型选手,上、下半区至少要抽入1名S型选手,故对1/2区来讲有一个固定数;吕队的2名S型选手分别抽入上、下半区的任何一个1/4区,对1/2区来讲也有1名固定数;口队的一名S型选手可抽入任何半区的任何一个1/4区,对1/2区或1/4区来讲均属机动数。4个品队和3个吕队对上、下半区来讲,都有7个固定数,所以上、下半区的固定数均为18个R型选手和7个S型选手共25个。上半区的机动数为32-3-(18+7)=4名,下半区的机动数为32-4-(18+7)=3名。

在S型选手抽签时，凡抽过品队的前两名S型选手后，要将抽入该两名选手1/4区的机动数减去"1"；抽过品队第三名S型选手后，要将抽入此选手的1/4去和1/2区的机动数均减去"1"；凡抽过吕队的两名S型选手后，要将抽入该两名选手的1/4区的机动数减去"1"；凡抽过口队的S型选手后，要将抽入此选手的1/4区和1/2区的机动数均减去"1"。在各个1/4区和1/2区的机动数下降到某种程度以前，这些S型选手的抽签分区亦可不参加任何控制。而当某个区的机动数减到某种程度时，就需要对他们的抽签分区进行最低限度的和必要的"控制"。一般情况下，这种控制只是在最后抽签的少数几个队的S型选手的抽签中进行。在S型选手中，通常技术序号排列在后面的选手比例较R型选手大，也就是尽量减少了对各个单位技术序号在前的选手的控制，控制对象比较合理。

通过贯彻"区别性"和"预见性"的原则，提出符合抽签工作基本规律的分区控制办法，既可保证实现国际竞赛规程的两条基本要求，又可使选手们在抽签过程中获得最大限度的"机遇"机会。只有在不得不进行"控制"时，才进行必要的最低限度的控制。而这种控制的最终目的，也正是为了使更多的选手在抽签时不受控制，它有别于盲目的、任意的控制。

(2)非种子选手抽签定位：一般情况下，"分区"结束后，除部分单位在同一个1/4区内尚有2名运动员以外，其余均只有1名选手。所以只需先将同一单位的2名选手分别抽入该1/4区的两个不同的1/8区，再将其余选手任意抽入各个具体号码位置即可。此时，再来考虑R型选手和S型选手的区别。如果在同一个1/4区内有2名选手的单位很多，也可以先将1/4区内的全部选手分为两个1/8区，使每个1/8区内不再有2名选手的单位，然后再按各个1/8区进行"定位"。

五、编排比赛秩序

编排工作的任务，是将各个项目所要进行的全部比赛，在一定时间内科学地安排在一定数量的球台上并按一定的秩序进行比赛，也就是确定全部比赛的日期、时间和台号。

竞赛编排工作犹如一次战役的作战部署，编排方案周密与否，将影响到运动队、裁判组以及大会各方面的工作人员和观众，影响到场馆、交通、食宿和其他各项保证工作。编排工作的"弹性"是很大的，其最终效果将受到各方面的综合检验。因此，编排工作是一项十分重要的工作，不能简单地理解为安排一个比赛日期、时间和台号。

(一)编排工作的基本要求

1. 保持运动队和选手合理的比赛强度

虽然整个比赛的总量是由比赛办法和报名的队或人数决定的,但对每个运动队或一名(对)选手在单位时间内仍可保持适当的强度。国际比赛规程规定:在单项比赛中,未经本人同意,每个选手一天内不应安排超过7场五局三胜的比赛;在4小时一节的比赛中,不应安排超过3场的比赛。在团体赛中,未经队长同意,每个队一天不应安排超过3次的团体赛。因而赛前拟订的编排方案,不应突破国际比赛规程关于最大限度比赛量的规定。

2. 满足观众的兴趣和要求

在一节比赛中,要防止"清一色"。每一节比赛都应安排估计有"精彩"表演的场次;晚上和节假日的比赛,应尽量多安排一些重要和精彩的场次。一节比赛时间的安排不宜过长,最多3个半小时。要注意防止发生全场"空场"的情况,还要注意防止出现"一头沉"的现象。

3. 科学、合理地使用比赛场馆

一个场馆一般都设有若干张球台。球台使用数量不宜经常变动,并应并列放置。在两节比赛之间,要保证观众退场的充分时间。在采用多场馆比赛时,要有一个比较大的中心场馆。

4. 安排好决赛

团体赛决赛和各单项比赛的决赛,应分两次单独进行。5个单项决赛在秩序册上只标出日期和那一节,不必事先具体标出时间和台号。

5. 节省费用

要完全符合竞赛规程的规定和尽量节约比赛的经费开支。

(二)编排工作的主要内容

1. 设计编排方案

除需要十分熟悉竞赛规程对比赛办法的规定以及其他有关规定外,还要尽可能准确地估计可能参加比赛的队数和人数。设计编排方案最重要的是搞好整体设计。在整体设计中,要处理好各种矛盾,努力防止片面性,抓住主要矛盾的主要方面。

2. 多种方案预案

编排工作不能等抽签工作结束以后再开始进行,必须要搞预案,而且是在尚未抽签之前。一般情况下,要搞多种方案的预案,目的是为了准备可能出现的多种情况,摸索编排工作的规律。

3. 团体赛编排

一般情况下,团体赛要进行 5~6 天,每个队要比赛 8~10 场,每队每天要安排两场团体赛。可以采用每节比赛在一张球台上安排两个团体赛。通常每天最多安排两节比赛。团体赛的分组要特别注意“轮数”的变化。团体决赛应单独安排一节进行。

4. 单项比赛编排

在单项的一节比赛中,要尽可能防止“清一色”的比赛。为防止连场,可以采取男、女交叉和同项目衔接的办法。五局三胜的比赛每节最多安排 7 场。

5. 球台设置方法

如果比赛在几个场馆进行,要尽量有一个能放下 1/2 到 2/3 的球台数的中心场馆,这对于解决繁重的交通任务、各队之间相互观摩学习、比赛的组织工作,以及节约经费开支都是很重要的。

在一个比赛场地里,球台的设置要注意整齐美观,方便运动员的比赛和裁判员的工作,并便于观众观看。

6. 检查编排结果

编排工作完成以后,需要进行检查。看看运动队和选手的比赛强度是否适当;一个选手在一节比赛时间内,是否有在两个场地比赛的情况;在只有一名教练员的单位,是否有男、女团体赛同时上场的情况;是否有选手连场的情况;是否能更好地适应和满足观众的兴趣和要求;对场馆的使用是否合理;编排方案是否与竞赛规程的规定完全符合一致等。

7. 编印技术文书

正式的乒乓球比赛应该编印秩序册、成绩册等技术文书。一般设有成绩公布栏。有的比赛还印制简明或详细成绩公报。

(三)编排工作具体实施

由于竞赛日程、项目、方法、参加队数以及场地设备、交通和食宿等情况的不同,要搞出一个标准的编排方案来使用每一次的乒乓球比赛是不可能的。但是,在各次比赛的编排工作中确实存在共同规律性的东西。为此我们假设一个全国性比赛作为例子,来说明编排工作的具体实施。因为编排方案可以有许多种,而且各有利弊,所以这里介绍的编排方案仅供参考。

1. 编排项目

比赛项目:男子团体、女子团体、男子单打、女子单打、男子双打、女子双打、混合双打。

报名情况:男子团体 52 个队;女子团体 52 个队;男子单打 250 人;女子单打 200 人;男子双打 100 对;女子双打 100 对;混合双打 100 对。

比赛日程:5 月 1 日—5 月 13 日,共 13 天。球台数量:18 张。比赛场地:1 个。

比赛办法:男、女团体赛:各分为甲、乙、丙三级。甲、乙级各 16 个队,分两个阶段进行比赛。第一阶段分两个组,每组 8 个队进行单循环赛;第二阶段由相邻的两个名次的队进行交叉淘汰(A1—B2,A2—B1),两个胜者决 1、2 名,两个负者决 3、4 名,其他名次类推。丙级 20 个队分两个阶段进行比赛,均采用循环赛。

男、女单打:分两个阶段进行比赛。第一阶段分组进行单循环赛,第二阶段由各组的第一名进行单淘汰赛。第一阶段采用三局二胜制。

男、女双打和混合双打:均采用淘汰赛。

2. 编排方案的设计

整个编排方案的设计可分为男、女团体赛和五个单项比赛两部分,而五个单项比赛编排方案又可分为男、女单打第一阶段和男、女单打第二阶段,以及各项双打编排方案的设计。

(1)男、女团体赛编排方案设计:男、女团体各分为三个级别进行比赛。第一、二级(甲、乙级)的比赛方法已有明确规定。以男子团体赛甲级队为例:16 个队先分两个小组,每组 8 个队进行单循环比赛,每组 7 轮 28 场,两组合计 7 轮 56 场。第二阶段交叉淘汰,第一轮 8 场,第二轮 8 场,合计 16 场。两阶段总计 9 轮 72 场。男子团体赛乙级队、女子团体赛甲级队和女子团体赛乙级队均同上。而男、女团体赛丙级队各 20 个队,规程规定进行两个阶段单循环赛,未具体规定两个阶段各分多少组,每组多少个队。为了使丙级两阶段比赛总轮数不超过甲、乙级,第一阶段分为四个组,每组 5 个队;第二阶段分为五个组,每组 4 个队,这样男、女丙级两个阶段循环赛均为 8 轮 70 场。

在一节比赛的一张球台上,安排男、女团体赛各一场,而男、女团体赛的轮数和场数在此例中完全相同,因此可只进行男子(或女子)团体赛的编排设计。男子(或女子)团体赛三个级别两个阶段的比赛轮次和场次如见表 6-7。

表 6-7　团体赛三个级别两个阶段的比赛轮次和场次表

阶段 / 轮次 / 场次 / 级别	第一阶段							第二阶段			合计	
	第一轮	第二轮	第三轮	第四轮	第五轮	第六轮	第七轮	第一轮	第二轮	第三轮	轮次	场数
甲级	8	8	8	8	8	8	8	8	8		9	72
乙级	8	8	8	8	8	8	8	8	8		9	72
丙级	8	8	8	8	8	8		10	10	10	8	70

首先将两个阶段的全部比赛场次,按轮次的顺序排出。然后以 16 张球台为

基础，逐轮进行编排。用两张球台作为机动，为比赛时间过长的球台作疏散台使用。当第一场女子团体赛进行得很慢，或下一场男子团体赛时间将很长时，可将下一场男子团体赛提前放在机动台上进行。

比赛安排上午和晚上各一节。男、女团体整个编排方案设计见表 6-8。

第一天 5 月 1 日上午，安排甲级第一轮 8 场和乙级第一轮 8 场，共 16 场比赛；晚上安排甲级、乙级各半轮共 8 场，丙级第一轮 8 场，共 16 场比赛。这样每节都有甲级的若干场比赛，使观众每节都能看到最高一级水平的比赛。

表 6-8　男、女团体赛编排方案设计表

	第一阶段轮次							第二阶段轮次		
	一	二	三	四	五	六	七	一	二	三
甲级	①上 8	4　4	②晚 8	4　4	④上 8	4　4	⑤晚 8	4　4	⑦上 8	⑦晚男女团体决赛
乙级	8	4　4	8	4　4	8	4　4	8	4　4	8	
丙级	8 ①晚	8 ②上	8 ③上	8 ③晚	8 ④晚			10 ⑤上	10 ⑥上	10 ⑥晚

5 月 2 日上午，安排甲、乙级各半轮 8 场，丙级第二轮 8 场，共 16 场比赛；晚上安排甲、乙级的第三轮各 8 场，共 16 场比赛。

5 月 3 日上午，安排甲、乙级的第四轮各半轮和丙级的第三轮比赛，共 16 场；晚上安排甲、乙级第四轮的另半轮比赛和丙级的第四轮比赛，共 16 场。

5 月 4 日上午和晚上的比赛，安排方法同 5 月 1 日（仅轮次不同）。

5 月 4 日晚上比赛结束时，丙级第一阶段的 5 轮比赛均已结束，而甲、乙级第一阶段的比赛尚余一轮半。丙级第二阶段有 3 轮比赛，而甲、乙级第二阶段只有 2 轮比赛，甲、乙、丙三级共有 62 场比赛。按 18 张球台计算，三节最多能安排 54 场，男、女团体决赛需占一节。也就是说，两天四节时间在 18 张球台上最多能安排 56 场比赛，甲、乙、丙三级第二阶段的比赛用两天时间是打不完的。故需将丙级第二阶段比赛的一部分，交叉到甲、乙级第一阶段的比赛中去。

5 月 5 日上午，安排甲、乙级第三轮的另一半轮的比赛和丙级第二阶段第一轮的 10 场比赛，共 18 场；晚场安排甲、乙级的最后一轮即第七轮的 16 场比赛。晚上比赛结束后，甲、乙级第一阶段的比赛也全部结束，尚余甲、乙级 32 场，丙级 20 场，总共 52 场比赛。考虑到两场决赛需单独占一节，这样 50 场比赛可在三节时间内完成。

5 月 6 日上午，安排甲、乙级第二阶段第一轮的半轮比赛。为了保证参加前几名决赛的队和关系到升降级的队能有较多的休息时间，并把更精彩的比赛放在晚间进行，上午可安排甲级中的第五至十二名的比赛和丙级第二阶段的第二轮比赛，共 18 场。晚场安排甲、乙级第二阶段第一轮的另半轮比赛（第一至四名和第十三至十六名）和丙级最后一轮即第二阶段的第三轮比赛，也是 18 场。5 月 6 日全天以及 5 月 5 日上午无机动球台。

5 月 7 日只剩下甲、乙级的各一轮比赛。上午安排甲级第三名以后的全部名次决赛和乙级全部名次决赛；晚上单独进行男、女团体的冠亚军决赛。

按上述编排方案，如每天进行两节比赛，则可安排在上午和晚上。因为上午和晚上的比赛都有延长时间的余地。安排下午比赛如不能按时结束，将会影响晚上的比赛。从目前情况看，一张球台在一节时间内，男、女团体赛各安排一场，采取每天两节比赛，放在上午和晚上进行，每节比赛一律固定先女后男，尽量保留个别机动球台，并采取各种有效措施，这样比赛安排是可行的。

（2）男、女单打第一阶段编排方案设计：从这个实例来看，男、女单打第一阶段的设计比较重要。男子单打共有 250 名选手，第一阶段分 64 个小组，58 个小组每组 4 名选手，6 个小组每组 3 名选手，这比较合适。女子单打 200 名选手分组就困难了，如分成 64 个小组，有 56 个小组只有 3 名选手，只有 8 个小组有 4 名选手，这样第一阶段的循环赛意义就不大了。如果第一阶段分成 32 个小组，则 24 个小组每组有 6 名选手，8 个小组每组达 7 名选手，每个小组的选手又多了一些，比赛总场数从 216 场增加到 950 场。以每张球台在一节比赛时间内安排 10 场三局两胜的比赛计算，必须用 18 张球台 6 节（整整 2 天时间）时间才能完成。而第一阶段比赛结束后，以男子项目为例，男单还有 6 轮，男双还有 7 轮，共 20 轮。考虑到这些轮次比赛的强度和选手连场的可能性都和比赛开始时不同，因此不能在 3 天内安排 20 轮比赛。

这就要求男、女单打第一阶段的比赛，尽量不用 6 节时间，而只用 4 节或 5 节时间就结束。考虑到男、女单打在两个阶段要有准备时间，可以在第三节中只上双打项目，这样男、女单打的第二阶段比赛仍有充分的准备时间。如果能集中 3 轮混双比赛，将使剩余的各单项比赛的总轮数从 20 轮下降到 17 轮。在男、女单打第一阶段中，每节或每天虽然比赛场次进行得很多，但轮次进展很慢，可以挤出一、二节时间安排较多轮次得比赛，适当解决一下前面比赛场次多轮次少而后面比赛场次少轮次多的矛盾，给安排好后面的比赛创造条件。

因此，我们采用这样的方案，即第一阶段比赛各小组选手数以 4 名为基准。男子单打 250 名选手和 256 名选手相差无几，仍以 64 个小组为宜，58 个小组每组 4 名选手，6 个小组每组 3 名选手；女子单打 200 名选手分成 50 个小组，每组 4 名选手，50 个小组按 64 个号码位置去掉 14 个轮空位置。这样，男子单打第一阶段需进行比赛(58 ∗ 6)+(6 ∗ 3)= 366 场,女子单打第一阶段需进行比赛 50 ∗ 6=300 场,男、女单打第一阶段总计比赛 666 场。18 张球台,每节按 10 场计算,4 节可以安排 720 场,能够完成男、女单打第一阶段的全部比赛。这个方案,既达到了安排第一阶段循环赛的目的,使所有参加比赛的选手都至少有 3 场比赛的机会(极个别除外),又尽量地压缩了比赛使用的时间,保证后面的比赛能合理地安排。

(3)男、女单打第二阶段和各项双打编排方案设计:由于男、女单打第一阶段比赛只用了 4 节时间,因此男、女单打第二阶段及各项双打的比赛就有了比较充分的时间。具体安排可有多种方案,这里只介绍一种。

我们先把需要比赛的各个项目的全部比赛任务列出来,然后逐节进行编排方案的设计,见表 6-9。

表 6-9　各个项目的全部比赛编排设计表

项目	人数	一轮	二轮	三轮	四轮	五轮	六轮	七轮
男单	(64 人)	32	16	8	4	2	1	
女单	(50 人)	18	16	8	4	2	1	
男双	(100 对)	36	32	16	8	4	2	1
女双	(100 对)	36	32	16	8	4	2	1
混双	(100 对)	36	32	16	8	4	2	1

单项比赛第二天下午进行混双第一、二、三轮共 84(36+32+16)场比赛,按场数计算只用 12 张球台就够了,为了避免连场,仍需设置 18 张球台。

第二天晚上安排男、女单打第二阶段第一轮的 32+18=50 场,比赛。由于第一阶段采用一个小组一节打完比赛的办法,第二天比赛一名选手在上、下午两节中最多的已经进行 63 场比赛(五局三胜和三局两胜各 3 场),晚上只能安排一轮,故安排了男、女单打的第一轮比赛。

第二天比赛结束后,各单项比赛尚有 16 轮比赛(男、女相同),第三天上、下午准备安排男、女单打第二轮各 16 场和男、女双打前三轮各 84 场比赛。为了使每节比赛都有单打,而且使上下午使用的球台数量尽量一致,故把男、女单打第二轮和男、女双打第二轮都分为两部分,分别在上、下午进行。编排见表 6-10。

表 6-10　全部比赛各个项目编排设计过程 1

项目	人数	一轮	二轮	三轮	四轮	五轮	六轮	七轮
男单	64 人	32②晚	16	8	4	2	1	
女单	50 人	18	16	8	4	2	1	
男双	100 对	36	32	16	8	4	2	1
女双	100 对	36	32	16	8	4	2	1
混双	100 对	36	32	16②下	8	4	2	1

上午和下午总共进行 4 轮比赛，上午比赛 104 场，下午比赛 96 场，总共 200 场比赛。

第三天下午比赛结束后，就剩下五个单项比赛的前 16 名(对)选手，总共还有 12 轮(男、女相同)75 场比赛。由此可以看出，比赛场数的矛盾已完全解决，绝大多数的球台已经空闲起来，每节比赛只需要 4 张球台或者更少的球台就够了。比赛轮数的矛盾也已解决，第三天晚上尚可安排三轮比赛，即使只安排两轮比赛，在最后两天中安排剩下的 10 轮比赛也没有困难了。但还要解决好下列问题。

1)安排好五个单项决赛。可以将五个单项的决赛都安排在最后一节进行，但若男、女兼项较多，可能会出现连场的情况(如有一名男运动员和一名女运动员都兼三项决赛时，就一定会出现连场情况)。如果按规定在两场比赛之间休息一场，让观众等待很长时间，这恐怕又是不可想象的。同时，一名选手在一节比赛中进行三场单项决赛，比赛强度也太大。由于比赛条件不同，很难合理安排。所以，单项决赛应以男、女单打和男、女双打四项安排在最后一节为好，混双决赛可提前一天晚上进行。这样，连场矛盾解决了，比赛强度大的矛盾也解决了。

2)处理好混双比赛的安排。由于混双比赛有男有女，它既可能与男子项目(男单、男双)连场，又可能同女子项目连场。故混双比赛的安排应相对集中在某几节进行，不要过于分散。有混双项目的节数愈多，出现矛盾的机会也愈多。另外，在一节比赛中，混双比赛要靠一头，或者在一节的开始，或者在一节的末尾，也要相对集中。不宜安排在中央，也不宜断续地进行，尽量避免混双项目前后都连场，或者同双打项目连场，以免临场比赛时出现困难。

第三天下午比赛结束后，五个单项的比赛编排见表 6-11。

表 6-11　全部比赛各个项目编排设计过程 2

项目	人数	一轮	二轮	三轮	四轮	五轮	六轮	七轮
男单	64 人			8	4	2	1	
女单	50 人			8	4	2	1	
男双	100 对				8	4	2	1
女双	100 对				8	4	2⑤上	1⑤晚
混双	100 对				8	4	2	1

现在我们采用从后向前的逆向设计。最后一天比赛的机动性小，混双项目的比赛已全部结束（混双决赛在第四天晚上已经进行），只有男、女单打，男、女双打四个项目的比赛。晚上安排四个项目的决赛；当日下午休息；上午安排男、女单打的半决赛和男、女双打的 1/4 决赛和半决赛，共 16 场比赛。

除去第五天比赛的场次，只剩下男、女单打各两轮 12 场，男、女双打各一轮 8 场，混合双打四轮 15 场。由于比赛轮数和场数都很少了，第四天比赛不需要安排三节比赛，只安排两节即可。同时，为了在每节比赛中都安排有男、女单打，男、女单打第三轮各 8 场比赛均分为两节进行。第四天晚上进行混双半决赛和决赛，另加男、女单打第四轮各 4 场比赛。第四天上午进行男、女单打第三轮各 4 场（半轮）比赛和男、女双打第四轮各 8 场（半轮）比赛。第三天晚上进行男、女单打第三轮各 4 场（半轮）比赛和混双第四、五轮的 12 场比赛。编排见表 6-12。

表 6-12　全部比赛各个项目编排设计过程 3

项目	人数	一轮	二轮	三轮		四轮	五轮	六轮	七轮
男单	64 人			4	4	4④晚			
女单	50 人			4	4	4			
男双	100 对					8			
女双	100 对					8④上			
混双	100 对					8	4	2	1

在以上男、女单打第二阶段和各项双打比赛编排方案的设计中，第三天和第四天晚上的两节比赛，均有混双项目和其他项目（男、女单打）交叉在一起。可以先编好比赛时间和台号，到时由裁判长具体掌握，临时调整；也可以事先不编排具体的时间和台号，到该节比赛前临时编排秩序单，以解决出现连场问题。其他节中则均不存在这个问题。

上述方案，在男女团体赛结束后，一般休息一天，实际比赛为 12 天。

【本章小结】

乒乓球竞赛的基本方法主要包括循环制和淘汰制两种，在掌握这两种基本方法的同时，一定要注意这两种方法的结合使用，同时要熟练掌握竞赛编排工作的内容和程序，例如比赛的第一阶段通常采用分组单循环赛，第二阶段由小组的第一名或前几名进行淘汰赛。要注意比赛的基本条件，例如球台的数量比较多则考虑采用循环制，使参赛队员能够尽量多地进行比赛，充分交流，球台少则考虑淘汰赛；比赛的时间多就可以考虑循环赛，时间短就可以采用淘汰赛；参赛的队员年轻、体力好，就可以安排循环赛，多给他们提供锻炼的机会，老年组比赛，就可以考虑减少比赛的强度。

【课后练习】

1. 乒乓球竞赛有哪些基本方法？如何计算它们的场数和轮数？
2. 用“逆时针轮转法”排出 9 名队员参加单循环赛的顺序。
3. 如何确定单循环比赛的名次？
4. 竞赛编排工作可以分为哪几个阶段？分别阐述各阶段的主要工作。
5. 抽签时要注意的两大基本原则是什么？

【知识拓展】

1. 比赛中种子选手的确定原则。
2. 循环赛和淘汰赛如何确定种子的位置？
3. 抽签时要注意哪些主要方面？

第七章 乒乓球的科学技术

【学习目标】

使学生了解乒乓球最新规则变化，了解乒乓球规则改革的历程，了解中国队应对乒乓球规则的对策，了解乒乓球运动的未来研究方向。

【学习任务】

1. 了解乒乓球运动的规则变化。
2. 了解中国队应对乒乓球新规则的对策。
3. 了解乒乓球运动的未来研究方向。

【学习地图】

乒乓球运动的规则变化→乒乓球规则改革的历程→中国队应对乒乓球新规则的对策→乒乓球运动的未来研究方向。

第一节　乒乓球运动的规则变化

国际乒联为摆脱乒乓球发展困境、平衡各国水平而进行积极的改革与探索，引导乒乓球项目向强对抗性、奖牌分布多元化等方向发展。近年来国际乒联对乒乓球项目进行了多次改革，包括器材、技术、赛制等方面，旨在提升乒乓球运动的竞技性和观赏性的同时，扩大乒乓球在世界范围内的关注度。

一、乒乓球规则改革历程

自2000年以来，国际乒联一直致力于修改器材和规则来促进乒乓球运动的发展，其主要以削弱我国乒乓球实力、平衡各国水平为思路，先后推出小球改大球、无遮挡发球、无机胶水、11 分制等措施。

(一)器材改革

20 年来,乒乓球在器材方面主要涉及小球换大球、禁用赛璐珞材质的乒乓球、禁用有机胶水等方面的改革。2000 年 10 月,国际乒联宣布将直径 38 毫米的小球改为 40 毫米的大球,球重由 2.5 克增加到 2.7 克,以降低球速和球的旋转,以期在比赛时能够产生更多回合,增加比赛的观赏性。

2006 年,国际乒联宣布全面禁止有机胶水,在不莱梅世乒赛期间,宣布 2008 年 9 月 1 日起,全面禁止使用含挥发性有机黏合剂。因有机胶水含有有毒的化学物质,在挥发过程中对运动员身体健康产生影响,因此改用无毒无害的水溶性胶水。同时,无机胶水相较于有机胶水黏度较弱,与海绵发生化学反应膨胀后会增大弹性。

2011 年 5 月,由于赛璐珞材质的高热易燃的特性,为避免其安全隐患,国际乒联在伦敦奥运会后决议全面禁用赛璐珞乒乓球,同时宣布于 2014 年 7 月起启用新塑料球。新塑料球除材质上与赛璐珞不同外,球体直径也将继续增加,乒乓球直径不能小于 40 毫米,即新塑料球的直径在 40.0 毫米~40.6 毫米。

对器材的改革,促进了项目发展,保护了运动员身体健康,从而增加了比赛观赏性,顺应了乒乓球运动的发展趋势。

(二)技术改革

国际乒联在 2001 年 4 月通过了无遮挡发球提案,宣布于 2002 年 9 月 1 日起开始实施。

无遮挡发球是指运动员在发球时,以球拍为顶点,以球台两侧网柱形成的三角区域无遮挡物的发球方式。与隐蔽式发球不同的是,运动员在发球时不能用身体部位或衣物对球进行遮挡,阻碍对方球员视线。在隔网对抗性项目中,发球技术优秀的运动员可以凭借此技术在比赛中轻松制敌,从而取得比赛的胜利。无遮挡发球规则的推出很大程度降低了接发球的难度,能够看清对方发球时的技术动作,以此判断球的方向和旋转,更有效的应对来球,避免因发球技术差距较大而过早结束比赛的情况。

此改革很大程度降低了发球技术的威胁程度,对运动员的训练和比赛产生了较大的影响。

(三)赛制改革

2001 年大阪世锦赛期间通过了 11 分制提案,即从 2001 年 9 月起,乒乓球比赛执行 11 分制,每轮次 2 个发球。从之前沿用已久的 21 分制降为 11 分制,每轮 5 个发球降为 2 个发球,这势必会对乒乓未来的发展造成巨大影响。

国际乒联对奥运会乒乓球参赛项目进行调整，从 2008 年北京奥运会开始，由之前的男子单打、女子单打、男子双打、女子双打改为男子单打、男子团体、女子单打、女子团体四个小项目，即双打比赛并入团体比赛的第三场。

国际乒联对奥运会抽签制度进行改革，从 2004 年雅典奥运会开始，同一国家的双打选手必须分在相同半区。

2008 年 2 月，国际乒联通过了限制海外兵团议案，即从当年 9 月 1 日起，21 岁以上更改国籍的运动员，不能参加世界杯和世锦赛，18 ~ 21 周岁的运动员参加世界杯和世锦赛需在相关协会注册满 5 年，15 ~ 18 岁运动员需注册满 3 年。已经代表其他国家参赛的运动员不受此限制。

国际乒联在 2010 年提出，自 2012 年伦敦奥运会起，每个国家报名参加单打比赛名额从 3 人降至 2 人。

2017 年提出增设混双比赛，从 2020 年东京奥运会开始实施。同年 9 月，国际乒联对世界排名计算规则采用新的规则，即 2018 年 1 月 1 日起，采用赛事级别和比赛名次作为积分计算依据，这代表新的积分方式废除了之前以比赛最终结果（获胜得分、失力扣分）为计算依据，鼓励运动员多参加赛事，提高世界排名。

二、乒乓球规则改革的影响

（一）促进乒乓球项目的竞争性和观赏性

竞技体育的竞争性充满了力量与智慧，能力与技巧的斗争是彰显竞技体育的魅力关键。国际乒联发布限制海外兵团等一系列规则，促使各国开始致力于本土球员的培养，如日本、韩国、新加坡等，以日本队为主，在引进中国球员的同时，注重后备人才培养，建立完整的梯队培养模式，使其参赛的面孔以本土选手为主。

乒乓球是一项集速度、力量为一体的高度精细化运动，对运动员技术要求较高，除要求全面的技战术能力，还需具备良好的反应能力和准确的判断力。11 分制的出台目的是为了最大限度地吸引观众，增加比赛的观赏性，适应市场需求。国际乒联增大乒乓球直径、无遮挡发球等规则，减少了因直接发球得分和接发球直接强攻得分的情况。

无缝新塑料乒乓球的启用使球速降低、旋转变弱，使观众更容易看清乒乓球的飞行弧线和旋转，增加了比赛的回合，使观众在感受乒乓球运动精妙的同时，提高了视觉冲击力，增加了比赛的观赏性。

（二）世界乒坛格局呈多元化发展

当今的国际乒坛，中国队的成绩可以用霸主地位进行描述，中国乒乓球队拥有绝对实力。很多时候，在国际大赛上，冠亚军之争也经常在中国乒乓球队内部产生。虽然中国存在一家独大的情况，但由于赛制的改革，亚军和季军的争夺中，奖牌榜呈现出多元化分布的特征。因雅典奥运会开始实施的新抽签制度，即同一国家的双打选手必须分在相同半区，以及从伦敦奥运会开始，乒乓球单打同一国家参赛运动员人数由3人削减至2人，使外国运动员在奥运会上获得了更优异的成绩。除2004年雅典奥运会的男子单打项目韩国运动员柳承敏获得金牌，40枚银牌和铜牌中，国外选手共获得了10枚银牌和15枚铜牌，很大程度改变了中国队包揽奥运会乒乓球项目所有奖牌的情况，赋予了更多国家参赛的机会，促进国际乒坛格局多元化。

由于中国队长期占据乒乓球比赛的霸主地位，虽然为我国争金夺银提供了保障，但由于国家可选派的优秀运动员数量有限，出现了一些难以在国际大赛舞台上实现自我价值的优秀运动员，在国内发展受限而选择去海外寻求发展的机会。针对这部分运动员国际乒联发布了关于"限制海外兵团"的规则，目的是为了保证国外运动员参与顶级赛事的机会，同时以输入国的身份在赛场上争夺佳绩，加快世界范围内的优秀乒乓球运动员流动，加快先进训练方法和技战术在世界范围内传播，实现中国与世界的双向交流，激活乒乓球在世界的生命力。

（三）乒乓球技术全面化发展

规则的改革对乒乓球技术的影响主要体现在增加回合数量、缩减运动员技战术差距方面。首先，增加乒乓球直径可减少球的速度和旋转。虽从运动员身体健康的角度禁用有机胶水，但作为替代的水溶性胶水的使用会减弱海绵弹性，进一步降低球速、力量和旋转程度；新塑料球的使用也会降低球速，最终目的使运动员在无失误的情况下增加击球回合次数。无遮挡发球规则的颁布降低了发球的隐蔽性和欺骗性，随着发球透明度的提高，在发球质量不变的情况下接发球难度降低，在比赛中直接得分和发球抢攻得分的成功率下降，缩小了双方运动员初始技能差距，降低了前三板结束比赛的概率，提高了比赛的对抗性。

11分制与之前的21分制相比，节奏明显增快，赛程减半，每轮发球机会较少，增加了比赛的偶然性。每轮次5个发球缩减到2个，降低了成套技战术自由发挥的空间，场上局势千变万化，缩小了双方技术水平上的差异，对运动员心理素质能力要求较高。

三、中国队应对乒乓球新规则的策略

中国队面对这些新规则，正确把握制胜规律，加强针对性训练，对规则变化进行科学决策，积极创新技战术打法，依托科研保障团队，为科学训练提供支撑，从而保持中国队在世界乒坛的领先地位。

（一）正确把握制胜规律，加强针对性训练

在一系列规则修改的冲击下，中国队要想继续保持领先地位，首先要积极适应规则变化。

在器材上3项改革的最终目标均是降低球速，减弱旋转，增加争夺过程中的回合数，使比赛的对抗性增加，不仅要求运动员有较高的技战术水平，同时对运动员心理素质提出了更高的要求。无遮挡发球提升了发球过程的透明度，缩小了双方的初始技术水平，这就要求运动员保持发球水平的同时增强相持阶段的技术水平。11分制的横空出世，使比赛过程压缩了技战术的发挥空间，加快了比赛节奏和增加了比赛结果的不确定性，这使擅长三板技术的运动员，其技战术优势被大幅限制，对心理素质的对抗能力增加。

因此，要加强科学训练，正确把握制胜规律，积极创新技战术打法，培养运动员奋勇拼搏的状态和稳定的心理素质。首先，针对多回合的常态化对抗，重视和加强专项体能训练，如相持过程中步伐的移动，以速度素质训练为重点的快速移动能力的提高，为提高相持过程中连续多板击球质量，针对运动员爆发力和力量、耐力进行训练。其次，为适应比赛结果的偶然性，运动员要增强心理素质能力，面对比赛中可能遇到的问题和困难，要以稳定的心理素质和顽强的意志品质专注于比赛，提升主动得分能力。

（二）科学决策，积极创新技战术打法

新规则呈现出乒乓球多回合、强对抗的特征，中国选手擅长的前三板技术和灵活多变的发球技术在新规则的制约下削弱了中国选手的综合实力。这既是中国乒乓球队面临的挑战，又是机遇。

因此，只能通过不断创新，才能满足适应潮流发展。中国队面对新规则带来的问题时，积极寻找解决方法，创新技战术打法，针对相持阶段攻防能力的提升，运动员根据实际情况弥补自身短板，进攻技术占优的加强防守能力，正手技术占优的加强反手能力，加强步伐和技术动作的融合，提高衔接和随机应变的能力，在训练和比赛中，循序渐进地改造和创新技战术。

中国乒乓球依托科研保障，组建技战术分析团队，充分利用我们高水平的理论研究、世界领先的系统化科学训练体系，注重技战术、运动员心理素质的同步发展，为积极应对规则的改变提供强有力的支撑。在比赛期间，场次多而分散，需要借助科研保障团队实现就比赛现场的视频录制和对对手的技战术分析，从而为乒乓球队在以后的比赛中保驾护航。

第二节　乒乓球运动的科学技术

一、乒乓球运动的科研现状

中国乒乓球队的长盛不衰离不开中国教练员和运动员的努力，也离不开科研人员的不断探索和研究。目前乒乓球领域的主要研究成果集中于乒乓球理论研究、技战术分析、竞赛训练、管理和乒乓球器材分析等。

以“三段评估理论”为乒乓球技战术研究的基础，乒乓球领域的专家学者在此基础上进行了技战术分析可视化、关键技术生物力学分析、大数据挖掘、乒乓球技战术统计方法改进等方面的科学化探索。

值得注意的是近几年日本等国家青少年后备力量表现强劲，日本男队的张本智和、松平健太、大岛，女队的伊藤美诚、石川佳纯、平野美宇均在国际比赛中战胜过中国一线主力运动员。东京奥运会及后奥运时代，日本在未来相当长一段时间都将是中国的主要对手。他们在乒乓球科研方面也进行了大量的尝试和探索。在 2012 年里约奥运会，日本技战术分析团队（7 人）共进行了 138 场比赛技战术分析。其中 4 人在比赛场馆快速进行整体技战术分析，3 人通过录像进行技术详情分析，他们利用东京和里约 9 个小时时差，希望争取更多的时间为日本运动员和教练员提供技战术统计报告，供其进行现场决策。

这些行动给中国的乒乓球科技攻关敲响了警钟，我们需要对整体科研状况进行梳理，更要对未来发展方向进行敏锐的预判，才能为国家队备战奥运会，更好地发展乒乓球运动提出科学的规划。

二、乒乓球运动的科研方向

20 世纪以来，科学的一个重要发展趋势是与技术、社会的相互渗透，这使科学更加变成了一项社会综合事业和工程。跨学科研究的方式，带来了不少科学突破。大科学时代的多样性、多层次性、开放性、非线性、不稳定性和不确定性等极度复杂。乒乓球方向研究也要加强跨学科研究，才能突破研究瓶颈，带来更多研究成果。

乒乓球科技工作者除了在技战术分析领域不断耕耘外，还在运动员选材、器材分析、乒乓球文化传承、规则问题、技战术发展方向、青少年训练方法等方面进行钻研。未来乒乓球研究方向主要为：建立信息化数据平台，实施数据挖掘；

加强全民健身方面的研究，对不同年龄、不同性别、不同身心状态的人口进行健康促进研究；对运动员伤病预防、普通人群的康复治疗、技战术分析等方面的研究进行交叉学科研究。

（一）建立信息化数据平台，实施数据挖掘

运动员的选拔培养、教练员的培训晋升、乒乓球智慧场馆的开发、乒乓球赛事系统、技战术分析系统等信息的统筹和规划缺乏权威的数据收集和情报支持系统是我国当前的国情。学者可根据国内外的发展状况，引进国外的先进经验结合本土特点建立信息化数据平台，进行科学研发。

（二）加强全民健身方面的研究

对全面进行人口健康促进研究，乒乓球运动对于健康促进有着较大的项目优势。在儿童少年阶段，乒乓球运动可以改善学生的视力状况，提高身体的协调性、灵敏性等身体素质；对中老年群体，乒乓球运动可以提高老年人的平衡能力，预防跌倒。

当前乒乓球运动健身效果的研究中对于竞技乒乓球投入比重较大，对于全民健身、健康促进方面研究较少。学者可根据不同群体健身需求，结合乒乓球项目特点进行科学研究，通过调整乒乓球项目的运动量、运动负荷、运动强度和运动时间，对乒乓球运动对不同年龄、不同性别、不同身心状态人群健康的促进作用进行实证研究。

（三）进行交叉学科研究

在信息化时代，乒乓球领域的研究需要多学科的交叉研究。由于乒乓球技战术复杂、多变，目前对于高水平运动员的技战术分析，仍然需要大量的人工统计，乒乓球技战术分析数据只是简单的描述性统计，缺乏基本统计推断研究。懂乒乓球技战术分析的学者可能对统计学理解不够深刻，懂统计分析的学者对乒乓球技战术看不懂，直接影响了技术研究的效率和准确性。目前，日本已经开始了这方面的探索，中国也要加紧开发有关乒乓球技战术分析方面的人工智能识别系统。是否能够攻克这一领域，在一定程度上决定了哪个国家在乒乓球科研分析上占有优势地位。因此需要交叉学科的研究者共同努力推动乒乓球科研向前发展。鹰眼的识别技术、乒乓球发球机器人、捡球机器人等均需要引进计算机科学领域的方法、理念等进行交叉学科研究。在预防运动员伤病、运动康复领域，需要与医学背景的学者进行合作研究。在推进乒乓球技战术分析科学化道路中需要与统计学方面的学者进行合作探索。

【本章小结】

近年来为了提高乒乓球运动的观赏性，适应网络时代的要求，国际乒联对乒乓

球运动进行了一系列的改革，包括38毫米乒乓球改为40毫米乒乓球、21分改为11分、无遮挡发球、禁用有机胶水等重大举措。竞赛规则是伴随着乒乓球运动的兴起而产生的，并随着乒乓球运动的发展而不断地完善，在整个运动的发展过程中以其特有的方式规定和影响着乒乓球运动的发展方向。通过本章的学习了解乒乓球竞赛规则的新变化，掌握乒乓球运动的发展趋势和未来研究方向。

【课后练习】

1. 如何应对乒乓球竞赛规则的新变化？
2. 如何选择乒乓球运动的研究主题？

【知识拓展】

可视化分析(Cite Space)是累加式知识域分析的主要工具，是由美国雷德赛尔大学信息科学与技术学院的陈超美博士与大连理工大学的WISE实验室联合开发的科学文献分析工具。它是一种使用Java开发的读取数据，并对数据进行可视化分析的软件。Cite Space使用著录信息作为输入，包括文献信息，输出几个连续时间片段下的相互交互的可视化网络，如作者网络、引文网络，以及其他类别的节点网络。这些可视化网络的设计主要帮助人们识别只是拐点、知识转移关键路径以及单个节点的集聚，主要对特定领域文献进行计量，以探寻出学科领域演化的关键路径及知识转折点。

第八章 乒乓球英语

【学习目标】

使学生了解并掌握乒乓球英语，重点学习并掌握乒乓球裁判实用英语、乒乓球常用英语、乒乓球术语英汉对照表，里面既有乒乓球教学和训练的专用术语，还有裁判员在临场执裁时使用的专业英语。掌握这些英语，将对我们阅读英文文献、进行科学研究、使用英文进行乒乓球临场执裁等起到至关重要的作用。

【学习任务】

1. 了解并熟练掌握乒乓球裁判实用英语。
2. 了解并熟练掌握乒乓球常用英语。
3. 了解并熟练掌握乒乓球术语英汉对照表。

【学习地图】

乒乓球裁判实用英语→乒乓球常用英语→乒乓球术语英汉对照表

第一节　乒乓球裁判实用英语

Practical English For Umpires Of Table Tennis

一、进场前(Before Entering The Match Area)

1. 你叫什么名字？(What is you name?)

2. 队长，请来挑边。(Captain, come and toss, please.)

3. 你要哪一边，红的还是蓝的？(Which side do you prefer, red or blue?)(黑，白，黄)(black, white, yellow)

4. 你猜中了。(“You are right.” or “You won the toss.”)

5. 你要 ABC 还是 XYZ ? (Which one do you prefer, A, B, C or X, Y, Z?)

6. 请填写排名表。(Fill in the list, please.)

7. 请把排名表交给我。(Hand me the list, please.)

8. 请看一下对方的排名表。(Take a look at the list of your opponent.)

9. 你选什么? 发球还是接发球? 这边还是那边? (Which one is your choice? Serving or receiving? This end or that end?)

10. 你的号码是多少? 让我看一下你的号码布。(What is your number? Let me have a look.)

11. 你应该穿短衣短裤。(You should wear shorts.)

12. 同队服装应一致。(Players of the same team should be dressed uniformly.)

13. 你们双方服装的颜色应不同。(The color of your clothing should be different.)

14. 让我检查一下你的球拍。(Let me check your racket.)

15. 请挑两只比赛用球。(Please choose two balls.)

16. 这一只,你同意吗? (Is this one ,OK?)

17. 请跟我入场,你走在他后面。(Follow me, please. You go behind him.)

18. 请带好毛巾。(Take the towel, please.)

二、比赛开始前(Before Begin Playing)

19. 练习 2 分钟。(Practice for two minutes.)

20 停止练习。(Stop practicing.)

21. 谁先发球? 谁先接发球? (Who will be serving first? Who will be receiving first?)

22. 第一局比赛,张三发球,0 : 0。(First Game, Zhang San to serve, love all.)

23. 现在开始实行轮换发球法。(Expedite system begins now.)

三、比赛进程中(During Match)

24. “犯规”(“Fault”)

25. “暂停,重发球”(“Let”)

26. “发球擦网”(“Net”)

27. “侧面”(“Side”)

28. 停(Stop)

29. 时间到(Time)

四、报分(Score Indication)

30. X 发球(X to serve)
31. X 胜 11 : 7 (Game to X, 11 : 7)
32. X 以 3 : 1 获胜(Match to X, 3 games to 1)
33. 交换发球(Change service)
34. 交换方位(Change ends)
35. 第一(First);第二(Second);第三(Third);第四(Forth);第五(Fifth);第六(Sixth)

五、一分(One Point)

36. 手掌未伸平(The palm was not flat.)
37. 未静止(Not stationary)
38. 未近乎垂直(Not near vertical)
39. 低于 16 厘米(Less than 16 centimeter.)
40. 端线内发球(Inside the end line)
41. 超过最远点(Beyond the farthest back)
42. 擦边球(Edge ball)
43. 不执拍手低于台面(The free hand was below the playing surface.)
44. 阻挡(Obstruction)
45. 触网(Touched net)
46. 手扶台面(Hand on table)
47. 台面移动(Table moved)
48. 连击(Double hit)
49. 两跳(Double bounce)
50. 出界(Outside)
51. 发(接)球员错误(Wrong player)
52. 处罚一分(Penalize one point)

六、重发球(Let)

53. 发球擦网(Net service.)
54. 未准备好(Not ready.)

55. 外界球进入场地(Intrusion of a ball.)
56. 球破裂(Broken ball.)
57. 次序错误(Wrong order.)
58. 方位错误(Wrong ends.)
59. 比分错误(Wrong score.)
60. 纠正错误(Correct a mistake.)
61. 意外事故(Accident.)
62. 轮换发球法(Expedite system.)

七、警告(Warning)

63. 请勿指导。(Do not gave advise.)
64. 请勿擦汗。(Do not toweling.)
65. 不能再休息了。(No long breaks.)
66. 继续比赛。(Continue playing.)
67. 请不要离开赛区。(Do not leave the playing area.)
68. 停止你的冒犯行为!(Stop the offending behaviour.)
69. 不要拖延比赛。(Do not delay the game.)
70. 不能使用液体胶水。(Do not use the toxic glues.)
71. 请等一下,我去报告裁判长。(Just a moment, I'll report to the referee.)

八、比赛结束时(After the match ends)

72. 请你签名。(Sign your name, please.)
73. 给你一份记分表。(Here you go, the details of the match.)

第二节 乒乓球常用英语

Practical English Of Table Tennis

中文	英文	中文	英文
挑边(掷挑边器)	Toss	无光泽	Matt
你叫什么名字?	What is your name?	一致,均匀	Uniform
你选择什么?	Which is your choice?	高度	Height
发球	Serve	左	Left

续表

中文	英文	中文	英文
接发球	Receive	右	Right
方位	Ends	三局二胜	Best of 3 games
你是对的	Yes, you are right.	五局三胜	Best of 5 games
你不对	No, you are wrong	决胜局	Deciding game
练习	Practice	场	Match
谁先发球?	Who will serve first?	击球	Strick
谁先接发球?	Who will receive first?	执拍手	Recket hand
比赛开始	Begin playing	不执拍手	Free hand
准备---发球	Ready-Serve	向上	Upwards
0：0,王××	Love all, Wang××	近乎垂直	Near vertically
0：1	Love-one	手掌	Palm of the hand
2：3,李××	Two-three, Li××	静止	Stationary
李××胜,11 比 9	Li××, Eleven-one Nine	看得见	Visible
×以 2：1(局)领先	× Leads, 2 games to 1	之上	Above
×以 3：1 获胜	Match to ×, 3 games to 1	之下	Below
换发球	Change service	之后	Behind
交换方位	Change ends	无旋转	Without spin
交换接发球员	Change receiver	越过或绕过	Over or around
得分	Point	继续	Continue
合法发球	Good service	发球员	Server
合法还击	Good return	接发球员	Receiver
出界	Outside	胜者	Winner
拦击	Volley	负者	Loser
阻挡	Obstruct	运动员	Player
连击	Double hit	一对(双打运动员)	Pair
两跳	Double bounce	队长	Captain
台面移动	Moved playing surface	教练员	Coach
不执拍手扶台	Free hand on table	裁判长	Referee
触及球网装置	Touched net assembly	裁判员	Umpire
跺脚	Stamp foot	副裁判员	Deputy umpire
次序错了	Wrong order	报告裁判长	Report to referee

续表

中文	英文	中文	英文
擦边球	Edge ball	男子单打	Men's singles
球破裂	Broken ball	女子单打	Women's singles
轮换发球法	Expedite system	男子双打	Men's doubles
球台	Table	女子双打	Women's doubles
端线	End line	混合双打	Mixed doubles
边线	Side line	男子团体	Men's team
中线	Centre line	女子团体	Women's team
右半区	Right half-court	下旋球	backspin underspin
比赛台面	Playing surface	封挡,也称快带	block
上边缘	Top edge	削球	chop
球网	Net	快攻,打回头,扣杀	Drive counter, counterdrive, smash
支柱	Post	摆短	drop shot
支架	Support	点	flick, flip
太高(低)	Too high(low)	1. 倒板; 2. 点	flip
球	Ball	不吃转的胶皮	junk
选择	Select	放高球	lob
拍身,底板	Blade	弧圈球	loop
拍柄	Handle	搓球	push
覆盖物	Covering	胶皮	rubber
颗粒胶	Pimpled rubber	侧旋球	sidespin
海绵胶	Sandwich rubber	快干胶水	reglue speedglue
太厚	Too thick	旋转	spin
比赛厅	Playing hall	上旋球	topspin
挡板	Surrounds	倒板	twiddle twirl
地板	Floor	扣杀	smash
计分器	Score indicator	击球	stroke
毛巾	Towel	有力的弧圈	powerful loop
暗色	Dark-coloured	弧圈	loop-drive
指对方的回球	counterstroke	反	counter
指用弧圈得分	loopkilling	反拉(对拉)弧圈	Counterlooping

【本章小结】

乒乓球裁判实用英语与前面乒乓球裁判员临场操作程序是对应的，首先要掌握乒乓球裁判员临场操作程序，再根据操作程序的相关要求进行临场英语的使用。最好几名同学一起学习和练习，可以六人一组，其中两名同学作为裁判员，两名同学作为运动员，两名同学作为教练员，在比赛中使用英语进行交流，快速提高英语执裁的能力。还要进一步进行拓展，不仅要学会用英语同运动员进行交流，而且要学会用英语同其他裁判员、教练员和观众进行交流，努力提高自己的英语听力和口语水平。同时，掌握乒乓球英语，可以帮助我们阅读更多的英文文献，对我们从事乒乓球的科学研究会起到很大的帮助。

【课后练习】

1. 乒乓球裁判员如何使用英语进行临场执裁?
2. 乒乓球常用英语有哪些?

【知识拓展】

1. 乒乓球裁判员如何使用英语与其他裁判员、教练员和观众进行交流?
2. 如何查阅乒乓球英文文献?

参考文献

[1]肖树新.乒乓球[M].北京:北京师范大学出版社,2010.

[2]张博,詹丽来.乒乓球旋转的技巧[M].北京:人民体育出版社,2001.

[3]张瑛秋.乒乓球直拍技术图解[M].北京:北京体育大学出版社,2011.

[4]吴健.体育锻炼与欣赏:乒乓球[M].郑州:郑州大学出版社,2006.

[5]唐建军.乒乓球运动教程[M].北京:北京体育大学出版社,2006.

[6]吴健,刘杰,洪国梁.乒乓球[M].北京:化学工业出版社,2012.

[7]郝光安.乒乓球技战术训练与提高[M].北京:金盾出版社,2010.

[8]张西良,韩志忠.乒乓球技战术与训练之一(发球与接发球)[M].北京:人民体育出版社,2006.

[9]李浩松.乒乓球技战术与训练之二(双打)[M].北京:人民体育出版社,2002.

[10]苏丕仁.乒乓球运动教程[M].北京:高等教育出版社,2004.

[11]孙麒麟,赵卫真.乒乓球[M].北京:高等教育出版社,2006.

[12]程序.乒乓球理论与方法[M].北京:中国地质大学出版社,2009.

[13]蔡继玲.乒乓球竞赛规则问答[M].北京:北京体育大学出版社,2003.

[14]蔡继玲.乒乓球裁判必读[M].北京:北京体育大学出版社,2002.

[15]唐建军.乒、羽、网裁判法图解[M].北京:北京体育大学出版社,2003.

[16]中国乒乓球协会.乒乓球国际竞赛官员手册[M].北京:人民体育出版社,2014.

[17]张瑞林.乒乓球[M].北京:高等教育出版社,2010.

[18]方达儿,张桦,赖勇辉.乒乓球竞赛组织工作大全[M].广州:广东经济出版社,2005.

[19]张孝平.体育竞赛组织编排[M].北京:北京体育大学出版社,2005.

[20]丁颖,洪晨璐,吴飞.中国乒乓球近30年知识图谱与热点趋势分析[J].山东体育学院学报,2021,37(7):111-113.

[21]肖丹丹,钱磊,周星栋,等.智能化乒乓球专项技战术视频分析软件的设计与实现[C].第十一届全国体育科学大会,2019.

[22]肖丹丹,张瑛秋,张晓蓬,等.花色塑料乒乓球的击球及观赏效果分析[J].上海体育学院学报,2017,41(5):90-94.

[23]施之皓,王艳.现代乒乓球运动教程[M].北京:高等教育出版社,2020.

[24]杨桦.乒乓球运动教程[M].北京:北京体育大学出版社,2014.